KB242656

나는 부동산에 가지 않고
SNS로 분양권을 산다

나는 부동산에 가지 않고
SNS로 분양권을 산다

나는 부동산에 가지 않고 SNS로 분양권을 산다

진짜 꾼들이
분양권을 사는 N가지 방법

베리스verris 지음

모티브

전문가가 아닌
떴다방 아저씨

저는 부동산 전문가가 아닙니다. 그분들처럼 부동산을 체계적으로 배운 적도 없고, 최종학력도 고졸로 요즘 기준으로 보면 짧은 편입니다. 그럼에도 불구하고 청약과 분양권, 그리고 앞으로의 부동산 시장 전망을 비교적 다른 전문가분들보다 조금 더 섬세하게 읽어낼 수 있었던 이유는 단 하나, 이 시장을 밑바닥부터 배운 '갑종'출신이기 때문입니다. 저 또한 여러분들과 마찬가지로 내 집 마련이 절실했습니다. 그래서 책상 위가 아니라 현장에서 부동산을 배웠습니다. 합법과 편법의 경계를 아슬아슬하게 넘나들며 청약을 왜 해야 하는지, 분양권이 어떻게 거래가 되는지, 그리고 이 시장에서 돈이 어떻게 흘러가는지 직접 보고, 듣고, 느끼고, 겪으며 배웠습니다. 그래서 이 책은 지금까지 여러분들이 듣고, 보고, 배운 청약과 분양권의 내용과는 완전히 다를 수 있습니다. 그러니 이 책을 보고 청약과 분양권투자를 배워볼 생각이라면 지금까지 보고, 듣고, 배운 것들은 그냥 잊으시는 게 좋습니다.

아니, 잊으셔야 합니다. 그래야 새로운 시장에 눈을 뜰 수 있습니다. 부동산 전문가분들은 부동산을 이야기 할 때 입지, 금리, 정책, 공급, 인구 구조. 이런 것들을 이야기 합니다. 물론 중요한 내용이지만 실제 현장에서 분양권을 거래할 때는 이런 질문은 필요하지도, 언급되지도 않습니다. "경쟁률 얼마나 나왔어?", "RRR이 어디야?", "지금 팔면 얼마야?", "오늘 거래 몇 건이나 됐어?", "출발 가능해?"이런 얘기들만 나오죠. 부동산은 결국 돈이 움직이는 시장입니다. 골치 아프게 이것저것 잴 것이 아니라 '이 분양권이 지금 당장 돈이 되는가'만 보면 됩니다. 거창하게 경제 전망을 이야기하며 미래 가치를 말하는 것은 이 시장에서 의미 없습니다. 경제는 예측하는 대로 되는 시장이 아니라 벌어지면 대응해야 하는 시장이기 때문입니다. 우리에게 정말로 중요한 것은 이런것들이 아니라 '지금 당장 돈이 되는가', '이 흐름 속에서 어떻게 기회를 잡을 수 있는가'일 뿐입니다. 그렇기 때문에 이 책은 정말 쉬울 수밖에 없습니다. 어려운 경제 이론도 없고, 복잡한 부동산 용어도 없습니다. 누구나 이해할 수 있는 이야기, 실제 시장에서 바로 써먹을 수 있는 내용으로만 채웠습니다. 이 책을 통해 여러분이 청약의 진짜 구조와 분양권투자의 실체를 이해하고, 더 나아가 내 집 마련과 투자까지 이루기를 바랍니다.

1. 돈이 없으니까
청약을 해야 하는 겁니다

가. 아는 사람만 몰래 하는
━ 무자본 단타 청약

많은 사람들이 부동산 투자는 반드시 큰 자본이 있어야 시작할 수 있다고 생각합니다. 그러나 그 생각은 100% 틀렸습니다. 실제 청약, 분양권 시장에서는 자본을 거의 들이지 않고도, 아니 자본이 하나도 없어도 분양권을 확보한 뒤 단기간에 확보한 분양권을 매도하여 수익을 얻을 수 있는 방법이 있기 때문입니다. 이것을 저는 무자본 단타 청약이라고 부릅니다. 혹시 사기꾼 같다고 생각하셨나요? SNS를 운영하면서 무자본 단타 청약에 대한 이야기를 할 때마다 '사기꾼'이라는 말을 듣기 때문에 그렇게 생각하셔도 상관 없습니다. 아는 만큼 보이고 보이는 대로 생각하고 행동하는 것이니까요. 저는 이 말도 안되는 투자 방법을 2019년부터 지금까지 약 200곳이 넘는 곳을 공유했고. 이 방법을 통해 최소 2,000명이 넘는 사람들이 적게는 수십만 원에서 많게는 수억 원까지 벌었습니다. 최근에도 청주의 한 청약 현장에서 제 정보를 통해 15명이 당첨됐고 단 한명도 빠짐 없이 수익을 봤습니다. 만약 이게 사실이 아니라면 저는 아마 '베리스'가 아니라 수감번호 0000으로 살고 있을 거예요. 그렇다면 어떻게 자본 하나 없이 청약하고 당첨되면 분양권을 팔아 수익을 얻을 수 있는 걸까요? 무자본 단타 청약을 이해하려면 먼저 부동산 청약의 구조를 조금 다르게 볼 필요가 있습니다. 대부분의 사람들은 청약해서 당첨되면 계약금을 내고 완공이 될 때까지 기다렸다가 입주를 하거나, 그 전에 매도를 하는 걸로 생각하지만 무자본 단타 청약은 우리가 알고 있던 과정을 다 생략하고 청약해서 당첨되면 계약금을 지불하지 않고 필요한 사람에게 바로 넘기는 방식입니다. '청약을 해서 당첨되면 실수요자에게 넘긴다.' 이게 핵심이라고 볼 수 있겠네요. 조금 더 쉽게 설명하면 우리는 돈이 없기 때문에 좋은 걸 알아도, 당첨이 된다고 하더라도 계약을 할 수가 없습니다. 당연히 돈이 없기 때문에 청약조차 하지 않겠죠. 근데 만약 돈이 있는 상황이라면 어떨까요? 혼자서만 청약할까요? 당첨확률을 높이기 위해 가족들 모두를 청약 시킬겁니다. 그리고 가족

중 누군가 당첨되면 당첨된 분양권을 자신의 명의로 가지고 오겠죠. 만약 가족이 없거나 가족 모두가 청약을 했는데 당첨되지 않았다면 이제 어떤 선택을 할까요? 그냥 포기할까요? 아니요, 정말 필요한 사람들은 청약에서 떨어졌다고 포기하지 않고 분양권을 매수합니다. 무자본 단타 청약은 그런 사람들을 위해 청약을 하고, 당첨되면 그런 사람들에게 당첨된 분양권을 팔아 수익을 창출하는 방법입니다. 결국 무자본 단타 청약이라는 것은 특별한 투자 기술이 따로 있는 것이 아니라 확실하게 수요가 있는 청약에 도전만 하면 되는거죠. 청약을 하고 싶은 사람은 많지만 누구나 당첨이 될 수 있는 것은 아니기에 대신 청약을 해서 당첨되면 적당한 대가를 받고 넘기는 것. 필요한 사람이 있는데, 그 사람이 얻지 못한 것을 대신 확보해준다면 거래는 반드시 이루어질 수밖에 없는 것. 내가 돈이 없어서 하지 못한다고 시도조차 하지 않는 것이 아니라, 돈이 없는 것이지 기회는 있기에 그 기회를 살려 돈을 버는 구조. 이것이 바로 무자본단타 청약이고 무자본으로 청약해서 돈을 벌 수 있는 이유입니다.

나. 당신이 부동산으로
━ 돈을 못 버는 진짜 이유

　초등학교 6년, 중학교 3년, 고등학교 3년 우리는 모두, 12년 동안 똑같은 교육을 받습니다. 그 이후 원하는 꿈에 따라 대학을 선택하게 되고 인생이 달라지게 되죠. 그리고 사회에 나오면 서로 다른 일을 하며 인생을 살아가게 됩니다. 재미있는 건 일을 해서 돈을 벌고 돈을 벌어 내 집 마련을 하려고 부동산 공부를 시작하면 또 모두가 똑같은 교육을 받게됩니다. 예를 들어서 '브역대신평초'라고 다들 알고 계시죠? 부동산 강사분들이 아파트를 알아보는 수강생들에게 기본적으로 강조하며 알려주는 신조어입니다. 브랜드, 역세권, 대로변, 신축, 평지, 초등학교를 뜻하는데 조합하면 '래미안 아파트가 역세권이면서 대로변에 신축, 게다가 평지에 있고 초등학교를 품고 있으면 무조건 돈이 된다'라고 생각하면 되는데 이것이 틀린말은 아닙니다. 문제는 이런 조건을 다 갖추고 있는 아파트는 흔치 않다는 것입니다. 수강생들은 이 신조어로 교육받고 이런 아파트만 찾아다니기 때문에 결국 눈만 높아지게 되고 진짜 숨은 보석은 찾지 못하게 되죠. 브역대신평초만 배울까요? 오피스텔, 생활숙박시설, 민간임대 아파트 등 비주택을 사면 삼대가 망한다고 할 정도로 안 좋게 알려준다는 것입니다. 이 말은 반은 맞고 반은 틀립니다. 비주택 상품은 정책에 따라 풍선효과를 제대로 보는 상품이기 때문에 주택에 대한 규제가 강화되면 될수록 가격이 상승합니다. 모든 부동산 강사가 비주택 상품을 '지역주택조합'처럼 말하고 취급해버리니까 부동산을 공부하는 사람들 역시 비주택 상품을 공부해 볼 생각조차 하지 않습니다. 결국 문제는 이것입니다. 우리는 학교에서부터 정답을 찾는 방식의 교육이 익숙해져 있습니다. 시험 문제에는 항상 정답이 있었고, 그 정답을 외우면 점수를 받을 수 있죠. 그래서 사회에 나와서도 무언가를 배울 때 자연스럽게 정답만 찾으려고 합니다. 부동산 공부도 마찬가지입니다. '브역대신평초', '비주택은 걸러라' 같은 공식이 생겼고 사람들은 그것을 하나의 정답처럼 받아들입니다. 이 글을 읽는 여러분 중에서도 아마 이런 교육에 익숙해져, 브랜드가 없으면 관심을 두지 않고, 역세권이 아니면 아예 보지도 않으며, 평지가 아니면 투자 가치가 없다고 생각하고, 초등학교가 멀면 무조건 안 좋다고 생각하는 분들이 분명히 계실겁니다. 또 앞서 말한 대로 오피스텔, 생활숙박시설, 상가, 민간임대 아파트 같은 비주택은 원수에게나 권하는 '지역주택조합'과 같다고 머릿속에 각인을 시킨 분도 계시겠죠. 모두가 보는 곳이 아니라, 아직 사람들이 보지 않는 곳에 기회가 많은데 이러한 주입식교육 때문에 수많은 사람들이 기회를 놓치고 있다고 생각합니다. 사실 부동산에는 정답이 없습니다. 브역대신평초가 아니어도 됩니다. 비주택이어도 오를곳은 오릅니다. 부동산에 있어서 정답은 '브역대신평초', '비주택이 아닌 무조건 아파트'가 아니라 그저 뭐가 됐든 상관없이 '돈이 되는 부동산'이라고 생각합니다. 그래서 저는 부동산을 공부할 때 가장 먼저 해야 할 일은 공식을 외우는 것이 아니라 발상의 전환과 생각의 틀을 깨는 것이라고 생각합니다. 생각의 틀을 깨고 발상을 전환하면 지금까지 옆에 두고도 몰랐던 기회가 보이기 시작할거에요. 그리고 그 순간부터 부동산 시장이 전혀 다른 모습으로 보이게 될거라고 확신합니다.

다. 단타 청약의 꽃,
오피스텔

저는 지금부터 오피스텔에 대해 이야기를 해볼까 합니다. 많은 사람들이 오피스텔을 투자하면 안 되는 부동산이라고 생각합니다. 오피스텔을 투자한다고만 하면 "오피스텔은 수익률이 안 나온다", "환금성이 안 좋다", "공실 위험이 크다", "삼대가 망한다" 같은 말을 흔하게 들을 수 있습니다. 그래서 부동산을 처음 공부하는 사람들은 자연스럽게 오피스텔을 투자 대상에서 제외해 버립니다. 어느 정도는 맞는 말이지만 무자본 단타 청약의 관점에서 보면 이야기가 조금 달라집니다. 지금 이야기할 것은 오피스텔을 매수해서 오래 보유하는 투자가 아니라, 청약을 통해 분양권을 확보한 뒤 프리미엄을 받고 넘기는 구조이기 때문입니다.

오피스텔 : 오피스(office)와 호텔(hotel)의 합성어로 낮에는

업무를 주로 하되 저녁에는 개별 실에 일부 숙식할 수 있는 공간을 만들어 호텔 분위기가 나게 설계한 형태의건축물을 말한다.

오피스텔은 주용도가 업무시설이며 업무공간이 50% 이상이고 주거공간이 50% 미만인 건축물을 말한다. 건축법에서는 이를 업무시설에 분류하고 있어서 주택에 포함하지 않기 때문에 주택 이외에 오피스텔을 소유하더라도 1가구 2주택에 해당되지 않는다. 실정법상 오피스텔은 건축물 분양에 관한 법률에 따라 업무용으로 사용하는 경우, 업무시설을 기준으로 세금을 부과한다.

[네이버 지식백과]오피스텔[officetel] (부동산용어사전, 2020. 09. 10., 장희순, 김성진)

오피스텔은 주택법이 아닌 건축법에 해당하기 때문에 청약통장을 사용하지 않는게 특징입니다. 아파트 청약은 청약을 할 때 청약통장을 사용해야 하고 당첨됐을 시, 청약통장을 사용한걸로 간주하여 계약과 상관없이 청약통장을 다시 사용할 수 없지만 오피스텔은 청약통장을 사용하지 않기 때문에 주택 청약에 당첨됐을 때 걸리는 모든 제한사항에 걸리지 않습니다. 이 점이 무자본 단타 청약에서 매우 중요한 포인트입니다. '청약통장을 사용하지 않는다.', '아무런 제한사항에 걸리지 않는다' 즉 오피스텔 청약은 리스크가 전혀 없다는 것입니다. 따라서 수요만 확실하다면 청약을 하지 않을 이유가 없습니다.. 그런데 왜 오피스텔에 수요가 몰려 프리미엄이 형성될까요? 그 이유는 부동산 정책과 청약 제도에 있습니다.

첫 번째 : 아파트를 여러 채 보유하고 있어 취득세와 대출 문제로 더 이상 아파트를 취득하지 못하는 사람 – 금액과 지역에 따라 다르긴 하지만, 단편적으로 예를 들면 우리나라는 아파트를 한 채 취득하면 취득세가 1.1%입니다. 여기서 추가로 한 채를 더 취득하게 되면 8%, 총 세 채를 취득하게 되면 12%죠. 문제는 여기서 끝이 아닙니다. 다주택자가 되면 대출도 사실상 막히기 때문에 결국 아파트를 더 사고 싶어도 높은 취득세와 대출 규제로 인해 추가 매수가 어려워지는 상황이 발생합니다. 하지만 오피스텔은 조금 다른 구조를 가지고 있습니다. 오피스텔은 아파트와 다르게 몇 백채를 취득한다고 해도 취득세가 고정적으로 4.6%입니다. 그리고 대출 역시 주택담보대출처럼 강하게 막혀 있지 않아서 개인의 신용이나 상환 능력만 좋다면 대출을 쉽게 받을 수 있습니다. 이러한 이유로 화폐가치가 계속해서 하락하고 주택공급량도 낮아지는 시점에서 정부가 주택에 대한 규제를 강화한다면, 자산을 지키기 위한 대안으로 오피스텔을 선택하는 사람들이 늘어나게 됩니다. 물론 어떤 사람들은 주식을 선택하거나 달러, 금, 같은 다른 자산을 선택하기도 합니다. 투자에도 성향이라는 것이 있기 때문에 주식으로 돈을 번 사람은 계속 주식 시장에 머무르는 경우가 많고, 부동산으로 수익을 경험한 사람은 부동산 시장

에서 떠나지 않는 경우가 많습니다. 그래서 주택에 대한 규제가 강화될 때 오피스텔이 풍선효과를 크게 보게 되는 거죠.

두 번째 : 노후 준비와 현금 흐름을 추가로 만들려고 하는 사람들 – 오피스텔은 일반적으로 차익형 부동산이 아니라 수익형 부동산으로 알려져 있습니다. 즉, 가격 상승을 통한 시세 차익보다는 월세를 통한 현금 흐름을 만드는 상품이라는 인식이 강하죠. 그래서 은퇴를 앞두고 있거나 이미 은퇴를 한 사람들, 혹은 추가적인 현금흐름을 만들고 싶은 사람들은 자연스럽게 오피스텔 같은 수익형 부동산을 찾게 됩니다. 은행에 돈을 맡겨도 이자가 거의 나오지 않는데 오피스텔은 같은 돈을 넣었을 때 은행이자보다 더 높은 돈을 매달 일정하게 주기 때문에 은행보다는 충분히 매력적인 투자 대상입니다. 오피스텔의 임대 비율이 아파트에 비해 엄청높은 것이 이러한 이유 때문입니다. 한가지 덧붙이자면 오피스텔은 막히지 않은 갭투자 상품이기도 합니다. 요즘에는 오피스텔도 원룸, 투룸의 형식이 아닌 완벽한 주거의 형태를 갖추고 아파트 단지 내에 함께 지어지기에, 부동산에 관심이 없는 사람들은 부동산에 들어가서 문의를 해보기 전까지는 오피스텔인지 아파트인지 구분하기도 어렵습니다. 재미있는 점은, 아파트는 최초 분양가보다 가격이 내려가는일이 거의 없지만 오피스텔은 완벽한 주거의 형태를 갖추었다고 해도 최초분양가보다 가격이 내

려가는 경우가 많습니다. 그래서 아파트 전세와 다르게 오피스텔 전세는 매매가격과 전세가격의 갭차이가 적어 갭투자를 할 때 아파트보다 비교적 적은 자본으로 접근이 가능합니다. 흥미로운 점은, 이렇게 갭투자를 한다고 해도 세금에서만 주택으로 잡힐 뿐 오피스텔은 건축법에 해당하기 때문에 다주택자일 때 걸리는 각종 규제에서 아파트 갭투자보다 상대적으로 많이 자유롭습니다.

세 번째 : 청약을 준비하고 있는 신혼부부 – 또 하나의 중요한 수요는 바로 신혼부부입니다. 신혼부부들은 대부분 결혼을 하고 전세나 월세로 살며 청약을 통해 내 집 마련을 하려고 합니다. 하지만 현실적으로 청약에 당첨되는 것은 생각보다 쉽지 않습니다. 적게는 수십대 일, 많게는 수백 대 일의 경쟁률이 나오기에, 아이를 세명 이상 낳지 않는 이상 좋은 아파트에 당첨되기란 하늘의 별따기와 같습니다. 그래서 운이 좋은 신혼부부는 결혼한지 1년도 안 돼서 청약에 당첨이 되는 경우도 있지만 보통의 신혼부부는 특별공급을 사용할 수 있는 7년이라는 기간 동안에도 당첨이 되지 못하는 경우가 많습니다. 말이 7년이지, 7년이면 전세를 보통 2년 단위로 계약하기 때문에 청약에 당첨되지 않는다면 최소 세 번은 전세를 연장하거나 이사를 해야 합니다. 문제는 전세 가격이 멈춰있지 않고 계속 상승한다는 것입니다. 전세계약을 연장하려고 했을 때, 집주인이 실거주를 얘기하며 연장을 거부하면

다른 집을 알아봐야 하는데 다른 집들의 전세가격이 이미 수천만 원에서 많게는 억 단위까지 올라와있는 상태라면 집을 옮기는 게 아니라 지역을 옮기는 수준으로 이사를 가야하는 경우도 생기고, 전세가격 상승률을 꽉 채워서 5%만 전세가격을 올린다고 해도, 단 기간에 수천만 원 자금을 모아야 하기 때문에 부담이 클 수밖에 없습니다. 그래서 일부 신혼부부들은 청약이 언제 당첨될지 모르니 안전하게 거주하면서 청약을 노릴 수 있는 오피스텔을 매수합니다. 신혼부부에게 오피스텔은 청약에서만 유리한 것이 아닙니다. 오피스텔은 분양할 때나 매수할 때 기본적으로 가전제품이 제공되어 있기 때문에 혼수를 따로 할 필요가 없고 상업지나 준주거지역에 공급돼서, 교통편도 아주 좋아 굳이 차를 사지 않아도 됩니다. 마지막으로 편의점, 음식점, 카페와 같은 편의시설과 병원, 마트 같은 생활 인프라도 가까워 신혼부부들이 생활하기에 나쁘지 않은 선택지입니다.

오피스텔은 많은 사람들에게 '지역주택조합' 취급을 받긴 하지만, 이렇게 여러 가지 이유로 생각보다 수요가 많아 상품성과 입지, 가격만 괜찮다면 프리미엄이 잘 붙습니다. 결국 오피스텔도 하나의 '부동산'인 것입니다. 부동산에서 중요한 것은 이름이 아니라 수요라는 걸 깨달으셨으면 좋겠습니다.

그러나 너무나도 당연하게도 모든 오피스텔에 프리미엄이 붙는 것은 아닙니다. 오피스텔도 아파트와 마찬가지로 '브역대신평초'같은 공식이 존재합니다. 어떤 공식일까요? 바로 대단지 아파트 안에 속해 있거나, 아파트처럼 단지가 형성되어 있는 완벽한 주거의 형태를 갖춘 오피스텔입니다. 즉, '브역대신평초'에 속해 있는 오피스텔인거죠. 이런 오피스텔만 프리미엄이 붙습니다. 아마 여러분이 생각하는 오피스텔은 이와 조금 다를 겁니다. 역세권 주변에 나홀로 우뚝 서 있는 건물, 6평 원룸이나 12평 투룸 형태의 오피스텔을 먼저 떠올리실 가능성이 높은데 이런 오피스텔은 그냥 수익형 오피스텔이기 때문에 프리미엄이 붙기 어렵습니다. 프리미엄이 붙는 이유는 간단합니다. 산 사람이 나중에 되팔 때, 산 가격보다 더 높은 가격에 팔 수 있을 가능성이 높다고 판단될 때 프리미엄이 형성되는데, 앞서 언급한대로 아파트를 대체할 수 있는 오피스텔이어야만 프리미엄이 형성되지, 그렇지 않은 경우에는 프리미엄이 붙기 어렵습니다. 실제로 제가 단타 청약을 진행했던 현장 몇 군데를 보여드리겠습니다.

1.전주 에코시티 한양수자인 디에스틴 (초피 500~1,000만 원)

2. 구리역 롯데캐슬 시그니처 오피스텔 (초피 500~800만 원)

3. 검단 신도시 금강펜테리움 더 시글로 2차 (초피 200~800만 원)

이 외에도 창원 힐스테이트 오피스텔, 과천 정부청사역 힐스테이트 오피스텔, 신길 AK 푸르지오 오피스텔, 대전 도안 센트럴 아이파크 오피스텔, 대구 달서 롯데캐슬 센트럴 스카이 오피스텔, 신설동역 자이르네 오피스텔, 청주 신영지웰 푸르지오 오피스텔 등 많은 곳이 있었고, 모두 단타 청약을 진행했던 현장들입니다. 익숙한 이름들이 많이 보이실 텐데, 이 중에는 아직도 미분양 상태인 곳도 있고 초기에는 프리미엄이 붙었다가 현재는 마이너스 프리미엄이 된 곳들도 많습니다. 그러나 당첨자 발표 직후에는 대부분 프리미엄이 형성되었고, 적게는 몇천만 원에서 많게는 억 단위까지 붙었던 곳들입니다. 그렇다면 왜 프리미엄이 억 단위까지 붙었다가 시간이 지나면서 분양가보다 낮은 마이너스 프리미엄이 되었을까요? 이 부분은 민간임대 아파트를 먼저 살펴본 뒤 다시 이어서 설명하도록 하겠습니다. 여기서 여러분들이 깨달아야 할 것은 단 하나, 오피스텔도 프리미엄이 붙는다는 사실입니다.

라. 임대 아파트가
━ 프리미엄 2억!

민간임대 아파트란 말 그대로 정부가 아닌 민간기업이나 건설사가 아파트를 건설해 일반 수요층에게 임대료를 받고 일정 기간 동안 임대하는 주택을 말합니다. 그리고 임대 기간이 끝나면 주변 시세보다 약간 저렴한 가격으로 분양전환하거나, 분양 당시에 미리 정해 둔 확정 분양가로 분양전환이 이루어집니다. 민간임대 아파트를 잘 모르시는 분들은 임대 아파트는 모두 비슷하다고 생각해 투자 대상에서 제외를 시키거나 아예 관심을 두지 않는 경우도 많습니다. 그러나 민간임대 아파트는 공기업이 공급하는 영구임대와는 성격이 전혀 다릅니다. 대부분 일정 기간 임대한 뒤 분양하는 분양전환형 임대아파트이기 때문에 단순하게 임대주택으로만 볼 것이 아니라 하나의 투자 상품으로도 충분히 주

목할 필요가 있습니다. 민간임대 아파트를 공급하는 기업은 어떤 형태의 등록임대사업자를 선택하느냐에 따라서 임대 기간이 최소 4년에서 최대 10년으로 정해집니다. 그리고 임대 기간이 종료되면 세입자에게 분양전환을 하거나 시행사가 직접 매각을 진행하기도 하는데요. 이 구조는 공공임대 5년, 10년과 거의 유사한 구조로, 민간기업 역시 공공분양과 마찬가지로 일정 기간 동안 정부의 지원을 받으며 사실상 합법적으로 갭투자를 하는 상품이라고 이해하시면 되겠습니다. 흥미로운 점은 민간임대 아파트는 청약 조건이 까다로운 공공임대 아파트나 일반 아파트와 달리 오피스텔과 마찬가지로 청약 조건이 매우 간단하고 주택 청약에 당첨 됐을 때 걸리는 모든 제한 사항에 걸리지 않습니다. 즉, 민간임대 아파트도 리스크 없이 마음껏 청약을 해도 된다는 얘기입니다. 리스크가 없는 건 알겠는데 왜 일반 아파트도 아니고 임대 아파트에 프리미엄이 붙는 걸까요? 이 질문의 답 역시 부동산 정책과 청약 제도에서 찾을 수 있습니다.

첫 번째 : 주거의 안정성과 관리의 편의성 – 민간임대 아파트도 일반 아파트와 마찬가지로 임대 기간 동안 보통 2년마다 전세 계약을 갱신하게 되는데, 이때 전세가격을 5% 이상 인상할 수 없습니다. 따라서 주변 아파트의 전세가격이 급등하더라도 전세가격이 크게 오르지 않아 일반 아파트처럼 갑작스럽게 이사를 해야

하는 상황을 걱정하지 않아도 됩니다. 또한 일반 아파트 전세와 달리 집주인에게 하자 보수나 여러 가지 애로사항으로 연락할 필요가 없습니다. 집주인이 건설사이기 때문에 건설사에게 하자 보수를 신청하면 됩니다. 일반 아파트에서는 전세로 들어가는 순간 을이 되지만, 민간임대 아파트에 전세로 들어가면 을이 아니라 갑으로 살 수 있죠.

두 번째 : 내 집 마련이 아닌 전세의 개념인데 내 집 마련을 한 것이나 다름 없다 - 민간임대 아파트는 말 그대로 임대 아파트입니다. 일반 아파트 청약에 당첨돼서 계약을 하면 분양권도 주택 수에 포함되어 1주택자가 됩니다. 하지만 민간임대 아파트는 청약에 당첨되어 계약을 하더라도 실제로는 나중에 입주할 아파트에 '전세 계약'을 미리 체결하는 것에 가깝습니다. 즉, 전세로 먼저 입주한 뒤 임대 기간인 4~10년이 지나서 분양전환을 받을 때 비로소 내 집 마련인거지, 분양전환을 받기 전까지는 임대 아파트에 사는 세입자일뿐이기에 청약이나 부동산 세금에서 크게 자유로운 편입니다. 또한 임대 기간이 끝났을 때 부동산 가격이 크게 하락한 상황이라면 굳이 분양전환을 받지 않아도 되기 때문에, 분양전환 시점에서도 부동산 가격 하락에 대한 리스크를 어느정도 줄일 수 있습니다. 재미있는 것은 민간임대 아파트에 살면서 청약에 당첨돼도 공공임대 아파트처럼 '퇴거명령'이 떨어지지 않는

다는 것입니다. 민간임대 아파트는 먼저 살아보고 나중에 살지 말지를 결정할 수 있는 아파트이면서, 부동산 시장 상승과 하락에 베팅할 수 있는 유일한 부동산이라고 이해하시면 되겠습니다.

세 번째 : 조건이 없다 – 공공임대 아파트의 경우 청약 조건이 상당히 까다롭습니다. 무주택 조건은 기본이고 소득 기준과 자산 기준 등 여러 가지 조건을 충족해야만 청약이 가능합니다. 하지만 민간임대 아파트는 공공임대 아파트와 달리 청약 조건이 훨씬 간단합니다. 아니 조건이랄게 없습니다. 일반적으로 붙는 무주택 요건과 소득, 자산과 같은 까다로운 기준도 적용되지 않는 경우가 많기 때문에 사실상 누구나 청약에 참여할 수 있습니다. 여기서 더 중요한 점이 있습니다. 공공임대 아파트는 당첨자가 아닌 다른 사람의 이름으로 명의를 변경할 수 없습니다. 하지만 민간임대 아파트는 임차권 양도가 가능하기 때문에 입주 전이든 입주 후든 상관없이 임차권을 사고팔 수 있습니다. 즉, 민간임대 아파트는 임차권 거래가 가능하기 때문에 상황에 따라 언제든지 엑시트가 가능한 구조라고 볼 수 있습니다. 이러한 구조 덕분에 민간임대 아파트는 실거주 뿐만 아니라 투자 상품으로도 많은 관심을 받습니다.

네 번째 : 확정 분양가 – 모든 민간임대 아파트가 임대 기간이

끝난 뒤 주변시세보다 10~20% 저렴하게 분양전환 되는 것은 아닙니다. 일부 민간임대 아파트는 분양전환 시점의 가격을 기준으로 시세보다 낮게 분양하는 방식이 아니라, 임대 기간이 끝나는 시점의 분양 가격을 미리 확정해 두고 분양하는 구조입니다. 이러한 조건을 갖춘 민간임대 아파트는 임대 기간 동안 부동산 가격이 크게 상승할 경우 시세보다 훨씬 낮은 가격으로 분양전환을 받을 수 있는 구조가 되기 때문에 투자자들에게 관심을 많이 받습니다. 그래서 실제 민간임대 아파트 분양권 시장에서는 확정분양가 구조를 가진 민간임대 아파트는, 시세보다 10~20% 낮게 분양전환하는 민간임대 아파트보다 프리미엄이 훨씬 더 크게 형성되는 경우가 많습니다. 확정분양가가 정확히 무엇이길래 프리미엄이 훨씬 더 크게 형성될까요? 지금으로부터 10년 전과 현재의 부동산 가격을 비교해보면 그 이유를 쉽게 이해할 수 있습니다. 지역마다 차이는 있겠지만 수도권 아파트의 경우 10년 전 대비 가격이 두 배 이상 상승한 곳들이 적지 않습니다. 확정분양가는 임대 기간이 끝나는 시점의 분양전환 분양가를 확정해놓고 분양하는 것이기 때문에 확정분양 가격이 저렴하면 저렴할수록 프리미엄이 올라가는 것입니다. 한 단지를 예로 들어보겠습니다. 수지구청역 롯데캐슬 하이브엘이라는 민간임대 아파트는 2021년 08월 26일 입주자 모집공고를 내고 분양을 시작했습니다.

수지구청역 롯데캐슬 하이브엘 민간임대 아파트 모집공고 내용 중

■ 임대 조건
(단위: 원)

| 주택형 | 해당동 | 동별 구분 | 공급 세대수 | 임대보증금 | 계약금(10%) | | 중 도 금(49%) | | | | 잔 금(41%) | 임대료/월 |
					1차 (계약 시)	2차 (계약후 1달 이내)	1회 (2022.08.16.)	2회 (2023.06.15)	3회 (2024.01.15)	4회 (2024.07.15)	입주지정일	
84A	101동, 102동	1,2층	5	868,200,000	10,000,000	76,820,000	104,184,000	104,184,000	104,184,000	112,866,000	355,962,000	1,000,000
		3~9층	28	877,100,000	10,000,000	77,710,000	105,252,000	105,252,000	105,252,000	114,023,000	359,611,000	1,000,000
		10~19층	40	881,600,000	10,000,000	78,160,000	105,792,000	105,792,000	105,792,000	114,608,000	361,456,000	1,000,000
		20~29층	36	886,100,000	10,000,000	78,610,000	106,332,000	106,332,000	106,332,000	115,193,000	363,301,000	1,000,000
		30층이상	10	895,000,000	10,000,000	79,500,000	107,400,000	107,400,000	107,400,000	116,350,000	366,950,000	1,000,000
	103동, 104동	1, 2층	7	864,600,000	10,000,000	76,460,000	103,752,000	103,752,000	103,752,000	112,398,000	354,486,000	1,000,000
		3~9층	28	873,600,000	10,000,000	77,360,000	104,832,000	104,832,000	104,832,000	113,568,000	358,176,000	1,000,000
		10~19층	40	878,000,000	10,000,000	77,800,000	105,360,000	105,360,000	105,360,000	114,140,000	359,980,000	1,000,000
		20~29층	40	882,500,000	10,000,000	78,250,000	105,900,000	105,900,000	105,900,000	114,725,000	361,825,000	1,000,000
		30층이상	14	891,500,000	10,000,000	79,150,000	106,980,000	106,980,000	106,980,000	115,895,000	365,515,000	1,000,000
84B	101동, 103동	1, 2층	7	868,200,000	10,000,000	76,820,000	104,184,000	104,184,000	104,184,000	112,866,000	355,962,000	1,000,000
		3~9층	28	877,100,000	10,000,000	77,710,000	105,252,000	105,252,000	105,252,000	114,023,000	359,611,000	1,000,000
		10~19층	40	881,600,000	10,000,000	78,160,000	105,792,000	105,792,000	105,792,000	114,608,000	361,456,000	1,000,000
		20~29층	40	886,100,000	10,000,000	78,610,000	106,332,000	106,332,000	106,332,000	115,193,000	363,301,000	1,000,000
		30층이상	26	895,000,000	10,000,000	79,500,000	107,400,000	107,400,000	107,400,000	116,350,000	366,950,000	1,000,000

입주는 2025년 6월 예정이며, 임대 보증금은 전용면적 $84m^2$ 기준으로 9억 원 이하, 월 임대료는 약 100만 원 수준이었습니다. 분양 당시에도 임대 아파트임에도 불구하고 높은 보증금과 추가로 부담해야 하는 월세 때문에 논란이 많았던 현장이었습니다. 하지만 이러한 높은 보증금과 월세를 한 번에 상쇄시키는 조건이 하나 있었습니다. 바로 확정 분양가였습니다.

수지구청역 롯데캐슬 하이브엘의 10년 뒤 분양전환 가격은 약 14억 원 초반으로 정해져 있습니다. 입주 예정 시점이 2025년 6월이기 때문에 10년 뒤인 2035년 6월에 해당 가격으로 분양전환을 받을 수 있는 구조인데, 여기서 한 번 비교해 보겠습니다. 최근 인근에서 분양한 수지자이 에디시온의 분양 가격이 전용면적 $84m^2$ 기준 약 15.2억 원입니다. 즉 현재 분양 가격보다도 낮은 가격으로 10년 뒤 분양전환을 받을 수 있는 구조라는 의미입니다. 만약 앞으로 10년 동안 부동산 가격이 더 상승한다고 가정하면 이 가격 차이는 더 크게 벌어질 수 있습니다. 그렇기 때문에 수지구청 롯데캐슬 하이브엘은 높은 보증금과 월세 논란에도 불구하고 당첨자 발표 직후 프리미엄이 2억이나 붙어 거래가 되었습니다.

수지구청역 롯데캐슬 하이브엘 민간임대 아파트 계약 서류 중

수지구청역 롯데캐슬 하이브 엘

임대보증금 및 납입조건 (단위: 원)

주택형	해당동	층별구분	공급세대수	임대보증금	계약금(10%) 1차 (계약 시)	계약금(10%) 2차 (계약후 1달 이내)	중도금(49%) 1회 (2022.08.16)	중도금(49%) 2회 (2023.06.15)	중도금(49%) 3회 (2024.01.15)	중도금(49%) 4회 (2024.07.15)	잔금(41%) 입주지정일	우선양도금액
84A	101동 102동	1.2층	5	868,200,000	10,000,000	76,820,000	104,184,000	104,184,000	104,184,000	112,866,000	355,962,000	**1,392,900,000**
		3~9층	28	877,100,000	10,000,000	77,710,000	105,252,000	105,252,000	105,252,000	114,023,000	359,611,000	**1,407,200,000**
		10~19층	40	881,600,000	10,000,000	78,160,000	105,792,000	105,792,000	105,792,000	114,608,000	361,456,000	**1,414,400,000**
		20~29층	36	886,100,000	10,000,000	78,610,000	106,332,000	106,332,000	106,332,000	115,193,000	363,301,000	**1,421,600,000**
		30층이상	10	895,000,000	10,000,000	79,500,000	107,400,000	107,400,000	107,400,000	116,350,000	366,950,000	**1,436,000,000**
	103동 104동	1.2층	7	864,600,000	10,000,000	76,460,000	103,752,000	103,752,000	103,752,000	112,398,000	354,486,000	**1,387,100,000**
		3~9층	28	873,600,000	10,000,000	77,360,000	104,832,000	104,832,000	104,832,000	113,568,000	358,176,000	**1,401,500,000**
		10~19층	40	878,000,000	10,000,000	77,800,000	105,360,000	105,360,000	105,360,000	114,140,000	359,980,000	**1,408,700,000**
		20~29층	40	882,500,000	10,000,000	78,250,000	105,900,000	105,900,000	105,900,000	114,725,000	361,825,000	**1,415,800,000**
		30층이상	14	891,500,000	10,000,000	79,150,000	106,980,000	106,980,000	106,980,000	115,895,000	365,515,000	**1,430,200,000**
84B	101동 103동	1.2층	7	868,200,000	10,000,000	76,820,000	104,184,000	104,184,000	104,184,000	112,866,000	355,962,000	**1,392,900,000**
		3~9층	28	877,100,000	10,000,000	77,710,000	105,252,000	105,252,000	105,252,000	114,023,000	359,611,000	**1,407,200,000**
		10~19층	40	881,600,000	10,000,000	78,160,000	105,792,000	105,792,000	105,792,000	114,608,000	361,456,000	**1,414,400,000**
		20~29층	40	886,100,000	10,000,000	78,610,000	106,332,000	106,332,000	106,332,000	115,193,000	363,301,000	**1,421,600,000**
		30층이상	26	895,000,000	10,000,000	79,500,000	107,400,000	107,400,000	107,400,000	116,350,000	366,950,000	**1,436,000,000**
	104동	1.2층	3	864,600,000	10,000,000	76,460,000	103,752,000	103,752,000	103,752,000	112,398,000	354,486,000	**1,387,100,000**
		3~9층	14	873,600,000	10,000,000	77,360,000	104,832,000	104,832,000	104,832,000	113,568,000	358,176,000	**1,401,500,000**
		10~19층	20	878,000,000	10,000,000	77,800,000	105,360,000	105,360,000	105,360,000	114,140,000	359,980,000	**1,408,700,000**
		20~29층	20	882,500,000	10,000,000	78,250,000	105,900,000	105,900,000	105,900,000	114,725,000	361,825,000	**1,415,800,000**
84C	101동 102동 103동 104동	1.2층	5	855,700,000	10,000,000	75,570,000	102,684,000	102,684,000	102,684,000	111,241,000	350,837,000	**1,372,800,000**
		3~9층	28	864,600,000	10,000,000	76,460,000	103,752,000	103,752,000	103,752,000	112,398,000	354,486,000	**1,387,100,000**
		10~19층	40	869,100,000	10,000,000	76,910,000	104,292,000	104,292,000	104,292,000	112,983,000	356,331,000	**1,394,300,000**
		20~29층	38	873,600,000	10,000,000	77,360,000	104,832,000	104,832,000	104,832,000	113,568,000	358,176,000	**1,401,500,000**
		30층이상	13	882,500,000	10,000,000	78,250,000	105,900,000	105,900,000	105,900,000	114,725,000	361,825,000	**1,415,800,000**
84D	101동 102동 103동 104동	1.2층	2	855,700,000	10,000,000	75,570,000	102,684,000	102,684,000	102,684,000	111,241,000	350,837,000	**1,372,800,000**
		3~9층	21	864,600,000	10,000,000	76,460,000	103,752,000	103,752,000	103,752,000	112,398,000	354,486,000	**1,387,100,000**
		10~19층	30	869,100,000	10,000,000	76,910,000	104,292,000	104,292,000	104,292,000	112,983,000	356,331,000	**1,394,300,000**
		20~29층	29	873,600,000	10,000,000	77,360,000	104,832,000	104,832,000	104,832,000	113,568,000	358,176,000	**1,401,500,000**
		30층이상	12	882,500,000	10,000,000	78,250,000	105,900,000	105,900,000	105,900,000	114,725,000	361,825,000	**1,415800,000**
84E	101동 102동 103동 104동	1.2층	2	868,200,000	10,000,000	76,820,000	104,184,000	104,184,000	104,184,000	112,866,000	355,962,000	**1,392,900,000**
		3~9층	14	877,100,000	10,000,000	77,710,000	105,252,000	105,252,000	105,252,000	114,023,000	359,611,000	**1,407,200,000**
		10~19층	20	881,600,000	10,000,000	78,160,000	105,792,000	105,792,000	105,792,000	114,608,000	361,456,000	**1,414,400,000**
		20~29층	15	886,100,000	10,000,000	78,610,000	106,332,000	106,332,000	106,332,000	115,193,000	363,301,000	**1,421,600,000**

다섯 번째 : 양도세가 적다 – 수지구청 롯데캐슬 하이브엘은 당첨자 발표 직후 프리미엄이 약 2억 원까지 형성되며 거래가 이

루어졌다고 말씀드렸습니다. 일반적인 아파트라면 분양권을 단기 매도할 경우 양도 차익의 최대 77%를 세금으로 납부해야 합니다. 프리미엄이 2억 원이라면 세금만 1억 5,400만 원이 발생하게 됩니다. 2억 원을 벌었지만 결국 매도자의 손에 실제로 쥐어지는 돈은 약 4,600만 원 정도에 불과합니다. 하지만 수지구청역 롯데캐슬 하이브엘에 당첨되어 임차권을 2억 원에 매도한 사람은 세금을 5천만 원도 내지 않았습니다. 즉, 프리미엄의 대부분을 그대로 가져간 셈입니다. 집을 사고 팔 때 차익이 발생하면 내야하는 세금의 비율이 정해져있는데 왜 정해져있는 비율대로 세금을 내지 않았을까요? 이유는 간단합니다. 민간임대 아파트는 집을 매매하는 것이 아니라 임차권을 양도하는 방식으로 거래가 이루어지기 때문입니다. 따라서 양도 차익이 발생하더라도 일반 아파트처럼 양도 소득세를 내야하는 것이 아니라 양도차익의 약 22%를 기타소득세로 신고합니다.

여섯 번째 : 대출의 자유로움 – 민간임대 아파트는 일반 아파트와 달리 대출 규제에서 비교적 자유로운 구조를 가지고 있습니다. 임차권 형태이기 때문에 입주할 때 주택담보대출이 아닌 전세자금 대출을 받아 입주하는 구조라서 일반 아파트 대출과 달리 건설사가 HUG(주택도시보증공사) 보증에 가입해 보증을 서는 방식으로 대출이 진행되어 비교적 대출 시행이 수월한 편입니다.

그래서 소득이 많지 않더라도 은행에서 기본적인 상환 능력만 인정된다면 전세자금 대출을 받을 수 있습니다. 지금은 대출규제가 강화되어 1주택자 이상이라면 전세자금 대출을 받기 어렵지만 예전에는 주택수와 상관없이 전세자금 대출이 나왔기 때문에 주택을 여러채 보유한 다주택자들에게 매우 매력적인 투자 상품이었습니다. 지금도 1주택 이하라면 충분히 매력적인 투자 상품입니다.

이처럼 민간임대 아파트는 주거의 안정성, 청약 조건의 자유로움, 임차권 거래, 확정 분양가, 세금의 구조, 대출의 자유로움까지 여러 장점을 동시에 가진 상품입니다. 이러한 구조 때문에 실거주 수요와 투자 수요가 동시에 몰리게 되었고, 때문에 부동산 규제가 강화되던 2019~2022년 초 까지 민간임대 아파트는 부동산 시장에서 가장 뜨거운 투자 상품 중 하나로 자리 잡게 됩니다. 실제로 제가 닺타 청약을 진행했던 현장 몇 군데를 보여드립니다.

1.수지구청 롯데캐슬 하이브엘 민간임대 아파트 (초피 1.5~2억 원)

2. 제주도 애월 남해 오네뜨 민간임대 아파트

(초피 1,000~3,000만 원)

3.오송역 파라곤 센트럴시티 2차 민간임대 아파트

(초피 2,000~8,000만 원)

이 외에도 장성 대광로제비앙 민간임대 아파트, 동두천 중흥S 클래스 헤라시티, 도봉 롯데캐슬 골든파크 민간임대 아파트, 대구 호반 써밋 하이브파크 민간임대 아파트, 수청 1지구 하이앤 민간임대 아파트, 춘천 학곡지구 중해마루힐 포레스트 민간임대 아파트, 상암 DMC역 힐스테이트 민간임대 아파트, 그리고 최근에 청약한 힐스테이트 오송역퍼스트 등 전국적으로 많은 곳이 있었고, 모두 단타 청약을 진행했던 현장들입니다. 민간임대도 마찬가지로 익숙한 이름들이 많이 보이실 텐데, 이 중에도 현재는 마이너스 프리미엄이 된 곳들도 많습니다. 그러나 당첨자 발표 직후에는 대부분 프리미엄이 형성되었고, 적게는 몇 천만 원에서 많게는 억 단위까지 붙었던 곳들입니다. 민간임대 아파트도 오피스텔과 마찬가지로, 모든 민간임대 아파트가 단타 투자로 수익이 나는 것은 아닙니다. 민간임대 아파트 역시 입지, 상품성, 가격, 수요에 따라 프리미엄이 형성되고 또 사업주체가 어디냐에 따라 명확하게 달라지게 됩니다. 즉, 민간임대 아파트라고 해서 무조건 프리미엄이 붙는것도 아니고, 무조건 단타가 가능한 것도 아니라는 얘기입니다. 지금부터 단타가 되는 민간임대 아파트와 단타를 절대로 할 수 없는 민간임대 아파트를 알아보도록 하겠습니다.

첫 번째 : 단타가 가능한 일반 민간임대 아파트 – 단타 투자로 접근할 수 있는 민간임대 아파트는 사실상 일반 민간임대 아파트 하나뿐입니다. 일반 민간임대 아파트는 민간 건설사나 시행사가 자체적으로 사업을 진행하는 형태의 임대 아파트입니다. 공공임대나 공공지원 민간임대와 달리 청약통장을 사용하지 않고 청약이 가능하며, 소득이나 자산 기준 같은 까다로운 조건도 없는 경우가 대부분입니다. 또 하나 중요한 특징은 임차권 양도가 가능하다는 점입니다. 공공임대 아파트나 공공지원 민간임대 아파트는 당첨 이후 임차권 상태에서 다른 사람에게 명의를 넘기는 것이 불가능하지만, 일반 민간임대 아파트는 입주 전이든 입주 후든 임차권을 다른 사람에게 양도할 수 있습니다. 이 말은 곧 당첨 이후 매수자를 찾아 프리미엄을 받고 임차권을 매도하는 것이 가

능하다는 뜻입니다. 즉, 일반 민간임대 아파트는 구조 자체가 청약 → 당첨 → 매수자 매칭 → 임차권 매도라는 흐름으로 이어질 수 있기 때문에 단타 투자 구조가 만들어지는 것입니다. 여기에 더해 일반 민간임대 아파트는 주택 수에 포함되지 않고 청약통장도 사용하지 않기 때문에 무주택자든 다주택자든 상관없이 누구나 청약할 수 있습니다. 이러한 구조 때문에 부동산 규제가 강해질수록 오히려 민간임대 아파트에 대한 투자 수요가 늘어나는 현상이 나타나기도 합니다. 결국 일반 민간임대 아파트는 청약통장을 사용하지 않고, 임차권 양도가 가능하며, 주택 수에도 포함되지 않는 구조이기 때문에 민간임대 아파트 중에서 유일하게 단타 투자가 가능한 상품이라고 볼 수 있습니다.

두 번째 : 공공임대 5년·10년 － 공공임대 5·10년 아파트는 이름만 보면 민간임대 아파트와 비슷한 상품처럼 보일 수 있지만, 구조 자체가 완전히 다른 상품입니다. 공공임대 아파트는 공기업에서 공급하는 분양전환형 임대아파트로 청약을 할 때 청약통장을 반드시 사용해야 합니다. 또한 당첨 이후에는 전매 자체가 불가능하며, 분양전환 시점까지 무주택 자격을 유지해야만 분양전환을 받을 수 있습니다. 즉, 분양권 상태에서 다른 사람에게 권리를 넘겨 프리미엄을 받고 파는 구조 자체가 불가능하기 때문에 단타 투자 자체가 성립하지 않는 상품입니다.

세 번째 : 단타가 불가능한 공공지원 민간임대 아파트 – 공공지원 민간임대 아파트는 이름만 보면 일반 민간임대 아파트와 비슷해 보여 많은 사람들이 단타가 가능할 것이라고 착각하는 상품입니다. 하지만 이 상품은 앞에 '공공지원'이라는 단어가 붙어 있는 것처럼 공공과 민간이 함께 사업을 진행하는 구조입니다. 청약통장을 사용하지 않는 경우가 많다는 점에서는 일반 민간임대 아파트와 비슷하지만(청약 통장을 사용하는 경우도 많음.), 임차권 상태에서 전매가 불가능하고 분양전환 시점까지 무주택 자격을 유지해야 하는 조건이 붙는 경우가 많습니다. 따라서 일반 민간임대 아파트처럼 임차권을 매도해 프리미엄을 얻는 단타 투자는 불가능한 구조입니다. 다만 공공과 민간이 함께 사업을 진행하기 때문에 사업 안정성이 상대적으로 높고, 입지만 좋다면 장기 투자 관점에서는 고려해볼 수 있는 상품입니다.

네 번째 : 협동조합 민간임대 아파트 – 협동조합 민간임대 아파트는 말 그대로 예비 세입자들이 협동조합을 구성해 아파트 건설을 추진하는 방식의 임대 아파트입니다. 공기업이 직접 공급하면 공공임대 아파트가 되고, 민간 건설사나 시행사가 공급하면 일반 민간임대 아파트가 됩니다. 하지만 협동조합 민간임대 아파트는 이 두 가지와 전혀 다른 구조를 가지고 있습니다. 협동조합 민간임대 아파트는 건설사나 시행사가 사업을 주도하는 것이 아니라,

예비 세입자들이 모여 협동조합을 만들고 그 조합이 사업의 주체가 되어 아파트 건설을 추진하는 구조입니다. 겉으로 보면 굉장히 좋아 보입니다. "우리가 직접 조합을 만들어 아파트를 짓기 때문에 일반 아파트보다 훨씬 저렴하게 집을 마련할 수 있다." 이런 식의 홍보 문구를 많이 사용하기 때문입니다. 하지만 실제 구조를 조금만 들여다보면 왜 이 사업이 위험한지 바로 알 수 있습니다. 아파트 개발 사업은 생각보다 훨씬 복잡합니다. 토지를 확보해야 하고, 토지 용도 변경이 필요할 수도 있으며, 지구단위계획 승인과 각종 인허가 절차를 통과해야 합니다. 여기에 금융 조달, 시공사 선정, 사업 승인 등 수많은 과정을 거쳐야 비로소 착공이 가능해집니다.

문제는 이러한 복잡한 개발 사업을 전문적인 시행사나 건설사가 아니라 일반 사람들이 모인 협동조합이 추진한다는 점입니다. 실제로 협동조합 민간임대 아파트 홍보를 보면 대부분 다음과 같은 말을 합니다.

"토지 매입이 70% 완료되었습니다."
"토지 매입이 90% 완료되었습니다."
"곧 착공에 들어갑니다."

하지만 여기서 중요한 것은 토지 매입이 아니라 인허가입니다. 토지를 확보했다고 해서 아파트를 지을 수 있는 것이 아닙니다. 해당 부지가 실제로 아파트 건설이 가능한 용도인지, 지구단위 계획과 도시계획 조건에 맞는지, 그리고 사업 계획이 승인될 수 있는지 등 수많은 조건을 충족해야 합니다. 예를 들어 어떤 협동조합 민간임대 아파트 사업지는 자연녹지지역이었습니다. 자연녹지지역은 국토의 계획 및 이용에 관한 법률에 따라 도시의 녹지 공간 확보와 도시 확산 방지를 위해 지정된 지역으로, 특별한 경우가 아니라면 개발이 제한됩니다. 일반적으로 이러한 지역에서는 4층 이하 건물만 건설이 가능한 경우가 많습니다. 그런데 홍보 자료에 나온 조감도를 보면 수십 층 규모의 아파트 단지가 그려져 있는 경우도 있습니다. 조감도만 보면 당장이라도 착공이 가능한 것처럼 보이지만, 실제로는 사업 승인 자체가 불가능한 구조인 경우도 적지 않습니다. 즉, 협동조합 민간임대 아파트는 토지 매입이 문제가 아니라 사업 승인 자체가 어려운 경우가 많기 때문에 사업이 장기간 지연되거나 무산되는 사례도 상당히 많습니다. 또한 일반 민간임대 아파트와 달리 건설사가 사업의 모든 리스크를 책임지는 구조가 아니라 조합원들이 리스크를 함께 떠안는 구조이기 때문에 사업이 제대로 진행되지 않을 경우 투자금이 장기간 묶이거나 예상치 못한 문제가 발생할 가능성도 있습니다. 이러한 이유 때문에 협동조합 민간임대 아파트는 단타 투자 대상이 될 수 없을 뿐만 아니라 투자 자체를 매우 신중하게 접근해야 하는 상품입니다. 따라서 민간임대 아파트 청약을 검토할 때는 해당 사업이 일반 민간임대 아파트인지, 공공지원 민간임대인지, 혹은 협동조합 민간임대인지부터 반드시 확인해야 합니다. 특히 협동조합 민간임대 아파트의 경우 사업 구조 자체가 일반 민간임대 아파트와 완전히 다르기 때문에 단타 투자 관점에서는 아예 제외하는 것이 안전합니다.

정리하면 분양전환형 임대아파트는 여러 유형이 존재하지만, 단타 청약이 가능한 상품은 일반 민간임대 아파트 하나뿐이며 나머지 유형은 구조적으로 단타 투자가 불가능합니다.

마. 달콤한 선악과,
━ 먹는 순간 대가를 치른다

지금까지 오피스텔과 민간임대 아파트의 구조와 장점에 대해서만 알아보았습니다. 여기까지 읽은 분들 중에는 제가 장점만 설명했기 때문에 "이 정도 조건이면 오피스텔과 민간임대 아파트도 괜찮은 투자처 아닌가?"라고 생각하실 수도 있습니다. 사실 이렇게 생각하는 것이 자연스러운 반응입니다. 청약 조건도 까다롭지 않고, 대출도 비교적 수월하며, 주택 수에도 포함되지 않는다는 것은 투자자 입장에서 상당히 매력적인 조건이기 때문입니다. 실제로 많은 사람들이 오피스텔이나 민간임대 아파트를 처음 접할 때 이러한 장점만 보고 투자를 결정하는 실수를 합니다. 하지만 투자에서 가장 위험한 판단은 장점만 보고 접근하는 것입니다. 특히 오피스텔과 민간임대 아파트는 장점이라고 생각했던 요소들이 오히려 단점으로 바뀌는 경우가 많기 때문에 구조를 정확하게 이해하고 접근해야 합니다. 저는 단점을 명확하게 알고 있어서 오피스텔과 민간임대 아파트는 청약에 당첨되더라도 절대로 본인 돈으로 계약하지 말고, 반드시 매수자 계약금 대납 조건으로 바로 매도하는 초단타 방식으로만 접근할 것을 추천해 왔습니다. 이 부분이 상당히 중요합니다. 내 돈이 들어가는 순간 단타 투자가 아니라 장기 투자자가 되어버리기 때문입니다. 지금까지 장점만 설명했기 때문에 제가 오피스텔과 민간임대 아파트 투자를 추천하는 것으로 오해하셨을 수도 있습니다. 하지만 저는 오피스텔과 민간임대 아파트를 적극적으로 추천하거나 권유하지 않습니다. 물론 상품마다 입지, 가격, 상품성이 모두 다르기 때문에 무조건 돈이 되지 않는다고 단정할 수는 없습니다. 하지만 여러분보다 조금 더 많은 현장을 보고 경험한 저 역시 오피스텔과 민간임대 아파트 분양권에 투자해서 실패를 경험했기 때문에, 여러분이 성공할 가능성보다 실패할 가능성이 더 높다고 생각합니다. 따라서 오피스텔과 민간임대 아파트는 장기 투자보다는 단타 목적의 투자 상품으로만 접근하시길 바랍니다.

오피스텔의 단점 : 오피스텔의 단점은 생각보다 단순합니다. 바로 규제가 완화되는 순간 가치가 사라진다는 점입니다. 오피스텔의 투자 가치는 대부분 주택에 대한 규제가 강할 때 발생합니다. 주택을 사기 어려운 상황이 만들어지면 투자 수요가 자연스럽게 오피스텔로 이동하기 때문입니다. 하지만 반대로 주택 규제가 완화되는 순간 투자 수요는 다시 아파트 시장으로 이동하게 됩니다. 결국 오피스텔은 주택 시장의 규제 상황에 따라 가치가 크게 흔들리는 상품이라고 볼 수 있습니다. 예를 들어 부동산 규제가 강화된 시점에는 매물 감소로 인해 시장에 나와 있는 매물 자체도 많지 않고, 매물이 있다고 하더라도 대출 규제 때문에 매수하기가 쉽지 않습니다. 이러한 상황은 1주택 이상을 보유한 사람뿐만 아니라 무주택자에게도 마찬가지로 적용됩니다. 그래서 많은 투자자들과 실수요자들이 규제를 적용받지 않는 오피스텔을 대안으로 선택하게 됩니다. 하지만 규제가 완화된다면 어떻게 될까요? 투자자와 실수요는 오피스텔이 아니라 다시 아파트로 이동하게 됩니다. 무주택자가 아닌 1주택자는 어떨까요? 추가로 주택을 매수해도 취득세가 1~3%로 적용되고(비규제 지역) 대출도 소득과 신용만 괜찮다면 잘 나옵니다. 반면 오피스텔은 취득세가 4.6% 고정세율이죠. 즉, 이러한 이유로 주택에 대한 규제가

강할 때는 자산을 지키기 위한 수단으로 상대적으로 조건이 좋은 오피스텔로 투자 수요가 몰리게 되지만, 반대로 주택 규제가 완화되는 순간 투자 수요는 다시 아파트 시장으로 이동하게 된다는 것입니다. 결국 오피스텔의 가치는 오피스텔 자체의 가치라기보다 아파트 시장에 대한 규제가 얼마나 강하냐에 따라 결정됩니다. 부동산 규제는 강화와 완화가 반복되기 때문에 "다시 규제가 강화되면 괜찮은 것 아닌가?" 라고 생각하실 수도 있습니다. 하지만 그것은 투자라기보다 도박에 가깝습니다. 부동산 규제가 강화에서 완화로, 그리고 다시 강화로 돌아오기까지는 상당한 시간이 걸립니다. 그 시간 동안 투자금은 사실상 아무것도 할 수 없는 상태로 묶여 있는 것과 다름없습니다. 또한 설령 규제가 다시 강화된다고 하더라도 투자 수요는 신축 아파트에 집중될 가능성이 높고, 이미 시간이 지난 구축 오피스텔에는 다시 몰리지 않는 경우가 많습니다. 따라서 오피스텔은 장기 투자로 접근하기보다는 규제가 강화되는 시점에 형성되는 시장 심리를 활용한 단타 청약 정도로만 접근하는 것이 바람직합니다.

민간임대 아파트의 단점 : 이제 민간임대 아파트의 단점을 살펴볼 차례입니다. 민간임대 아파트는 구체적으로 어떤 단점을 가지고 있을까요? 앞서 말씀드렸듯이 2019년부터 2022년 초까지 민간임대 아파트는 부동산 시장에서 가장 뜨거운 투자 상품 중

하나였습니다. 실제로 많은 투자자들이 민간임대 아파트에 관심을 가지며 민간임대 아파트가 부동산 시장을 주도하기도 했습니다. 하지만 지금은 상황이 완전히 달라졌습니다. 한때 시장을 주도했던 민간임대 아파트는 정책과 부동산 시장의 변화로 인해 빠르게 사라지게 되었습니다. 그렇다면 당시 많은 관심을 받았던 민간임대 아파트가 왜 몰락하게 되었을까요? 지금부터 민간임대 아파트가 시장에서 사라지게 된 이유를 살펴보겠습니다. 2020년 7월 10일 정부가 부동산 대책을 하나 발표 합니다. 이 대책에서 민간기업이 활용하던 4년 단기 등록임대사업을 폐지하면서 민간임대 아파트의 공급이 점차 줄어들기 시작했습니다. 여기에 2021년 부동산 가격이 급등하면서 공시가격 현실화 정책이 시행되었고, 민간임대 아파트를 보유하고 있던 민간기업들은 예상치 못한 종합부동산세 부담을 떠안게 됩니다. 종합부동산세 폭탄, 이것이 민간임대 아파트 공급이 사라지게 된 이유입니다.

이 기사는 2022년 1월 18일에 나온 기사입니다.

● 이코리아 · 2022.01.18.

위례2차 호반써밋 임대아파트 조기매각 갈등, 분양가 적정한가

제공=위례호반써밋비상대책위원회 위례 **2차 호반써밋** 4년 임대 아파트가 **조기매각** 통보로 갈등을 빚고 있다. **갈등**의 핵심은 **분양가**다. 입주민들은… 데다 **분양가**가 과도하다며 반발하고 있다. 반면 **호반산업**은 법적으로 문제가 없다는 입장이다. 는 호반…

(기사 출처 : 이코리아)

기사 내용을 보면 민간임대 아파트 사업이 왜 어려워졌는지 단적으로 확인할 수 있습니다. 호반산업이 민간임대 아파트를 공급하면서 4년 동안 부담해야 했던 종합부동산세는 약 307억 원 수준이었습니다. 그러나 부동산 가격이 급등하면서 공시가격이 크게 상승했고, 그 결과 종합부동산세 부담이 약 2,000억 원 수준까지 증가하게 됩니다. 기존 예상 금액의 약 6.5배에 달하는 수준이었죠. 세금 부담이 예상보다 크게 늘어나면서 민간임대 사업의 구조 자체가 흔들리기 시작했습니다. 종부세가 307억 원에서 약 2,000억 원 수준까지 늘어난 상황에서 해당 사업을 그대로 유지하는 것은 건설사 입장에서 상당한 부담이 될 수밖에 없습니다. 원래 민간임대 아파트 사업의 구조는 건설사가 공시가격과 세금 부담을 일정 수준으로 예상한 뒤 임대 사업을 운영합니다. 이후 일정 기간 동안 갭투자 구조로 임대를 유지하면서 사업을 운영하고, 임대 기간이 끝나면 주변 시세보다 약간 저렴한 가격으로 분양전환하거나 매각을 진행해 수익을 얻는 방식입니다. 하지만 부동산 가격이 예상보다 빠르게 상승하고 공시가격이 크게 오르면서 세금 부담이 급격히 늘어난 거죠. 이렇게 되자 민간임대 아파트를 4년 동안 보유하는 것 자체가 건설사 입장에서는 손해인 구조로 바뀌게 됩니다. 부동산 가격이 언제까지 상승할지도 알 수 없는 상황에서 사업을 계속 유지하기에는 부담이 커진 것입니다. 입주도 하기 전에 말입니다. 그런데 바로 이때, 건설사 입장에서는 마치 하늘에서 동아줄이 내려온 것과 같은 상황이 벌어지게 됩니다.

이 사진은 2018년 2월 5일에 발표된 위례 2차 호반써밋 민간 임대 아파트 최초 입주자 모집 공고입니다.

2 임대보증금 및 납입조건

■ 임대보증금 및 납입조건

(단위 : ㎡, 원)

| 주택형 | 공급세대수 | 층 | 해당세대수 | 임대보증금 | 계약금 | 중 도 금 | | | | | 잔금 | 월 임대료 |
					계약시	1회 2018.06.04	2회 2018.12.04	3회 2019.06.04	4회 2019.12.04	5회 2020.06.04	입주지정일	
101.3163A	283	1층	9	580,000,000	58,000,000	57,900,000	57,900,000	57,900,000	57,900,000	57,900,000	232,500,000	250,000
		2층	12	600,000,000	60,000,000	59,900,000	59,900,000	59,900,000	59,900,000	59,900,000	240,500,000	250,000
		기준층	262	620,000,000	62,000,000	61,900,000	61,900,000	61,900,000	61,900,000	61,900,000	248,500,000	250,000
101.5779B	40	1층	2	580,000,000	58,000,000	57,900,000	57,900,000	57,900,000	57,900,000	57,900,000	232,500,000	250,000
		2층	2	600,000,000	60,000,000	59,900,000	59,900,000	59,900,000	59,900,000	59,900,000	240,500,000	250,000
		기준층	36	620,000,000	62,000,000	61,900,000	61,900,000	61,900,000	61,900,000	61,900,000	248,500,000	250,000
101.8535C	100	1층	4	580,000,000	58,000,000	57,900,000	57,900,000	57,900,000	57,900,000	57,900,000	232,500,000	250,000
		2층	4	600,000,000	60,000,000	59,900,000	59,900,000	59,900,000	59,900,000	59,900,000	240,500,000	250,000
		기준층	92	620,000,000	62,000,000	61,900,000	61,900,000	61,900,000	61,900,000	61,900,000	248,500,000	250,000
109.3822A	216	1층	8	620,000,000	62,000,000	61,900,000	61,900,000	61,900,000	61,900,000	61,900,000	248,500,000	270,000
		2층	12	640,000,000	64,000,000	63,900,000	63,900,000	63,900,000	63,900,000	63,900,000	256,500,000	270,000
		기준층	196	660,000,000	66,000,000	65,900,000	65,900,000	65,900,000	65,900,000	65,900,000	264,500,000	270,000
109.3396B	49	1층	1	620,000,000	62,000,000	61,900,000	61,900,000	61,900,000	61,900,000	61,900,000	248,500,000	270,000
		2층	2	640,000,000	64,000,000	63,900,000	63,900,000	63,900,000	63,900,000	63,900,000	256,500,000	270,000
		기준층	46	660,000,000	66,000,000	65,900,000	65,900,000	65,900,000	65,900,000	65,900,000	264,500,000	270,000
149.5534	1	전층	1	990,000,000	99,000,000	98,900,000	98,900,000	98,900,000	98,900,000	98,900,000	396,500,000	450,000
147.0000T	10	전층	10	980,000,000	98,000,000	97,900,000	97,900,000	97,900,000	97,900,000	97,900,000	392,500,000	400,000

16

모집 공고에 따르면 당시 해당 아파트의 임대보증금은 39평 기준 약 6억 원 수준이었습니다.

세입자들이 임대보증금 6억 원으로 입주한 이후 전국적으로 부동산 가격이 급격히 상승하기 시작했고, 위례 호반써밋 민간임대 아파트 주변의 아파트 가격 역시 빠르게 상승했습니다. 만약 임대 기간 4년을 모두 채운 뒤 분양전환을 진행하게 된다면 부동산 가격이 그 사이에 얼마나 더 상승할지 알 수 없는 상황인거죠.

이러한 상황에서 4년 뒤 분양전환을 기다리기보다는 아파트 가격이 더 오르기 전에 분양전환을 진행하는 것이 유리하다고 판단했는지 결국, 세입자들은 건설사에 조기 분양전환을 요구했습니다. 이 상황은 건설사 입장에서도 나쁘지 않은 기회였습니다. 앞서 언급한대로 공시가격 상승으로 인해 종합부동산세 부담이 크게 늘어나고 있었기 때문이죠. 임대 사업을 계속 유지하면서 매년 약 2,000억 원 수준의 종합부동산세를 부담하는 것보다 세금 부담이 더 커지기 전에 상승한 가격으로 분양전환을 진행해 사업을 정리하는 것이 훨씬 유리했으니까요. 결국 건설사는 세입자들의 요구를 받아들여 입주한 지 약 9개월 만인 2021년 12월,

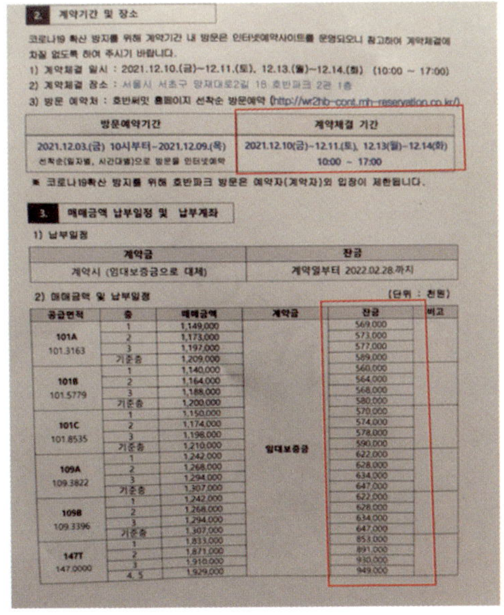

2. 계약기간 및 장소

코로나19 확산 방지를 위해 계약기간 내 방문은 인터넷예약사이트를 운영되오니 참고하여 계약체결에 차질 없도록 하여 주시기 바랍니다.
1) 계약체결 일시 : 2021.12.10.(금)~12.11.(토), 12.13.(월)~12.14.(화) (10:00 ~ 17:00)
2) 계약체결 장소 : 서울시 서초구 양재대로2길 18 호반파크 2관 1층
3) 방문 예약처 : 호반써밋 홈페이지 선착순 방문예약 (http://wr2hb-cont.mh-reservation.co.kr/)

방문예약기간	계약체결 기간
2021.12.03.(금) 10시부터~2021.12.09.(목) 선착순(일자별, 시간대별)으로 방문을 인터넷예약	2021.12.10.(금)~12.11.(토), 12.13.(일)~12.14.(화) 10:00 ~ 17:00

※ 코로나19확산 방지를 위해 호반파크 방문은 예약자(계약자)외 입장이 제한됩니다.

1. 매매금액 납부일정 및 납부계좌

1) 납부일정

계약금	잔금
계약시 (임대보증금으로 대체)	계약일부터 2022.02.28.까지

2) 매매금액 및 납부일정 (단위 : 천원)

공급면적	층	매매금액	계약금	잔금	비고
101A 101.3163	1	1,149,000		569,000	
	2	1,173,000		573,000	
	3	1,197,000		577,000	
	기준층	1,209,000		589,000	
101B 101.5779	1	1,140,000		560,000	
	2	1,164,000		564,000	
	3	1,188,000		568,000	
	기준층	1,200,000		580,000	
101C 101.8535	1	1,150,000		570,000	
	2	1,174,000		574,000	
	3	1,198,000		578,000	
	기준층	1,210,000	임대보증금	590,000	
109A 109.3822	1	1,242,000		622,000	
	2	1,268,000		628,000	
	3	1,294,000		634,000	
	기준층	1,307,000		647,000	
109B 109.3396	1	1,242,000		622,000	
	2	1,268,000		628,000	
	3	1,294,000		634,000	
	기준층	1,307,000		647,000	
147T 147.0000	1	1,833,000		853,000	
	2	1,871,000		891,000	
	3	1,910,000		910,000	
	4,5	1,929,000		949,000	

단지 내 엘리베이터에 조기 분양전환 안내문을 게시하면서 본격적인 조기 분양 절차에 들어가게 됩니다. 그런데 여기에서 또 하나의 문제가 발생합니다. 바로 조기 분양전환 가격과 일정이 너무 크고 타이트했다는 점입니다. 조기 분양전환 공고는 입주한 지 9개월 만인 2021년 12월 1일에 발표되었습니다. 조기 분양전환을 신청하려면 12월 10일까지 기존에 납부한 보증금 외에 조기 분양전환 분양가의 10%를 계약금으로 납부 해야하고. 계약금을 납부한 뒤 약 5개월 후인 2022년 4월 14일까지 나머지 잔금을 모두 납부해야 하는 조건이었습니다. 기간도 짧았지만, 가장 큰 문제는 조기 분양전환 가격이었습니다. 당시 해당 단지 주변 아파트 시세가 크게 상승해서 동일 평형대 아파트 가격이 15억을 넘어선 상황이라, 민간임대 아파트 조기분양전환 조건대로 시세보다 10~20%저렴하게 책정했는데도 불구하고 12억을 넘어섰기 때문입니다. 사실 이 가격은 주변 시세보다 저렴하게 측정되었기 때문에 3억 원 가까이 저렴한 가격이었습니다. 하지만 입주한 지 9개월 만에 전세 보증금 6억 원 외에 추가로 또 6억 원의 자금을 마련한다는 건 쉽지 않은 일이었습니다. 그래서 결국 주변 시세보다 3억 원이나 저렴했지만 낮은 분양전환율을 기록하게 됩니다. 해당 단지는 900세대 규모였는데, 이 중 조기 분양전환을 신청한 세대는 약 57% 수준에 불과했고 나머지 43%의 세대는 분양전환을 포기하게 됩니다. 당시 저는 포기한 물건의 임차권을 손에 넣고 분양전환을 신청하면 3억 원이라는 큰 돈을 벌 수 있었기 때문에, 다양한 루트를 통해 임차권을 알아봤지만 세입자 분들과 건설사가 소송에 들어가며 정보를 더 이상 얻을 수 없게 됐고,

위례 호반써밋 , 논란- 이 또한 아는 사람만 아는 투자 정보

 베리스 2022. 3. 21. 11:16

2022년 3월 21일 블로그 글을 마지막으로 저는 해당 물건을 더 이상 알아보지 않았습니다.

그런데 제가 왜 이 이야기를 꺼냈을까요? 바로 이 사건이 민간임대 아파트 조기 분양전환의 도화선이 되어버렸기 때문입니다. 이 사건 이후 민간임대 아파트 시장에서 조기 분양전환이 연쇄적으로 발생하면서 제가 민간임대 아파트의 장점이라고 설명했던 것들이 단점으로 변해버렸습니다. 민간임대 아파트는 원래 4년에서 10년 정도 임대 기간을 유지한 뒤 분양전환을 하는 구조라고 말씀드렸습니다. 그래서 많은 사람들이 주택 보유 여부를 떠나 10년 동안 안정적으로 거주하며 세금과 대출에서 자유롭다는 것을 장점으로 생각하고 선택했는데 조기 분양전환이 발생하는 순간 상황이 완전히 달라진 것입니다. 그 전까지는 '임차권'이었던 권리가 조기 분양전환과 동시에 '내 집'으로 바뀌게 되기 때

문입니다. 결국 위례 사태처럼 갑자기 큰돈을 마련해야 하는 상황이 발생하게 됩니다. 무주택자의 경우라면 일반적으로 자금을 마련하거나 대출을 받을 수 있는 상황에서 주변 시세보다 저렴한 가격으로 분양전환을 받기 때문에 비교적 부담이 적습니다. 조기 분양전환을 받아도 취득세가 약 1~3% 수준이기 때문에 큰 문제가 되지 않는 경우도 많습니다. 하지만 다주택자의 경우 상황이 완전히 달라집니다. 먼저 대출이 사실상 불가능합니다. 설령 어떻게든 자금을 마련해 잔금을 치른다고 하더라도 주택 수에 따라 취득세가 8~12%까지 올라가게 됩니다.(규제지역) 결국 취득세 부담까지 고려하면 시세대로 아파트를 매수하는 것과 크게 다르지 않은 상황이 되는 것입니다. 그나마 다행인 것은 상승장일 때입니다. 시장 분위기가 좋을 때는 임차권을 시장에 내놓으면 손해를 보지 않고 넘길 수 있는 경우도 있기 때문입니다. 하지만 하락장이라면 이야기가 완전히 달라집니다. 거래 자체가 어려워지기 때문에 임차권을 매도하는 것조차 쉽지 않고, 결국 많은 사람들이 예상하지 못한 부담을 떠안게 되는 상황이 발생하게 됩니다. 따라서 민간임대 아파트는 이러한 구조적인 문제를 해결하지 않는다면 장점이 단점으로 한순간에 바뀔 수 있는 매우 위험한 투자처라고 볼 수 있습니다. 그렇기 때문에 이 책을 읽으시는 분들은 오피스텔과 민간임대 아파트를 장기 투자 상품으로 보지 말고, 단타 목적으로만 접근하시기를 바랍니다.

바. 세상에 공짜는 없다, 정보의 출처를 의심해라

지금까지 오피스텔과 민간임대 아파트의 구조와 장단점에 대해 알아보았습니다. 그리고 이러한 상품들은 장기 투자보다는 단타 관점에서 접근하는 것이 유리하다는 이야기도 함께 설명했습니다. 그렇다면 이제 자연스럽게 이런 질문이 생길 것입니다. "그럼 실제로 청약은 어디에서 찾고, 어떻게 해야 할까?" 아파트 청약의 경우 대부분 청약홈에서 확인할 수 있기 때문에 비교적 쉽게 정보를 찾을 수 있습니다. 하지만 오피스텔이나 민간임대 아파트 청약은, 아파트 청약과는 조금 다른 방식으로 진행되는 경우가 많습니다. 특히 민간임대 아파트의 경우 청약홈에 올라오지 않는 경우도 많고, 기사 한 줄만 나온 뒤 갑자기 청약이 진행되는 경우도 있기 때문에 정보를 찾는 것이 생각보다 쉽지 않습니다. 그래서 이 상품에 관심 있는 사람들은 보통 몇 가지 방법을 통해 청약 정보를 찾게 됩니다. 지금부터 오피스텔과 민간임대 아파트 청약을 찾는 방법과 실제로 청약하는 방법에 대해 하나씩 알아보겠습니다.

첫 번째 : 청약홈 － 단타 청약의 예로 설명했던 구리역 롯데캐슬 시그니처 오피스텔, 검단 금강펜테리움 더 시글로 오피스텔,

그리고 힐스테이트 오송역 퍼스트는 모두 청약홈을 통해 청약이 진행되었습니다. 대부분의 사람은 청약홈을, 아파트 청약을 진행하는 대표적인 사이트로만 알고 있습니다. 하지만 아파트뿐만 아니라 일부 오피스텔이나 민간임대 아파트 역시 청약홈을 통해 청약이 진행되는 경우가 있습니다. 따라서 오피스텔이나 민간임대 아파트 청약을 찾고 싶다면 가장 먼저 청약홈을 확인해 보는 것이 좋습니다.

청약홈 사이트에 접속한 뒤 청약 캘린더를 클릭하면 위 사진과 같은 화면을 확인할 수 있습니다. 여기에서 오피스텔이나 민간임대 아파트를 선택해 확인하면 됩니다. 오피스텔의 경우 반드시 해당 분양 사이트에 들어가 완전한 주거 형태를 갖춘 단지형 오피스텔인지, 아니면 아파트 단지 내에 포함된 오피스텔인지 확인하고 청약하면 되는데, 만약 규제지역에서 공급되는 오피스텔이라면 100실 이상일 경우 전매 제한이 적용되기 때문에, 단타 목적으로 접근할 경우 규제지역에 공급되는 오피스텔인지 비규제지역에 공급되는 오피스텔인지 확인한 뒤 청약하는 것이 좋습니다. (규제 지역일 경우 99실 이하라면 단타 가능하고 비규제 지역이라면 100실 이상이어도 단타 가능) 민간임대 아파트의 경우에는 일반 민간임대 아파트만 청약하시면 됩니다. 앞에서 설명했듯이 공공지원 민간임대나 협동조합 민간임대는 단타 목적의 투자 상품이 아니기 때문입니다. 일부 청약 현장에서는 청약 증거금을 요구하는 경우도 있습니다. 이 증거금은 허수 청약을 걸러내기 위한 장치로, 당첨 여부와 상관없이 당첨자 발표 이후 영업일 기준으로 100% 환불되기 때문에 크게 걱정할 필요는 없습니다. 마지막으로 많은 분들이 헷갈려하는 부분이 있어 한번 더 말씀드리겠습니다. 오피스텔과 민간임대 아파트는 '비주택'에 해당하기 때문에 청약통장을 사용하지 않습니다. 따라서 당첨되더라도 청약통장 사용 이력이나 주택 수 제한 등의 불이익이 발생하지 않습니다. 즉, 이러한 이유 때문에 오피스텔과 민간임대 아파트 청약은 비교적 부담 없이 도전해 볼 수 있는 구조라고 이해하시면 됩니다.

두 번째 : 인터넷기사 찾기 – 오피스텔과 민간임대 아파트 청약을 찾는 또 하나의 방법은 인터넷 기사를 확인하는 것입니다. 대부분의 사람들은 청약 정보를 청약홈에서만 찾으려고 합니다. 하지만 실제로는 모든 오피스텔이나 민간임대 아파트 청약이 청

약홈에 올라오는 것은 아닙니다. 비주택의 경우 인터넷에 분양을 곧 시작한다는 기사가 먼저 나오고 그 뒤에 모집 공고가 건설사에서 자체적으로 만든 홈페이지에만 올라가는 경우가 많습니다. 모집공고 뿐만 아니라 청약도 자체 홈페이지에서 진행하기 때문에 청약홈만 바라본다면 단타 청약을 놓칠 수 있습니다. 왜 청약홈에서 하지 않고 자체 홈페이지에서 청약을 진행할까요? 청약홈은 공짜가 아닙니다. 청약홈 시스템을 이용하려면 수백만 원의 금액을 지불해야하고, 단타족이 생각보다 많기 때문에 허수를 거르기 위함이라고 생각합니다. 참고로 분양을 진행하기 위해서는 모집 공고 전에 최소 한 번 이상 의무적으로 언론 기사를 통해 사업 내용을 공개해야 하는데 청약홈에 공고를 올리는 것은 의무가 아니라서 이와 같은 방법으로 청약을 진행하는 것은 문제가 되지 않습니다. 그래서 비주택 청약은 보통 지역 신문이나 인터넷 뉴스에 기사 형태로 "○○ 지역에 민간임대 아파트 공급 예정", "○○ 오피스텔 단지 분양 예정"과 같은 기사들만 나오고 자체적으로 제작한 홈페이지에서 청약을 진행하는 곳이 생각보다 많습니다. 재미있는 건 일부 비주택 청약이 인터넷 기사가 나가고 하루이틀 뒤에 청약을 진행하는 곳도 있어서 알고도 까먹고 청약을 못했던 현장도 많습니다. 이러한 청약을 흔히 '기습 청약'이라고 부르기도 합니다. 또 인터넷 청약이 아니라 모델하우스에서만 청약을 진행하는 '현장접수'도 있는데요, 모델하우스가 물리적으로 갈 수 없는 곳일 경우 청약을 알고도 못하는 경우도 있습니다. 따라서 청약홈에 정보가 올라오면 청약을 준비하는 것이 아니라 기사 단계에서 정보를 먼저 발견해야 단타 청약 기회를 잡을 수 있습니다. 그래서 오피스텔이나 민간임대 아파트와 같은 비주택 단타 청약에 관심이 있는 사람들은 부동산 관련 뉴스를 자주 확인하거나 지역 신문 기사까지 확인하는 경우도 많습니다. 저 역시 혹시라도 놓치는 것이 있을까 싶어 하루에 한 번 이상 '청약 예정'이라는 단어를 네이버에 검색하곤 했습니다. 이러한 이유 때문에 비주택 단타 청약은 정보를 아는 사람만 몰래하는 청약이기도 합니다. 26년 1월에 청약을 진행한 힐스테이트 오송역 퍼스트의 경우도, 청약 조건이 필요 없는 '전국청약'의 경우 청약홈에서 청약을 진행했지만, 청주시 거주자 우선공급은 자체 홈페이지에서 진행하여 아는 사람만 청약을 할 수 있었습니다.

세 번째 : 카카오톡 오픈채팅방에서 정보 받기 – 마지막으로 카카오톡 오픈채팅방을 통해 정보를 얻는 방법이 있습니다. 카카오톡 오픈채팅방이 생긴 이후로 부동산 정보는 마치 자신을 과시하듯 이 방, 저 방을 돌아다니며 빠르게 퍼집니다. 단타 청약 정보 역시 마찬가지입니다.

단타 청약은 '무자본'으로 부동산에 투자해 수익을 낼 수 있는 구조이기 때문에 사람들의 관심을 끌기 매우 좋은 소재입니다.

그래서 부동산 관련 오픈채팅방을 운영하는 사람들은 이러한 단타 청약 정보를 이용해 사람들을 채팅방으로 유입시키려고 정보를 찾고 공유하는 경우가 많습니다. 따라서 단타 청약 정보를 공유하는 단톡방에만 입장해놓는다면 단타 청약을 놓치지 않고 청약할 수 있습니다. 그렇다면 단타 청약 오픈채팅방은 어떻게 찾는 걸까요? 방법은 생각보다 간단합니다. 네이버에서 '오피스텔 분양 단타 청약 오픈채팅방' 혹은 '민간임대 아파트 단타 청약'과 같은 키워드를 검색한 뒤 검색결과에 나오는 블로그를 클릭해 보면 단타 청약 정보를 공유하는 오픈채팅방 링크를 올려 놓은 글들이 꽤 많이 올라와 있습니다. 그중 아무 채팅방이나 들어가서 정보를 받아보면 됩니다. 하지만 여기에서 한 가지 짚고 넘어가야 할 부분이 있습니다. 저는 오픈채팅방을 통해 단타 청약 정보를 얻는 것을 추천하지 않습니다. 이유는 간단합니다. 사기꾼이 너무 많기 때문입니다. '부동산 정보 공유, 단타 청약 공유 오픈 채팅방에서 어떤 사기가 발생할까'라고 생각하실 수도 있습니다. 단순히 정보만 공유하는 공간인데 사기를 치는 것이 가능할까? 의문도 드실겁니다. 하지만 실제로 생각보다 단순한 방식으로 사기가 이루어지기 때문에 당하는 사람이 정말 많습니다. 부동산 단타 청약 정보를 공유하는 카카오톡 오픈채팅방에서 실제로 어떤 방식으로 사기가 이루어지는지 사례를 통해 설명해 보겠습니다. 보통 채팅방에는 방장, 부방장, 그리고 분위기를 만드는 사람들이 함께 활동합니다. 방장은 단타 청약 정보나 분양 정보를 올리며 채팅방을 운영하는 역할, 부방장은 방장과 함께 질문에 답하거나 사람들을 관리하는 역할, 그리고 나머지 몇 명은 방장과 부방장의 말을 맞장구치거나 분위기를 띄우는 역할을 합니다. 그래서 겉으로 보기에는 모두 일반 참여자처럼 보이지만 실제로는 일반 참여자들 중 몇몇은 방장, 부방장과 같은 팀인 경우가 많습니다. 이 사람들은 처음부터 사기를 치려고 접근하지 않습니다. 오히려 초반에는 실제로 단타 청약 정보를 몇 번 공유하면서 채팅방 사람들의 신뢰를 얻습니다. 그리고 실제로 당첨자가 나오면 분양권을 매도해주고 수익실현까지 시켜주죠. 어차피 매도해줄 때 생기는 부동산 수수료가 있기 때문에 무료봉사는 아닙니다. 이렇게 되면 오픈채팅방을 운영하는 사람과 참여자 모두가 윈윈하는 구조가 만들어집니다. 실제로 단타 청약에 성공하는 사례가 몇 번만 나오면 채팅방 분위기는 금방 달라집니다. 성공 사례가 쌓일수록 채팅방에 있는 사람들은 자연스럽게 "이 방은 진짜 정보를 공유하는 곳이구나"라고 생각하게 되는데, 채팅방의 분위기와 신뢰도가 어느 정도 올라오면, 이때부터 이들은 슬슬 사기를 칠 준비를 합니다. 사실 오픈채팅방의 방장과 부방장, 그리고 일부 참여자들은 단순히 부동산 정보나 단타 청약 정보를 공유하는 사람들이 아닙니다. 이들의 실제 직업은 대부분 '분양 상담사'인 경우가 많습니다. 처음에는 실제 단타 청약 정보를 계속 공유하다가 중간중간 자신들이 분양하는 오피스텔을 끼워 넣어 자신들의 현장을 '단타 청약'현장으로 둔갑시키고 이번에는 안전마진이 확보된 단타 청약이라며 홍보하죠. 오랜 기간동안 쌓아온 신뢰도와 사례가 있기 때문에 오피스텔을 볼 줄 모르는 사람들은 쉽게 믿고 청약을 합니다. 문제는 오피스텔을 볼 줄 안다고 해도 어차피 매수자가 없으면 손해볼 게 없기 때문에 문제를 제기하지 않고 청약하는 사람들도 많다는 것입니다. 그래서 의심할 수 있는 상황이 생기지 않는거죠. 아무튼 자신들의 현장을 '단타 청약'으로 둔갑시켜 홍보할 때는 보통 "이번 현장은 안전마진이 확보된 단타 청약입니다."라는 표현을 자주 사용합니다. 그런데 여기서 한 가지 생각해 볼 문제가 있습니다. 안전마진은 누가 정하는 것일까요? 부동산에서 안전마진이라는 것은 누군가가 정해 놓는 것이 아니라 수요와 공급에 따라 시장에서 결정되는 것입니다. 아무리 좋은 입지의 현장이라고 하더라도 못난이 타입에 당첨되거나 저층에 당첨된다면 프리미엄이 형성되지 않을 수도 있습니다. 그렇다면 왜 이들은 "안전마진이 확보된 단타 청약"이라고 홍보할까요? 예를 들어 안전마진이 500만 원이라고 홍보했다고 가정해 보겠습니다. 그리고 그 말을 믿고 많은 사람들이 청약을 진행했다고 해보겠습니다. 만약 실제로 프리미엄이 형성되어 매수자가 나타난다면 아무 문제가 없습니다. 매수자를 찾아 분양권을 넘기고 500만 원 정도의 수익을 얻으면 끝이기 때문입니다. 하지만 문제는 매수자가 나타나지 않을 때 발생합니다. 이때부터 상황이 완전히 달라집니다. 분양상담사분들은 자신들이 분양하는 상품을 계약시켜야 수수료를 받을 수 있는 구조입니다. 그렇기 때문에 당첨된 사람에게 슬쩍 거짓 정보를 흘립니다. "지금 팔면 500만 원 정도지만 제 생각에는 상황을 보니까 한 달 정도만 지나면 2,000만 원까지는 갈 것 같습니다. 제가 최고가에 팔아 드리겠습니다." 이 말을 들은 당첨자는 어떤 생각을 할까요? 십중팔구는 혹하게 됩니다. 원래 단타 청약의 원칙은 내 돈을 넣지 않는 것입니다. 매수자를 먼저 구해 계약금을 대납받고 분양권을 넘기는 구조이기 때문에 내 돈이 들어갈 이유가 없습니다. 하지만 이런 말을 듣는 순간 많은 사람들은 원칙을 잊어버립니다. 눈앞에 2,000만 원이라는 숫자만 보이기 때문입니다. 결국 "어차피 한 달 뒤면 팔릴 텐데…"라는 생각으로 자신의 돈을 넣어 계약을 하는 상황이 발생합니다. 그렇다면 정말 한 달 뒤에 2,000만 원을 받고 팔 수 있을까요? 자신의 돈을 넣어 계약을 하는 순간, 그 단타 청약은 더 이상 단타가 아닙니다. 장기투자가 되어버립니다. 왜 그럴까요? 한 달 뒤 분양 상담사에게 전화를 해 보면 연결이 되지 않기 때문입니다. 그래서 저는 오픈채팅방에서 단타 청약 정보를 받는 것이 위험하다고 말하는 것입니다. 이런 사기에 누가 당하냐고 생각하실 수도 있습니다. 하지만 이런 방식의 사기는 생각보다 당하는 사람이 많습니다. 대부분 오랜 시간 오픈채팅방에 머물며 방장과 부방장에 대한 신뢰가 쌓여 있고, 일반 참여자처럼 보이는 바람잡이들이 꾸준히 수익 인증을 올리며 분위기를 만들기 때문에 자연스럽게 의심이 사라지기 때문입니다. 그리고 꼭 오픈채팅방이 아니더라도 이 책을 읽고 있는 분들 중에는 이미 비슷한 방식의 사기를 경험한 분들도 분명히 있을 것입니다. 부동산 인플루언서나 전문가가 특정 지역을 홍보하며 "지금은 이 지역이 미분양이 많지만 나중에는 큰 수익을 안겨줄 곳입니다."라고 말하며 해당 지역의 미분양 아파트를 추천하는 경우를 흔히 볼 수 있습니다. 그리고 인플루언서, 전문가의 이름을 모델하우스에 말하고 "계약하면 특별한 혜택을 받을 수 있습니다."라며 분양 계약을 유도하는 방식도 있습니다. 이것 또한 비슷한 종류의 사기라고 말씀드릴 수 있습니다. 단지 단톡방을 운영하지 않을 뿐, 자신의 지위와 신뢰도를 이용해 팬들에게 미분양 난 부동산을 계약하게 만들고 모델하우스에서 커미션을 받는 구조이기 때문입니다. 물론 이것을 법적으로 사기라고 단정하기에는 애매한 부분이 있을 수도 있습니다. 하지만 사기라는 것은 단순히 거짓말만을 의미하는 것이 아니라 사실을 오인하게 만들거나 중요한 정보를 숨기는 등의 방법으로 상대를 기망해 경제적 이득을 얻는 행위를 말합니다. 그런 점에서 보면 이러한 방식 역시 구조적으로는 크게 다르지 않다고 볼 수 있습니다. 사기를 당하지 않는 것이 가장 최선이겠지만, 만약 이러한 방식으로 사기를 당했다면 반드시 이렇게 행동하시기 바랍니다. 계약을 한 지 14일 이내라면 방문판매법에 따라 계약을 철회할 수 있습니다. 방문판매법에서 정의하는 '방문판매'란 사업장 외의 장소에서 소비자에게 권유하거나, 소비자를 사업장으로 유인해 계약을 체결하는 행위를 말합니다. 따라서 호객행위나 홍보 등을 통해 홍보관이나 모델하우스 방문을 유도한 뒤 계약을 체결했다면, 이는 방문판매법에 따른 계약으로 볼 수 있습니다. 만약 계약 철회를 거부한다면 내용증명 발송이나 소비자보호원 상담을 통해 대응할 수 있습니다. 이 방법을 통해 저는 지난 3년간 100명이 넘는 구독자분들의 계약을 철회시켜드렸습니다.

사. 내 돈 넣는 순간, 그대로 물린다

이제 가장 중요한 이야기를 해보겠습니다. 바로 당첨된 분양권을 어떻게 파는지, 그리고 계약금 매수자 대납이 도대체 무엇인지에 대한 내용입니다. 앞에서 여러 번 말씀드렸지만 오피스텔과 민간임대 아파트 단타 청약의 가장 중요한 원칙은 내 돈을 넣지 않는 것입니다. 단타 청약은 부동산을 장기 투자로 가져가는 것이 아니라 당첨된 권리를 바로 매도해 수익을 실현하는 구조이기 때문입니다.

그래서 단타 청약에서는 당첨 이후의 행동이 무엇보다 중요합니다. 따라서 청약에 당첨되면 가장 먼저 해야 할 일은 계약금 대납 조건으로 당첨된 분양권을 사줄 매수자를 찾는 것입니다. "누가 계약금을 대신 내주면서까지 분양권을 사주겠냐?"라는 생각이 들죠? 하지만 이런 생각은 분양권 시장의 구조와 특징을 잘 모르기 때문에 드는 생각입니다. 단타 청약으로 당첨된 분양권은 아직 계약금이 들어가지 않은 상태입니다. 따라서 정당계약일 전까지 당첨자가 계약금 대납으로 당첨권을 사줄 매수자를 찾지 못하면 당첨은 그냥 취소돼 버립니다. 바로 이 점 때문에 매수자들도 계약금이 없는 당첨자들을 찾아다닙니다. 왜 그럴까요? 계약금을 납부할 여력이 있는 사람들은 급하게 분양권을 팔 필요가 없습니다. 원하는 가격이 나오지 않으면 자신의 돈으로 계약을 진행한 뒤 보유하고 있다가 나중에 팔면 되기 때문입니다. 그래서 크게 급할 것이 없습니다. 하지만 계약금을 납부할 돈이 없는 당첨자들은 상황이 다릅니다. 앞에서 언급했듯이 정당계약일 전까지 매수자를 찾지 못하면 계약을 진행할 수 없고, 결국 당첨된 분양권을 포기해야 하는 상황이 발생하기 때문입니다. 그래서 계약금이 없는 당첨자 입장에서는 몇 푼이라도 건지기 위해 분양권을 상대적으로 저렴한 가격에 내놓는 경우가 많습니다. 바로 이런 이유 때문에 매수자들은 계약금이 없는 당첨자들을 찾아다니는 것입니다. 따지고 보면 서로가 서로를 찾고 있는 구조이기 때문에 분양권 매칭은 생각보다 어렵지 않게 이루어지는 경우가 많습니다. 그렇다면 매수자와 매도자는 어떻게 해야 만날 수 있을까요? 방법은 생각보다 어렵지 않습니다. 인스타그램에서 verris를 검색하고…장난입니다.

사실 매도자와 매수자가 만나는 거창한 방법 같은 것은 없습니다. 왜냐하면 1970년대부터 지금까지 사라지지 않고 매도자와 매수자를 이어주는 사람들이 있기 때문입니다. 우리는 이 사람들을 떴다방이라고 부릅니다. 이들은 당첨자 발표날 분양 현장 모델하우스 주변에서 활동하며 분양권을 사고 싶어 하는 매수자와 당첨된 분양권을 팔고 싶어 하는 사람들을 연결해 주는 역할을 합니다. 그리고 중간에서 거래 수수료를 받기 때문에 괜찮은 청약 현장이라면 만나고 싶지 않아도 자연스럽게 만나게 됩니다. 떴다방 사장님들은 이미 분양권을 전문적으로 투자하는 매수자들을 많이 확보하고 있기 때문에 생각보다 빠르게 매수자가 나타나 거래가 이루어지는 경우가 많습니다. 제가 운영하는 네이버 프리미엄 콘텐츠에서 구독자 전용으로 공유했던 힐스테이트 오송역 퍼스트 민간임대 아파트의 경우도 마찬가지였습니다. 당시 당첨자가 무려 15명이나 나왔는데, 단 한 명도 빠짐없이 의뢰를 한 지 30분 만에 거래가 이루어졌습니다. 따라서 당첨된 분양권을 팔고 싶다면 당첨자 발표날 모델하우스로 직접 가는 것이 가장 좋습니다. 만약 모델하우스에 갈 여력이 되지 않는다면 네이버에서 해당 단지를 검색해 올라와 있는 파워링크를 통해 분양권을 매도하는 방법도 있습니다. 하지만 이 방법은 개인적으로 추천하지 않습니다. 분양권 시장은 시간마다 호가가 계속 바뀌고, 시장을 얼마나 잘 알고 있느냐, 모르냐에 따라 호구를 당할 수도 있는 시장이기 때문입니다. 현장 분위기를 직접 보지 않고 거래를 진행하게 되면 시세보다 낮은 가격에 분양권을 팔 가능성이 높습니다. 그래서 가능하다면 직접 모델하우스에 가서 현장 분위기를 확인하고 호가를 파악한 뒤 거래하는 것이 가장 좋습니다. 만약 모델하우스에 갈 시간이 전혀 없고 파워링크를 통해 거래하는 것도 꺼려진다면…인스타그램에서 verris를 검색하고…

아. 분양권 거래,
▬ 생각보다 단순하다

계약금 매수자 대납 조건으로 거래할 매수자를 찾았다면 이제 프리미엄을 정하고 거래만 하면 끝입니다. 거래 방법 자체는 생각보다 단순합니다. 매도자, 매수자, 그리고 떴다방 이 세 사람이 먼저 프리미엄을 조율합니다. 프리미엄이 조율되면 당첨자는 신분증, 계약금을 입금받을 통장 사본, 그리고 청약홈이나 자체 홈페이지에서 당첨 사실이 확인되는 화면을 캡처해 떴다방 사장님에게 전달합니다. 떴다방 사장님은 당첨자의 인적 사항과 당첨 인증 캡처 사진을 통해 청약홈이나 모델하우스를 통해 실제 당첨자가 맞는지 확인합니다. 당첨 사실이 확인되면 그 결과를 매수자에게 전달합니다. 매수자는 당첨자가 실제 당첨자가 맞다는 것이 확인되면 조율된 프리미엄을 당첨자의 통장으로 입금합니다. 그리고 계약금은 분양계약서에 기재된 계좌번호로 당첨자 이름으로 입금하거나 당첨자의 통장으로 입금 합니다. 이후 정당계약날 당첨자는 모델하우스에 들어가 계약을 진행하고 분양 계약서를 받아 나오면 거래는 사실상 끝이 납니다. 한 가지만 더 얘기하자면 떴다방 사장님들 중 일부는 거래만 시켜주고 '실거래 신고'는 도와주지 않는 경우도 있습니다. 따라서 거래를 하기 전 떴다방 사장님에게 '실거래 신고'까지 해주는 조건을 붙여서 거래를 하는 것이 좋습니다.

자. 세 시간의 법칙

단타 청약을 할 때 반드시 기억해야 하는 법칙이 하나 있습니다. 저는 이것을 '세 시간의 법칙'이라고 부릅니다. 이 법칙은 제가 단타 청약에서 가장 중요하게 생각하는 법칙이며, 반드시 지키는 원칙입니다. 왜냐하면 단타 청약에서 수익이 늘어나느냐 줄어드느냐를 결정하는 시간이 바로 세 시간이기 때문입니다. 그래서 저는 단타 청약의 당첨자 발표날이면 항상 이렇게 말합니다. "단타 청약은 당첨도 중요하지만 빠르게 매도하는 것도 중요합니다. 욕심부리지 말고 먹을 수 있을 때 먹으세요." 그렇다면 왜 하필 세 시간일까요? 당첨자 발표가 나오면 현장 분위기는 순식간에 바뀝니다. 조금 전까지 조용하던 모델하우스 주변에 갑자기 사람들이 몰리기 시작합니다. 떴다방 사장님들부터 인근 부동산 사장님들, 분양 상담사들, 그리고 분양권을 사려는 매수자와 분양권을 팔려는 매도자까지 한 번에 모이기 때문입니다. 이때부터 분양권 시장이 실시간으로 열립니다. 그래서 우리는 당첨자 발표가 나오면 "장이 열렸다"라고 표현하기도 합니다. 재미있는 점은 사람들이 이렇게 많이 모였다고 해서 거래가 바로바로 이루어지지는 않는다는 것입니다. 왜냐하면 누가 언제 얼마에 거래를 하는지 서로 치열하게 눈치싸움을 하기 때문입니다. 첫 거래가 시세를 리딩하기 때문에 첫 거래가 얼마에 이루어지는지가 상당히 중요합니다. 그래서 첫 거래가 성사되기까지 생각보다 긴 시간이 걸리기도 하고, 반대로 당첨자 발표 직후 바로 거래가 이루어지기도 합니다. 정말 가끔은 첫 거래가 당첨자 발표 후 두 시간이 지나도 성사되지 않는 경우가 있습니다. 이런 현장에서는 첫 거래가 성사되는 순간 모두가 환호성을 지르기도 합니다. 아무튼, 첫 거래가 성사되면 이때부터 현장은 생각보다 빠르게 움직입니다. 매수자들은 좋은 동과 좋은 층, 좋은 타입을 먼저 확보하려고 움직이고, 매도자들도 그 분위기를 보며 가격을 조율하죠. 그래서 첫 거래 이후에는 거래 속도가 점점 빨라지기 시작합니다. 중요한 건, 당첨자 발표 후 3시간이 지나면 점점 매물이 쌓인다는 것입니다. 왜 매물이 쌓이게 될까요? 이유는 생각보다 단순합니다. 청약홈의 경우 당첨자 발표 시간이 보통 오전 8시이고, 건설사 홈페이지에서 당첨자 발표를 하는 경우는 오후 2시나 4시에 발표되는 경우가 많습니다. 어디에서 당첨자 발표를 하느냐에 따라 당첨자 발표 시간이 다르기 때문에 당첨자 발표 시간에 딱 맞춰서 당첨 내역을 확인하는 사람들은 생각보다 많지 않습니다. 대부분의 사람들은 출근을 하거나 일을 하고 있다가 당첨 여부를 확인하거나, 점심시간이나 퇴근 후에 확인하는 경우가 많기 때문에 보통 당첨자 발표 이후 2~3시간 정도가 지나면 당첨자들의 매물이 쏟아지기 시작하는 것입니다. 그리고 또 하나 중요한 이유가 있습니다. 우리가 흔히 말하는 RRR(로열동, 로열층, 로열타입)이라고 불리는 물건은 비율로만 따진다면 전체 세대수의 약 20%밖에 되지 않습니다. 분양권 시장도 일반 매매시장과 마찬가지로 결국 좋은 물건부터 먼저 팔리기 때문에 매수자들은 당첨자 발표가 나오면 RRR물건 위주만 알아보고 거래를 해서 RRR이 아닌 분양권은 RRR이 다 소진될 때까지 쌓일 수밖에 없는 것입니다. 문제는 바로 여기서 발생합니다. 만약 여러분의 분양권이 RRR이 아니라서 당첨자 발표 후 3시간이 지났는데도 매수자를 찾지 못해 거래가 이루어지지 않았다면, 여러분은 어떤 선택을 하시겠습니까? 제가 추천하는 방법은 단순합니다. 가격을 낮춰서라도 매수자를 빠르게 찾아 털어버리는 것입니다. 하지만 대부분의 사람들은 단타 청약을 경험해보지 못했기 때문에 제 추천과 정반대의 선택을 합니다. 현장에서 RRR 물건들이 거래되는 가격을 보면서 이렇게 생각하기 때문입니다. "그래도 이 정도는 받아야지." 그래서 자신의 분양권 차례가 오기를 기다립니다. 하지만 여기에는 큰 착각이 하나 있습니다. RRR의 가격은 RRR이기 때문에 형성되는 가격입니다. 좋은 동, 좋은 층, 좋은 타입이라는 조건이 있기 때문에 매수자들이 그 가격을 지불하는 것입니다. 하지만 RRR이 아닌 물건은 그 가격을 기준으로 거래되는 것이 아니라 RRR이 모두 소진된 이후에야 거래가 시작되는 물건입니다. 즉, RRR 가격을 기준으로 기다리는 순간 이미 시장의 흐름을 놓치고 있는 것입니다. 그리고 이때부터 시간이 지나면 상황은 더 불리해집니다. RRR이 소진되고 나면 RR 물건들이 거래되기 시작하고, 그 다음에야 중층이나 저층 매물들이 거래되기 시작합니다. 그런데 이 과정에서 시간이 지나면 매수자들은 이미 어느 정도 물량을 확보한 상태가 됩니다. 그러면 매수자들의 태도는 완전히 달라집니다. 처음에는

"지금 바로 계약할게요."라고 말하던 사람들이 이제는 이렇게 말하기 시작합니다. "조금 더 기다려 보죠.", "가격 조금만 더 낮추면 생각해 볼게요." 이렇게 되면 상황은 완전히 바뀝니다. 처음에는 매수자들이 물건을 잡기 위해 움직였다면 이제는 매도자들이 매수자를 잡기 위해 가격을 낮추기 시작하는 시장으로 변합니다. 그래서 저는 항상 당첨자들에게 이렇게 말합니다. "RRR이 아니면 기다리지 마세요. 빨리 털어야 합니다." 단타 청약에서 가장 위험한 행동은 시장보다 욕심이 앞서는 것입니다. RRR의 가격을 기준으로 기다리는 순간, 그 가격은 이미 여러분의 가격이 아닐 가능성이 높기 때문입니다. 정리하면 당첨자 발표 직후 바로 분양권을 매도한다면 시장에 매물이 많이 나오지 않은 상태이기 때문에 가장 좋은 가격을 받을 가능성이 높고, 만약 당첨 여부를 늦게 확인하거나 매수자가 있음에도 불구하고 10~50만 원 더 받으려는 욕심을 버리지 못해 당첨자 발표 후 3시간 이상 지나버리면 시장에 매물이 쌓이면서 가격은 하락하고 최악의 경우에는 매수자를 찾지 못해서 어렵게 당첨된 분양권을 팔지 못하고 취소당해야 하는 상황이 발생할 수 있습니다.

단타 청약은 내 돈이 들어가지 않으면서도 리스크까지 없는, 어떻게 보면 말도 안 되는 재테크 방법입니다. 그래서 단 돈 50만 원이라도 먹을 수 있다면 먹는 것이 좋습니다. 그리고 또 하나 돈보다 더 중요한 것이 있습니다. 분양권 거래 경험은 모르면 평생 단 한 번도 해보지 못할 수도 있는 경험입니다. 하지만 한 번 경험해 보면 생각보다 어렵지 않다는 것을 알게 되고, 그 이후에는 보이지 않는 것들이 보여 새로운 기회가 보이기 시작합니다. 경험은 눈 앞에 보이는 돈보다 훨씬 더 값진 것이라고 생각합니다. 단지 10만 원, 50만 원을 더 받기 위해 경험이라는 값진 것을 놓치지 않으셨으면 좋겠습니다. 단타 청약에서 결국 중요한 것은 얼마를 벌었느냐가 아니라 '경험'입니다. 꼭 기억하세요. 3시간의 법칙.

물론, 3시간 뒤에도 시세가 하락하지 않고 오히려 상승하는 경우도 있습니다. 실제로 구독자 중 제 말을 듣고 청약해서 당첨된 분이 분양권을 500만 원에 매도했는데, 세 시간 뒤 프리미엄이 매도 금액의 두배인 1,000만 원까지 올라 이게 뭐냐며 저에게 쌍욕을 하신 분도 계셨습니다. 그래서 가끔은 당첨자 발표 후 구독자분들이 "이거 어떻게 하면 될까요"라고 물어볼 때 "알아서 하세요"라고 말하고 싶었던 적도 많았습니다. 하지만 저는 단 한번도 그렇게 말하지 않았습니다. 이유는 단 하나 '확률' 때문입니다. 제가 단타 청약 정보를 공유한 지 벌써 7년이 되었고 그동안 수많은 현장을 경험했습니다. 그 경험을 바탕으로 말씀드리면 세 시간이 지난 뒤에도 시세가 계속 상승하는 현장은 확률적으로 상당히 낮았습니다. 저는 제 정보를 듣고 청약해서 당첨된 사람들이 높은 확률로 수익을 가져가길 바랍니다. 당첨되고도 매수자를 찾지 못해 어렵게 잡은 기회를 놓치는 분들을 많이 봐 왔습니다. 물론 결국 선택은 본인의 몫입니다. 하지만 어쨌든 제 정보를 통해 청약을 하고 당첨까지 된 것이기 때문에, 그 이후 허탈감을 느끼는 상황을 만들고 싶지 않아, 저는 욕을 먹더라도 꼭 세 시간의 법칙을 지켜달라고 부탁합니다.

마지막으로 한 마디 더 하자면, 부탁드립니다. 제발 비주택 청약은 단타에서 끝내세요. 비주택 청약은 오피스텔 & 민간임대 아파트의 단점에서 말씀드렸듯 장기 보유 관점에서는 여러 가지 리스크가 존재하는 상품입니다. 그래서 저는 단타 청약을 추천하면서 꼭 본인 돈으로 계약하지 말라고 당부합니다. 하지만 많은 사람들이 막상 당첨이 되고 현장에 가서 분양권을 매도하려고 하면 생각이 바뀝니다. 왜냐하면 현장에서 실제로 거래가 이루어지는 모습을 보기 때문입니다. "정말 안 좋으면 거래가 되겠어?", "프리미엄이 붙은 건 좋다는 거잖아?!" 떴다방 사장님들이 분주하게 분양권을 찾고 프리미엄이 붙어서 거래가 이루어지는 모습을 직접 보게되면 단타 목적으로 접근한 사람도 분명 이런 생각을 할 수밖에 없습니다. 결국 분위기에 휩쓸려 생각했던 목적과 다르게 자신의 돈을 넣어 계약을 하는 경우가 정말 많습니다. 이렇게 청약해서 계약한 경우는 방문판매법도 적용되지 않습니다. 왜냐하면 본인이 스스로 청약했고 모델하우스에 가서 계약을 한 것이기 때문입니다. 누가 강제로 계약을 시킨 것도 아니고, 누가 속여서 계약을 시킨 것도 아닙니다. 그냥 본인이 현장 분위기를 보고 판단해서 계약을 한 것이기 때문에 나중에 후회가 되더라도 계약을 취소하기가 쉽지 않습니다. 제가 이 이야기를 하는 이유는 실제로 이런 상황을 너무 많이 봤기 때문입니다. 극단적인 사례 하나 들어보겠습니다. 프리미엄이 2억까지 붙었던 수지구청역 롯데캐슬 하이브엘 민간임대 아파트에, 아는 동생이 제 정보를 통해 당첨되었는데 제 말을 듣지 않고 계약을 진행했습니다. 이후 2022년 10월 폭락장이 오며 2억까지 붙었던 프리미엄이 분양가에서 −1억 까지 내려가는 상황이 발생합니다. 당첨되어 계약한지 고작 1년 만에 일어난 일입니다. 2026년 지금 수지구청역 롯데캐슬 하이브엘 민간임대 아파트는 다시 회복해서 프리미엄 1~2억을 왔다갔다 하지만 이 동생 지금도 가지고 있을까요? 사람들은 참 신기합니다. 주식이든 부동산이든 오를 때는 익절하지 않는데 떨어질땐 손절을 참 잘합니다. 참 좋아하던 동생이었는데 지금은 연락을 하지 않습니다. 이 동생은 결국 제 정보로 인해 자신이 큰 손해를 봤다고 생각하거든요. 그래서 마지막으로 다시 한 번 말씀드리겠습니다. 비주택 청약은 미래가치에 베팅할 필요가 없습니다. 처음 목적 그대로 단타에서 끝내세요. 명심하세요.

내 돈이 들어가는 순간 단타가 아닌 장기투자입니다.

차. 공부는 의미없다,
— 경험이 답이다

　지금까지 무자본 단타 청약을 하는 방법에 대해 설명했습니다. 무자본 단타 청약의 개념부터 시작해서 청약, 당첨된 분양권을 파는 방법, 계약금 매수자 대납 구조, 그리고 세 시간의 법칙까지 실제 현장에서 제가 보고, 듣고, 느끼고 배운 것들을 과장하지 않고 최대한 현실적으로 설명했습니다. 그런데 여기까지 읽은 분들 중에는 이런 생각을 하신 분도 분명히 있을 것입니다. "당첨 확률도 낮은데 굳이 이런 걸 해야 하나?", "찾기도 쉽지 않고, 어렵네", "그냥 난 아파트 청약만 할래", 틀린 말은 아닙니다. 잘못된 말도 아닙니다. 하지만 제가 무자본 단타 청약을 꼭 해보라고 말하는 이유는 단순히 여러분에게 리스크 없이 무자본으로 돈을 버는 방법을 알려주기 위함이 아닌, 이걸 해보면 부동산 시장을 보는 눈이 확실하게 달라지기 때문입니다. 저는 이 과정을 '옥석가리기'라고 부릅니다. 부동산 시장에는 정말 많은 정보가 돌아다닙니다. 오픈채팅방이 생긴 이후로 좋은 정보, 쓸데 없는 정보 할 거 없이 온갖 정보들이 자신을 과시하듯 이 방, 저 방을 옮

겨다니죠. 정보는 좋지만 문제는 대부분의 사람들은 직접 거래를 해보기 전까지는 돌아다니는 정보들의 가치를 제대로 파악하지 못한다는 것입니다. 단타 청약을 몇 번만 경험해보면 정말 신기하게도 이 방, 저 방 돌아다녀도 신경도 안쓰던 정보들이 돈이 되는 정보라는 걸 알게 됩니다. 여러분은 이 책을 읽고 '사면 삼대가 망한다'는 말까지 나오던 오피스텔과 민간임대 아파트에 대한 편견이 어느 정도 사라졌을 것이라고 생각합니다. 또 계약금 매수자 대납 조건을 통해 내 돈이 들어가지 않는 구조도 알게 되었고, 오피스텔과 민간임대 아파트에도 실제로 프리미엄이 붙는다는 것을 사례를 통해 확인했습니다. 그래서 이 책을 읽고 아마 비주택에 대한 시선이 이전과는 조금 달라졌을 것입니다. 그렇다면 한 가지 질문을 해 보겠습니다. 여러분이 스스로 이 과정을 여러 번 경험했다고 가정하고, 단타 청약을 여러 번 하면서 현장 분위기를 보고, 프리미엄이 붙는 구조를 이해하고, 어떤 물건이 거래가 되고 어떤 물건이 거래되지 않는지, RRR은 어떻게 정해지는건지, 정책, 시기, 시장분위기, 현장 분위기에 따라서 시세가 어떻게 변하는지 눈으로 직접 확인했습니다. 이 상태에서 아파트 청약에 도전한다면 어떻게 될까요? 청약이 아니라 분양권을 사려고 모델하우스에 간다면 어떤 상황이 벌어질까요? 프리미엄이 붙기 힘든 비주택 청약도 분석할 수 있는데 아파트 청약 분석이 과연 어려울까요? 비주택 분양권도 팔아봐서 경험도 있는데 아파트 분양권을 사는게 어려울까요? 아뇨. 정말 쉬울겁니다. 아파트는 비주택보다 수요가 훨씬 많고 시장도 더 명확하게 움직이기 때문입니다. 입지, 브랜드, 상품성, 공급량, 수요 이런 것들을 비주택 단타 청약으로 리스크 하나 없이 경험하면서 쌓인 경험치가 있기 때문에 아파트 분양권 시장으로 넘어오면 아마 날아다닐거라고 생각합니다. 그때부터 여러분은 단순히 정보를 소비하는 사람이 아니라 정보를 판단할 줄 아는 사람이 됩니다. 결국 부동산에서 돈을 버는 사람과 그렇지 못한 사람의 차이는 정보의 가치를 아느냐 모르냐로 갈리고 그 안에서도 경험한 사람과 경험하지 못한 사람으로 나뉩니다. 그래서 저는 무자본 단타 청약을 단순하게 무자본으로 수익을 볼 수 있는 재테크 수단이 아니라 부동산 시장을 리스크와 자본없이 가장 빠르게 배울 수 있는 것이라고 생각합니다. 결국 이 과정은 무자본으로 돈을 버는 방법이 아니라 무자본으로 시장을 보는 눈을 만드는 과정, 부동산 시장을 배울 수 있는 과정입니다.

이처럼, 경험의 차이는 인생을 바꾸는 가장 강력한 무기입니다.

아무리 좋은 방법이라도 주의해야 할 부분은 반드시 존재합니다. 특히 단타 청약을 처음 접하는 분들이 가장 많이 헷갈려 하고 실수하는 것이 바로 계약금 정액제, 찍기와 완피 그리고 빠꾸입니다. 이 세 가지는 단타 청약을 할 때 반드시 알고 있어야 하는 개념이기 때문에 간단하게 정리해 보겠습니다.

1.계약금 정액제

보통 분양권은 계약할 때 총 분양가의 10%~20%를 계약금으로 납부하는 구조입니다. 예를 들어 분양가가 5억이라면 계약금은 5천만 원에서 1억 원이죠. 그런데 일부 현장에서는 계약금을 정액으로 정해놓는 경우가 있습니다. 예를 들어 분양가가 5억이든 6억이든 상관없이 계약금 1,000만 원 또는 500만 원 이렇게 일정 금액을 정하고 받는 방식입니다. 겉으로 보면 투자금이 적게 들어가기 때문에 좋아 보일 수 있습니다. 그런데 그냥 계약금 10~20%를 받으면 되지, 왜 분양을 하는 시행사는 계약금을 정액제로 정해놓을까요? 시행사도 자신들의 현장이 좋지 않아 자칫 잘못하면 미분양 날 가능성이 있다는 걸 알기 때문입니다. 그래서 계약률을 높이기 위해 초기 투자금을 줄이는 거죠. 그래서 계약금 정액제가 적용된 현장이 생각보다 많습니다. 만약 단타 청약을 진행하는 단지가 계약금 정액제가 적용 된 단지라면 단타 청약 관점에서 조금 더 신중하게 접근해야 할 필요성이 있습니다. 계약금이 낮다고 좋은 게 아니니까요. 물론 모든 계약금 정액제가 나쁜 것은 아닙니다. 시장 분위기가 좋을 때는 계약금 정액제 현장은 프리미엄이 더 많이 붙는 경우도 있습니다. 하지만 대부분의 경우 난이도가 높은 편이라는 것을 기억해 두시는 것이 좋습니다. 그렇다면 왜 계약금 정액제 현장을 조심해야 할까요? 계약금 정액제 현장은 보통 계약금이 1차와 2차로 나뉘는 구조입니다. 먼저 1차 계약금을 납부하고, 약 한 달 뒤 2차 계약금을 추가로 납부하는 방식이죠. 예를 들어 분양가격이 5억 원인데 계약금 정액제가 1,000만 원이라고 가정해 보겠습니다. 청약에 당첨되면 먼저 1차 계약금 1,000만 원을 납부합니다. 그리고 약 한 달 뒤 분양가격의 10%에 맞춰 추가로 4,000만 원을 납부해야 합니다. 즉 처음에는 계약금이 1,000만 원만 필요한 것처럼 보이지만, 결국 한 달 뒤에는 총 5,000만 원의 계약금을 모두 납부해야 하는 구조입니다.

여러분이 해당 단지를 단타 청약 목적으로 청약해서 당첨됐고, 매수자를 찾아 1차 계약금과 프리미엄을 받고 거래를 진행했다고 가정해보겠습니다. 만약 이런 상황에서 2차 계약금을 납부해야 하는 시점에 매수자가 갑자기 마음이 바뀌어 계약을 진행하지 않겠다고 한다면 어떤일이 발생할까요? "그냥 계약을 해지하면 되는 것 아닌가?"라고 생각할 수도 있습니다. 하지만 그렇게 간단한 문제가 아닙니다. 모든 부동산 상품은 계약을 해지할 때 위약금이라는 것이 발생하는데 분양 시장에서의 위약금은 보통 총 분양금액의 10%이기 때문입니다. 즉 분양가가 5억이라면 위약금은 5,000만 원인거죠. 여러분은 이미 1차 계약금 1,000만 원을 납부한 상태이기 때문에 결국 계약을 해지하려면 나머지 4,000만 원을 추가로 납부하고 해약해야 하는 겁니다. 단타 청약으로 접근했는데 이 구조를 모르고 팔아서 결과적으로 무자본으로 이득을 보는 게 아니라 4,000만 원을 날릴 수 있는 상황이 되는 것입니다. 그래서 저는 만약 단타 현장이 계약금 정액제로 진행되는 현장이라면 거래를 할 때 1차 계약금만 받지말고 무조건 2차 계약금까지 받는 것으로 협의하고 거래를 하라고 조언하고 만약 매수자가 그 조건을 받아들이지 않는다면 다른 사람과 거래를 하라고 말합니다. 어차피 사줄 사람은 많으니까요. 여기서 팁 하나를 드리자면, 분양권 거래는 보통 모델하우스 주차장이나 인근 카페에서 떴다방 사장님들과 이루어집니다. 그런데 만약 거래를 도와주는 사람이 정장을 입은 젊은 남자나 여자라면 높은 확률로 모델하우스 직원일 가능성이 있습니다. 이 사람들은 이 구조를 아주 잘 알고 있기 때문에 구조를 이용해서 단타 목적으로 청약한 사람들을 노립니다. 왜 노릴까요? 계약금 정액제는 계약률을 높이기 위한 하나의 수단이라고 말씀드렸습니다. 모델하우스 직원들은 단타 청약으로 당첨된 사람에게 접근해 1차 계약금과 일정 프리미엄을 지급하고 당첨자를 계약시킵니다. 단타 청약을 한 사람 입장에서는 이미 계약금과 프리미엄을 받았기 때문에 거래가 끝난 것처럼 보이지만 사실은 2차 계약금이 남아있어서 끝난 것이 아닙니다. 한 달 뒤 2차 계약금을 납부해야 하는 시점이 되면 1차 계약금과 프리미엄을 줬던 모델하우스 직원에게 2차 계약금을 받아서 납부해야하지만 이 직원은 이미 사라진 상태입니다. 이렇게 되면 분양권을 매도한 당첨자가 선택할 수 있는 것은 두 가지입니다. 하나는 위약금을 내고 계약을 해지하는 것, 또 하나는 자신의 돈으로 2차 계약금을 납부해 계약을 진행하는 것. 대부분의 사람들은 이미 1차 계약금과 프리미엄을 받은 상태이기 때문에 "여기서 포기하면 손해다"라는 생각과 "1차 계약금은 굳었다"는 마음으로 결국 자신의 돈을 넣어 계약을 진행하죠. 결국 단타 청약으로 접근했는데 장기투자를 하게 됩니다. 따라서 거래를 할 때는 무조건 1차와 2차 계약금을 동시에 받거나 부동산을 끼고 거래해야 합니다. 참고로 떴다방 진짜 사장님들은 등산복에 수첩을 들고 다닙니다. tmi인데 왜 떴다방 사장님들은 등산복을 입고 다닐까요? 편해서? 아닙니다. 경찰이 단속하기 어렵기 때문입니다. 우리나라 어른들은 해외를 나갈때도 등산복을 입고 가죠? 등산복을 입으면 이 사람이 떴다방인지 아닌지 특정하기가 어렵기 때문에 등산복을 입는거예요. + 재개발, 재건축 OS 요원 분들도 마찬가지로 등산복을 입고 다닙니다. 이 부분도 비슷한 맥락이긴한데 이 책과 관련없으니 줄이도록 하겠습니다.

2. 찍기와 완피

단타 청약을 하다 보면 현장에서 자주 듣게 되는 단어가 있습니다. 바로 찍기와 완피입니다. 이 두 가지 단어는 분양권 시장에서 꽤 오래전부터 사용되던 용어인데, 단타 청약을 처음 접하는 분들은 정확한 의미를 모르는 경우가 많습니다. 그래서 간단하게 설명해 보겠습니다. 먼저 찍기입니다. 참고로 찍기는 비주택 뿐만 아니라 일반 아파트 분양권 시장에서 더 많이 사용되니 꼭 알아두시는 것이 좋습니다. 찍기란 프리미엄 전액을 바로 지급하는 것이 아니라 일부 금액만 먼저 매도자에게 지급해 해당 분양권을 자신의 것으로 묶어두는 방식을 말합니다. 일단 내것으로 분양권을 찍어두기 때문에 찍기인데 이걸 업자들은 어떻게 사용할까요? 예를 들어 프리미엄이 1,000만 원이라고 가정해 보겠습니다. 매수자가 프리미엄 1,000만 원 중 먼저 100만 원이나 200만 원 정도만 매수자에게 지급해 가계약을 합니다. 이렇게 되면 매도자는 가계약을 했기 때문에 다른 사람에게 분양권을 팔수가 없습니다. 업자들이 매도자에게 분양권을 100~200만 원을 주고 찍어 놓고 1,000만 원 보다 시세가 상승하면 다른 사람에게 되파는 것이죠. 이 방법을 통해 찍기의 고수들은 하루동안 수 백에서 수 천만 원까지 버는 경우도 있습니다. 사실 매도자 입장에서 찍기를 당해도 손해는 아닙니다. 어쨌든 업자가 더 높은 가격에 사줄 매수자를 찾아 거래를 한다면 처음 이야기 했던 프리미엄 1,000만 원은 받을 수 있기 때문입니다. 문제는 시세가 하락할 때 발생합니다. 시세가 하락하면 업자는 매도자에게 줬던 100~200만 원을 포기하고 거래 자체를 깨버립니다. 사실 찍기 단계는 아직 분양계약서를 작성하는 단계는 아니기 때문에 매수자가 중간에 포기하더라도 위약금을 무는 상황은 발생하지 않습니다. 그렇다면 100~200만 원은 벌었는데 무엇이 문제일까요? 처음부터 가계약 형식이 아니고 프리미엄 1,000만 원을 다 받고 거래를 했다면 업자가 거래를 깨더라도 매도자는 100~200만 원이 아니라 1,000만 원 다 받을 수 있었을 겁니다. 프리미엄을 전부 다 받고 거래하는 것을 '완피'라고 부르는데 웬만하면 거래할 때 가계약 형식으로 진행하지말고 '완피'로 진행하는 것을 추천합니다.

3.빠꾸

분양권 시장의 시세는 분 단위로 상승과 하락을 반복하기 때문에 '완피'를 받았다고 해도 매도자가 거래 취소를 요구하는 상황이 발생합니다. 이런 상황을 전문 용어로 '빠꾸'라고 하는데요. 만약 이런 상황이 발생하면 처음 이야기 했던 프리미엄 1,000만 원을 모두 받겠다고 버티기보다는, 어느 정도 조율해 100만 원에서 200만 원 정도 깎아주는 방향으로 가는 것이 맞습니다. 왜냐하면 업자가 어떤 행동을 할지는 아무도 알 수 없기 때문입니다. 경우에 따라서 고성이 오갈수도 있고, 사기를 당했다며 신고하는 경우도 있습니다. 불필요한 상황을 만드는 것보다 그냥 아쉽지만 어느 정도 조율하는 것으로 마무리 하는 것이 경험상 가장 좋았습니다.

2. 무순위 로또 청약
제가 유행시켰습니다

가. 무순위 로또 청약이란?

부동산에 관심이 조금이라도 있는 사람이라면 한 번쯤 이런 말을 들어봤을 것입니다. "무순위 로또 청약" 뉴스에서도, 커뮤니티에서도, SNS에서도 무순위 청약 이야기가 나오면 항상 따라 붙는 말이 바로 '로또청약'입니다. 이 단어 제가 지었다면 믿으시겠습니까? 몇 년 전 제가 인스타그램에서 무순위 청약 사례들을 소개하기 시작했을 때, 무순위 청약이라는 개념 자체를 잘 모르는 사람들이 많았습니다. 당첨만 되면 수억 원의 시세차익이 발생하지만 사람들은 청약에 도전하지 않았죠. '왜 사람들이 안전마진이 보장되어 있는데 청약을 하지 않을까?'를 생각해봤는데 이

유는 생각보다 단순했습니다. 청약에 대한 구조와 분양권 거래
에 대해 잘 모르다보니 안전마진이 보장되어 있지만 당첨이 된다
면 수천에서 수억을 내고 계약을 해야 하고 꼭 실거주를 해야 한
다고 알고 있더라고요. 그래서 꼭 실거주를 하지 않아도 되며, 바
로 팔 수 있어 수익을 볼 수 있다는 내용의 영상을 만들었습니다.
"계약금도 필요 없습니다. 당첨만 되면 5억 법니다", "로또 청약이
또 떴습니다" 무순위 청약이 청약홈에 올라올때마다 이런 자극적
인 멘트를 넣어 영상을 제작했는데 영상을 업로드 할때마다 조회
수와 반응이 정말 폭발적이었습니다. 시간이 지날수록 제 영상을
벤치마킹하여 무순위 청약을 다루는 계정이 많아졌고 심지어 다
음, 카카오톡 등 대형 플랫폼에서도 무순위 청약에 대한 정보를
주기 시작하더라고요. 그래서 지금은 무순위 청약을 모르는 사람
이 거의 없다고 생각합니다. 하지만 문제가 하나 생겼습니다. 무
순위 청약이 무조건 돈이 되는 것은 아닌데 청약의 구조를 제대
로 알지 못한 채 단순히 '로또 청약'이라는 단어에만 꽂혀서 무순
위 청약이라면 내용도 파악하지 않고 무지성으로 청약하는 사람
들이 많아졌고 분양 업계에서도 이 부분을 이용해 무순위 청약이
아닌데 청약홈에 무순위 청약으로 공고를 내기 시작했습니다. 무
순위 청약이라고 해서 전부 '로또'가 아닙니다. 겉으로 보기에는
모두 같은 '무순위 청약'으로 보이지만 대부분 가치가 없거나 하
지 말아야 할 청약들입니다. 지금부터 무순위 청약을 제대로 알

아보도록 하겠습니다.

　무순위 청약은 크게 두 가지로 나뉩니다. 첫 번째는 계약 취소로 발생하는 무순위 청약, 두 번째는 미분양으로 발생하는 무순위. 겉으로 보면 둘 다 같은 '무순위 청약'이지만 실제로는 완전히 다른 성격을 가진 청약입니다. 먼저 첫 번째, 계약 취소로 발생하는 무순위 청약부터 알아보겠습니다. 계약 취소로 발생하는 무순위 청약은 이미 한 번 청약 경쟁을 거쳐 당첨자가 정해졌던 세대입니다. 당첨자가 정해졌었는데 왜 다시 재공급할까요? 당첨자가 자금 문제로 계약을 포기하거나, 불법 전매, 부정 청약 같은 문제가 적발되면서 당첨이 취소되는 경우가 있기 때문입니다. 이렇게 다양한 이유로 계약이 취소된 세대를 다시 공급하는 것이 바로 계약 취소 무순위 청약입니다. 이런 세대는 입주 후에 재공급되는 경우가 많기 때문에 이미 입주가 시작된 상태여서 전세든 매매든 실거래가가 형성되어 있다는 것이 특징입니다. 그래서 최초 분양가와 현재 시세를 비교할 수 있어서 청약을 잘 모르는 초보자라도 비교적 좋은 청약인지 아닌지 쉽게 판단할 수 있습니다. 예를들어 어떤 아파트가 2021년에 5억 원에 분양되었다고 가정해보겠습니다. 그리고 약 3년의 공사 기간이 지나 2024년에 입주를 했는데, 그 사이 신축 프리미엄과 주변 시세 상승으로 현재 매매 시세가 8억 원이 되었다고 해보죠. 이 단지에서 계약 취소

물량이 발생해 최초 분양가 5억 원 그대로 다시 무순위로 청약이 나온다면 어떨까요? 당첨만 되면 3억 원의 시세 차익이 발생하겠죠? 이런 경우가 우리가 흔히 말하는 진짜 '로또'청약입니다. 이미 시장에서 형성된 시세가 존재해서 최초 분양가와 현재 가격의 차이가 명확하게 보이기 때문에 입지, 브랜드, 상품성 따위 분석할 필요가 없습니다. 여기서 한가지 짚고 넘어갈 것이 있습니다. 불법 전매나 부정청약처럼 불법 행위가 적발되어 계약이 취소되는 경우는 이해하기 어렵지 않습니다. 하지만 계약금을 포기하면서까지 스스로 청약을 취소하는 경우는 왜 발생할까요? 이 질문의 답은 당시 부동산 시장 상황을 살펴보면 이해할 수 있습니다. 2021년을 떠올려 보겠습니다. 이 시기는 부동산 시장이 강한 상승장을 보이던 때였습니다. 시중에 유동성이 넘쳐나면서 집값은 빠르게 상승했고, 집을 가진 사람과 가지지 못한 사람 사이의 격차가 크게 벌어지기 시작했습니다. 그 결과 '벼락거지'라는 신조어까지 등장할 정도로 시장 분위기는 뜨거웠죠. 이 시기에 많은 사람들이 부동산 시장에 관심을 갖게 되었지만, 막상 집을 사려고 하면 쉽지 않았습니다. 각종 규제로 인해 대출이 제한되었고 다주택자에 대한 세금 규제도 계속 강화되고 있었기 때문입니다. 따라서 돈이 있다고 해도 마음대로 집을 살 수 있는 상황이 아니었습니다. 이런 상황에서 사람들의 관심은 자연스럽게 청약 시장으로 몰리기 시작했습니다. 청약은 상대적으로 규제가 덜했고,

분양가 상한제와 매매가격 폭등으로 인해 새로 분양하는 아파트의 분양가 자체가 시세보다 저렴하게 책정되는 경우가 많았기 때문에 당첨만 되면 수천만 원에서 수억 원의 시세 차익이 발생하기도 했습니다. 그래서 당시 청약 경쟁률은 그야말로 폭발적이었습니다. 인기 있는 단지는 수백 대 일 경쟁률이 기본이었고, 경우에 따라 천 대 일을 넘는 경쟁률이 나오기도 했습니다. 청약에 당첨된 사람들은 그 순간부터 이미 돈을 번 것처럼 기뻐했습니다. 실제로 당첨 인증을 SNS에 올리는 모습도 어렵지 않게 볼 수 있었습니다. 하지만 이런 분위기는 오래가지 않았습니다. 유동성이 늘어나면서 소비자 물가 상승률이 높아졌고, 이를 억제하기 위해 한국은행이 기준금리를 인상하기 시작했는데 처음에는 사람들은 크게 신경을 쓰지 않았죠. 금리가 몇 번 오르다가 다시 내려갈 것이라고 생각했기 때문입니다. 하지만 예상과 달리 금리 인상은 계속 이어졌고 가장 크게 영향을 받은 곳이 바로 부동산 시장이었습니다. 특히 청약에 당첨된 사람들이 심리적으로 많이 힘들어 했습니다. 아파트 분양을 받으면 보통 분양가의 10%를 계약금으로 납부한 뒤, 공사 기간 동안 중도금 대출을 이용하여 분양금을 나누어 납부하게 되는데요. 금리가 올라가면서 이 중도금 대출 금리도 함께 상승했기 때문입니다. 중도금 대출은 대부분 이자 후불제로 진행돼서 입주할 때 모든 이자를 한번에 납부하기 때문에 중도금 대출의 금리가 올라간다고 해도 바로 체감이 되지는 않습니다. 그러나 은행에서 중도금 대출 금리가 인상되었다는 안내 문자를 받고 입주할 때 내야할 이자를 대략적으로 계산하는 순간 그 부담이 현실적으로 체감되기 시작합니다. 중도금 대출 이자에 대한 부담만 느낀다면 그나마 다행일지도 모릅니다. 금리 인상이 계속 되면서 부동산 시장 분위기 자체가 변하기 시작했고 계속 오르기만 하던 집값이 어느 순간 상승세를 멈추며, 일부 지역에서는 가격이 눈에 띄게 하락하기 시작했습니다. 주변 시세보다 약 1억 원 저렴하게 5억에 분양받았는데 주변 아파트 가격이 하락하면서 어느 순간 시세가 4억 5천만 원, 심지어 그 이하로 내려갔다면 기분이 어떨까요? 분양을 받을 당시에는 시세보다 싸게 분양 받았다고 생각했겠지만 상황이 변하면서 오히려 호구가 돼버린 기분이 들었을겁니다. 긍정은 전염되지 않지만 부정은 전염된다고 합니다. 어느새부터 뉴스, 유튜브, 각종 커뮤니티 어디를 보더라도 앞으로 집값이 더 하락할 것이라는 얘기만 하니, 그런 내용들이 눈에 보인다면 심리가 흔들릴 수밖에 없습니다. 버텨볼까 생각하다가도 입주할 때 내야하는 중도금 대출의 이자가 눈덩이처럼 불어나, 입주할 때 분양가를 제외하고 수천만 원을 더 내야 한다면 주변 시세보다 1억이나 비싸게 주고 사는 것이 돼버린다는 생각에 계약금을 포기하더라도 계약을 결국 취소하게 됩니다. 실제로 이러한 이유로 무순위 청약으로 다시 시장에 나온 청약들이 상당히 많습니다. 지금 이 내용이 조금 지루하고 재

미없게 느껴졌을 수도 있습니다. 하지만 이 내용은 제가 정말 중
요하게 생각하는 내용입니다. 청약에 당첨되거나 분양권을 매수
해 내 집 마련을 하려는 분들에게 반드시 들려줘야할 이야기이기
때문입니다. 영원한 상승은 없습니다. 반대로 영원한 하락도 없습
니다. 경제는 항상 상승과 하락을 반복하며 움직이기 때문입니다.
지금 하락하고 있다고 해서 영원히 하락하는 것도 아니고, 지금
상승하고 있다고 해서 계속 상승하는 것도 아닙니다. 경제 관련
채널이나 자료들을 살펴 보면 보통 경제에서 하락기는 약 15개월
에서 20개월 정도 지속되고, 상승기는 약 50개월에서 60개월 정
도 이어진다고 합니다. 이 말을 청약 시장에 대입해 보면, 아파트
청약에 당첨되거나 분양권을 매수한 뒤 실제 입주까지는 보통 약
3년 정도의 시간이 걸리는데 만약 청약에 당첨되거나 분양권을
매수한 뒤 바로 하락장이 시작된다고 하더라도 입주 시점에는 다
시 상승 사이클로 전환될 가능성이 높다는 얘기가 됩니다. 그래
서 저는 제가 추천한 청약에 당첨된 분들에게 이렇게 항상 이 말
을 합니다. "새로운 인생의 출발을 응원하고 기도하겠습니다" 경
제는 예측할 수 없기에 우리는 늘 선택을 해야 하는 순간을 마주
하게 됩니다. 특히 부동산처럼 큰돈이 들어가는 선택일수록 그
결정은 더욱 어렵게 느껴질거예요. 청약에 당첨되거나 분양권을
매수하면 상승과 하락 상관없이 사람들은 늘 불안해 합니다. 그
런 사람들에게 누군가 믿음이 되어준다면, 그 사람들의 선택이

달라질수도 있기 때문입니다. "새로운 인생의 출발을 응원하고 기도하겠습니다" 이 말에는 단순한 축하의 의미만 담겨 있는 것이 아닙니다. 앞으로 시장이 어떻게 변하더라도 그 선택을 믿고 끝까지 가보라는 응원의 의미가 담겨 있습니다.

두 번째는 미분양으로 인해 발생하는 무순위 청약입니다. 청약홈에도 동일하게 '무순위 청약'이라는 이름으로 공고가 올라오기 때문에 겉으로만 봐서는 로또청약인지 아닌지 확인할 방법이 없습니다. 그래서 꼭 모집공고를 확인하거나 부동산 시세를 확인할 수 있는 사이트를 통해 주변의 시세를 파악해야하는데요. 정말 간단하게 확인할 수 있는 방법이 하나 있습니다. 바로 입주 예정일을 확인하는 것입니다. 무순위 로또 청약은 대부분 입주를 시작하거나 입주한 지 2~3년 차 되는 아파트들이기 때문에 웬만하면 시세가 변해 차익이 발생하는데 미분양으로 인해 청약홈에 광고를 내서 다시 재공급하는 무순위 청약의 경우는 입주기간이 1년 이상 남아있기 때문입니다. 청약부터 입주까지 보통 3년이라는 시간이 소요되기 때문에 2년이나 지난 뒤 공급하는거라 시세차익이 있을것이라고 생각할수도 있지만, 그냥 고분양가로 인해 장기간 미분양인 경우가 더 많습니다. 보통 이런 무순위 청약에는 현장 옆에 (3차), (7차)이런 숫자가 붙는데요. 이 숫자는 무순위 청약을 몇 번이나 했는지 알려주는 숫자입니다. 즉 (3차)라고 적혀있다면 이미 세 번이나 무순위 청약을 진행했다는 의미이고 (7차)라면 일곱 번이나 무순위 청약을 진행 했다는 뜻입니다. 당연히 숫자의 단위가 커질수록 그 단지는 시장에서 외면받고 있는 악성 미분양일 가능성이 100%입니다. 안 팔리는데 왜 자꾸 돈을 써서 청약홈에 무순위 공고를 내는 것일까요? 누군가는 결국 속아서 계약을 하기 때문입니다. 실제로 화곡 더 리브 스카이 주상복합 아파트는 무순위 청약을 무려 14회나 진행했습니다. 2022년 12월 30일에 올라온 1차 무순위 모집공고에서는 96세대를 공급했는데, 2024년 4월 3일에 올라온 14회차 모집공고에는 단 20세대만 올라왔죠. 이 말은 무엇을 의미할까요? 무순위 청약 공고를 한 번 낼 때마다 조금씩 팔려 나갔다는 뜻입니다. 한 번에 완판이 되지는 않았지만 공고를 반복할수록 누군가는 당첨되었고, 또 그중 일부는 실제로 계약까지 했다는 것입니다. 왜 이런 일이 발생하는 걸까요? 무순위 청약이라는 단어가 이미 사람들에게 '로또청약'이라는 인식으로 자리 잡았기 때문입니다. 내용을 제대로 분석하지 않고, 단순히 청약홈에 무순위 공고가 떴다는 이유만으로 청약을 넣는 사람들이 생각보다 많습니다. 시행사나 건설사는 청약을 넣은 사람들의 명단을 청약홈을 통해 전달받고, 무순위 청약을 진행한 사람들에게 직접 전화를 걸어 유도하기 때문에 모르면 당할 수밖에 없습니다. 청약을 하는 이유는 관심이 있기 때문입니다. 그 상태에서 이런 전화를 받으면 마음이 흔들리기 쉽고, 결국 실제 계약으로 이어지는 경우가 많은거죠. 그래서 악성 미분양 단지에서는 무순위 청약을 마케팅으로 활용하여 여러 번 반복하는 것입니다. 모르면 당합니다.

나. 진짜 돈이 되는 무순위 로또 청약은 따로 있다

앞서 말씀드린대로 입주 후 무순위 청약 중 계약취소 주택이거나 불법행위로 인해 재공급되는 물량이면서, 주변 시세 대비 최초 분양가가 저렴하다면 돈이 되는 무순위 로또 청약이라고 할 수 있습니다. 하지만 이런 청약은 사실상 당첨되기가 매우 어렵습니다. 안전마진이 큰 만큼 경쟁도 매우 치열하기 때문입니다. 그렇다면 진짜 돈이 되는 무순위 청약은 무엇일까요?

1. 판교 밸리자이 2단지

2024년 4월 8일, 판교 밸리자이 2단지 무순위 줍줍 청약 공고가 올라왔습니다. 최초 분양가는 6.68억이었고 주변 시세가 9억이라 당시 무순위 청약이 막 유행하기 시작하던 시기였기 때문에, 저는 당연히 여러 부동산 정보 채널에서 이 청약을 언급할 것이라고 생각했습니다. 하지만 제 예상과는 다르게 아무도 이 청약을 홍보하지 않았습니다. 당시 조건을 보면 분양가 상한제가 적용된 주택이었고, 거주의무도 없어서 전세 세팅도 가능했기 때문에 충분히 메리트가 있는 청약이었는데 왜 이슈가 되지 않았을까요? 먼저 이 청약은 다자녀 특별공급대상이었기 때문에 다자녀 특별공급 자격이 있는 사람만 청약이 가능했습니다. 그리고 무엇보다 최초 분양가격과 실거래가의 차이가 고작 7천만 원 밖에 되지 않았죠. 안전마진이 7천만 원이나 된다고 볼 수도 있지만, 사람들은 이미 입주가 완료된 아파트에 다자녀 특별공급을 사용하기에는 매력이 크지 않다고 판단했던 것 같습니다. 하지만 이 단지의 안전마진은 사실 7천만 원이 아니었습니다. 판교 밸리자이는 2023년 2월에 입주한 단지였기 때문에 아직 입주한지 2년이 지나지 않아 비과세 요건인 2년 보유 요건을 채우지 못한 상태라서 이 상태에서 분양권을 매도하게 되면 양도세만 66%를 내야했죠. 때문에 특수거래로 찍힌 실거래가 외에 매물이 부동산에 나와있는 것이 단 하나도 없었습니다. 주변 시세를 보니 9억 이상이었기 때문에 저는 이 단지의 안전마진을 2억으로 잡고 인스타그램에 해당 단지의 청약 정보를 공유하며 이렇게 얘기했습니다. "비과세 구간이 풀리는 2025년 3월, 이 단지는 실거래가가 9억 이상 찍힙니다." 이 단지의 실거래가는 비과세 구간이 풀리자마자 9.5억이 찍혔고 현재는 10억을 돌파했습니다.

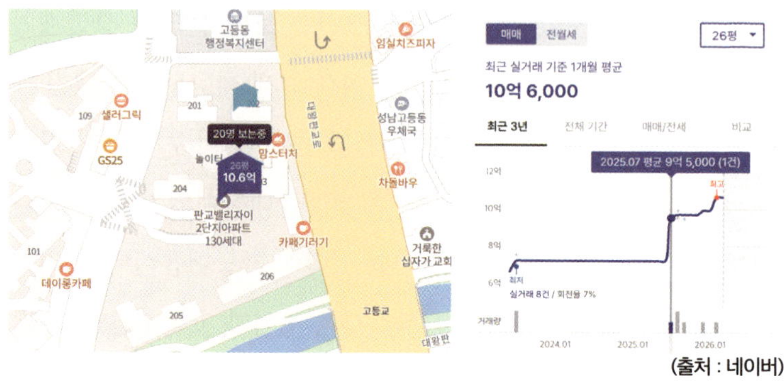

(출처 : 네이버)

따라서 무순위 줍줍은 단순히 실거래만 보고 판단해서는 안 됩니다. 비과세 구간까지 함께 확인해야 실제 안전마진을 정확하게 파악할 수 있습니다.

2.청주 테크노폴리스 A9BL 힐데스하임

26년 2월 9일 불법행위 재공급으로 청주 테크노 폴리스 A9BL 힐데스하임 무순위 줍줍 청약공고가 올라왔습니다. 최초 분양가와 발코니 확장 + 옵션비까지 다 합쳐서 약 4억에 올라왔는데 이곳 역시 부동산 채널 어느곳도 언급하지 않았습니다. 참고로 이 아파트는 2025년 8월 13일에 준공되었는데요. 이 아파트 역시 분양가 상한제가 적용되었지만 거주의무와 전매제한이 없어 상당히 메리트가 있는 무순위 청약이었습니다. 근데 왜 아무도 청약을 추천하지 않았을까요? 그 이유는 바로 주변 실거래가와 최

(출처 : 네이버)

초 분양가의 차이가 거의 없었기 때문입니다.

그런데 왜 저는 이 무순위 청약을 추천했을까요? 이번에도 비과세 때문에 그럴까요? 아닙니다. 이 단지를 추천한 이유는 바로 실전 투자자가 아니면 알 수 없는 '실제 거래된 금액' 때문입니다. 국토교통부 실거래가 공개 시스템 사이트에 찍히는 실거래가격은 시장 실제 거래가격과 차이가 나는 경우가 많습니다. 이 단지도 마찬가지였습니다. 실제 시장에서 거래되는 가격은 실거래가보다 약 7천만 원 정도 더 높게 형성되어 있었습니다. 그래서 저는 다운거래로 확신하고 이 무순위 청약을 제가 운영하고 있는 네이버 프리미엄 콘텐츠 '베리스' 채널에서 강력하게 추천했습니다.

3.오포자이 디 오브 C-3BL

24년 12월 12일 오포자이 디 오브 C-3BL 무순위 청약 공고가 올라왔습니다. 최초 분양가는 4.4억이었고 주변에 아파트가 없어서 시세는 없었습니다. 2024년 2월에 준공된 단지로 앞서 언급한 단지들과 모든 조건은 같았지만 이 무순위 청약을 추천한 이유는 비과세, 실제 현장에서 거래되는 가격때문이 아니었습니다. 그렇다면 이 무순위 청약을 저는 왜 추천했을까요? 그냥 상품성이 나쁘지 않은 입주 후 무순위 청약이었기 때문입니다. 아마 이 말이 쉽게 이해되지 않으실 수도 있습니다. 일반적인 청약의 경우 계약을 하면 입주할 때까지 중도금 대출을 받게 되고, 입주 시점에 그동안 발생한 중도금 대출 이자를 한 번에 납부해야 합니다. 이 금액이 생각보다 큰데, 평균적으로 4억 원대 아파트라면 약 2천만 원 정도가 중도금 대출 이자로 발생하게 됩니다. 하지만 이 단지는 준공 후 재공급 물량이기 때문에 중도금 자체가 존재하지 않습니다. 즉 중도금 대출 이자가 발생하지 않는것이죠. 여기에 무순위로 나온 동,층,평형대와 상품성도 나쁘지 않았기 때문에 청약을 추천했던 것입니다.

현재 이 단지의 실거래 시세는 최초분양가보다 약 1억 원 높은 5억입니다.

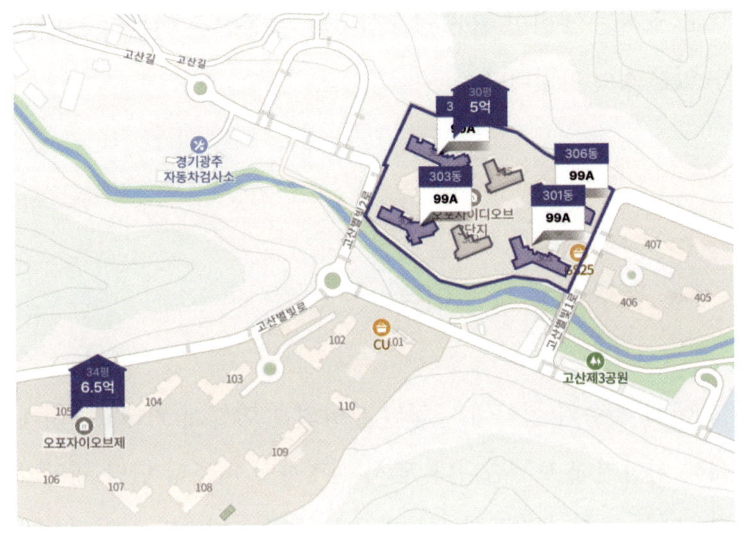

(출처 : 네이버)

이 사례들이 말해주는 것은 단순합니다. 겉으로 보기에는 안전마진이 없어 보이는 무순위 청약에도 숨겨진 기회가 존재한다는 것입니다. 하지만 많은 사람들이 판교 밸리자이 2단지, 청주 테크노폴리스 A9BL 힐데스하임, 오포자이 디 오브 같은 무순위 청약 기회를 놓칩니다. 왜 이런 기회를 놓칠까요? 이유는 간단합니다. 부동산 시장과 분양권 시장의 구조를 모르기 때문입니다. 저는 이것 또한 주입식 교육의 폐해라고 생각합니다. 이런 내용들은 교과서나 이론, 부동산 강의 등으로 배우는 것이 아니라 현장에서 직접 경험해야 이해할 수 있는 것들입니다. 그래서 부동산 공부를 제대로 하려면 강의를 듣는 것보다 현장에 나가 직접 보고 느끼는 경험이 훨씬 중요합니다. 부동산은 이론으로 배울 수 있는 것이 아닙니다.

다. 당첨되면
━ 전부 나를 찾는 이유

이제 무순위 청약에 당첨된 분양권을 어떻게 거래하는지에 대해 이야기해 보겠습니다. 앞서 설명했던 비주택 단타 청약의 경우에는 당첨자 발표날 모델하우스 주변에 떴다방 사장님들이 모여 있기 때문에 비교적 쉽게 거래를 진행할 수 있습니다. 하지만 입주 후 무순위 청약의 경우는 상황이 많이 다릅니다. 이미 준공이 되었거나 입주가 진행 중인 단지이기 때문에 모델하우스가 이미 사라진 상태이기 때문입니다. 그렇다면 어디서 매수자를 찾아야 할까요? 제가 늘 강조하는 말이 있습니다. '현장에 답이 있다' 이런 무순위 청약의 경우 현장 주변에 있는 부동산 중개업소를 통해 거래를 진행하는 것이 일반적입니다. 그렇다고 해서 현장 주변에 있는 부동산 아무 곳이나 들어가서 당첨된 분양권을 거래하면 되는 것은 아닙니다. 같은 단지 주변 부동산이라도 '분양권'을 전문적으로 거래하는 부동산과 거래를 해야 합니다. '분양권'을 전문적으로 거래하는 부동산과 일반적으로 전세,월세,매매만 하는 부동산은 거래 하는 방법 자체가 다릅니다. 그렇기 때문에 '분양권'을 전문적으로 거래하는 부동산 혹은 분양권 거래를 많이 해본 곳에서 거래를 해야 합니다. 이렇게 했을 때 당첨된 분양권을 최고가를 받고 팔 수 있습니다. 참고로 '분양권'을 전문적으로 거래하는 부동산은 생각보다 쉽게 찾을 수 있습니다. 부동산 창문에 '분양권'전문이라고 쓰여 있는 곳에 그냥 들어가서 상담받으면 됩니다. 이게 끝이냐고요? '분양권'거래는 부동산 자격증을 소지했다고 누구나 할 수 있는 게 아닙니다. '분양권 전문'이라고 창문에 붙여둔것만으로 부동산 소장님의 실력은 의심할 필요가 없습니다. 실력뿐만 아니라 분양권을 전문적으로 거래하는 부동산은 소장님 혼자 움직이는 게 아니라 투자자, 세무사, 법무사 등 이미 분양권을 거래하기 좋게 팀으로 세팅이 되어있기 때문에 거래 자체도 빠르고 확실합니다. 이러한 내용을 모르고 저의 영상을 보고 무순위 청약에 당첨된 사람들이 현장 주변 부동산에 들어가서 상담을 받고 나면 분양권을 팔 수 없을 것 같다며 꼭 저에게 다이렉트 메시지를 보내시는데 '분양권 전문'이라고 쓰여있는 곳에 들어가서 상담받으면 바로 문제가 해결되니 저를 찾지마시고 '분양권 전문'이라고 쓰여있는 부동산을 찾으시길 바라겠습니다.

3. 남아있는 유일한 부의 사다리

가. 계약금 10%의 기적

무자본 단타 청약부터 무순위 청약까지 알아보았습니다. 이 두 가지 방법은 공통점이 있습니다. 바로 리스크가 거의 없거나 매우 낮다는 점입니다. 그래서 저는 부동산을 처음 시작하는 분들에게 바로 일반 아파트 청약부터 시작하라고 하지 않습니다. 대신 무자본 단타 청약과 무순위 청약을 먼저 경험해 보라고 말합니다. "백문이 불여일견"이라는 말이 있습니다. 백 번 듣는 것보다 한 번 보는 것이 낫다는 뜻입니다. 청약도 마찬가지입니다. 해본 사람이 결국 더 잘합니다. 리스크가 거의 없는 청약을 먼저 경험해 보면 청약에 대한 두려움이 자연스럽게 사라지고, 어떤 물건이 좋은 물건인지 옥석을 가리는 눈도 생기게 됩니다. 그렇게 경험을 쌓은 뒤 아파트 청약에 접근하면 좋은 아파트에만 선별적으로 청약할 수 있는 판단력이 생기게 되기 때문입니다. 그렇다면 이제 본격적으로 왜 아파트 청약을 해야 하는지에 대해 이야기해 보겠습니다.

청약을 해야 하는 이유는 단순합니다. 바로 우리는 '돈이 없기 때문'입니다. 우리나라의 분양 시스템은 선분양 시스템입니다. 쉽게 말해서 건설사가 아파트를 다 지은 뒤에 파는 것이 아니라 아파트를 짓기 전에 먼저 분양을 하는 구조라고 이해하시면 됩니다. 그래서 이미 지어진 아파트를 매매로 사는 것보다 분양을 받아 들어가는 게 무조건 더 저렴합니다. 예를 들어 매매가격이 5억 원인 아파트가 있다고 가정해 보겠습니다. 대출을 받아서 산다고 해도 최소 2억 원 정도의 자금은 있어야 매수가 가능합니다. 게다가 잔금을 치러야 하는 기간도 비교적 짧습니다. 하지만 같은 5억 원짜리 아파트를 분양받는다면 이야기가 달라집니다. 보통 분양 계약금은 총 분양금액의 약 10% 정도이기 때문에 고작 5천만 원 정도의 자금만 있어도 계약이 가능합니다. 그리고 잔금을 치르기까지의 기간도 약 3년 정도의 시간이 주어지기 때문에 잔금을 모을 시간도 넉넉하죠. 초기 자금이 적게 들어가는 것도 큰 메리트지만, 투자 관점에서 생각하면 이 장점은 더욱 크게 작용합니다.

단돈 5천만 원으로 5억짜리 아파트에 투자할 수 있을까요? 아마 많은 분들이 경매, 공매, 갭투자 같은 방법을 떠올리셨을 겁니다. 물론 이런 방법들도 5천만 원으로 5억 원의 아파트를 투자할 수 있습니다. 하지만 현실적으로 생각해보면 5천만 원으로 경매, 공매, 갭투자를 통해 5억 원의 아파트를 투자하는 것은 생각보다 쉽지 않을겁니다. 경매나 공매는 낙찰 이후 잔금을 짧은 기간 안에 준비해야 하고, 갭투자 역시 전세가와 매매가의 차이가 작은 물건을 찾아야 하는데 이런 물건은 사실 좋은 물건이 아니기 때문입니다. 하지만 청약은 다릅니다. 청약은 처음부터 적은 자본으로 아파트를 소유할 수 있도록 설계된 구조이고 경매, 공매, 갭투자처럼 무언가를 깊게 공부하거나 발품을 팔지 않아도 됩니다. 저는 솔직히 말해서 무주택자분들을 보면 조금 신기하기도 합니다. 이것은 비하의 목적을 가지고 얘기하는 것이 아니라 우리나라 청약 시스템은 무주택자를 중심으로 만들어진 제도라서 청약은 무주택자가 무조건 유리하기 때문에 하는 말입니다. 실제로 청약 제도를 보면 무주택자에게 가점이 가장 높게 부여되고, 특별공급도 무주택자만 지원할 수 있습니다. 대출은 또 어떤가요? 정책이 바뀌어서 지금은 무주택자가 아니라면 중도금 대출을 포함해 모든 대출을 받기가 어렵습니다. 그렇기 때문에 무주택자라면 청약 제도와 분양권 거래를 조금만 공부해도 내 집 마련을 쉽게 할 수 있습니다. 하지만 현실은 심하게 어지럽습니다. 많은 사람들이 청약 자체를 하지 않습니다. 청약통장을 평생 만들지 않는 사람도 있고, 심지어 부모님이 자신들의 미래를 위해 만들어 준 청약통장을 당장 생활이 힘들다며 해지해버리는 사람들도 많죠. 왜 청약을 하지 않는걸까요? 저는 이 문제에 대해서 심각하게 고민했는데 이유는 생각보다 단순했습니다. 그냥 청약을 어렵게 생각하기 때문이었습니다. 청약을 처음 하는 사람들은 청약 점수, 가점, 특별공급, 경쟁률 같은 단어들을 듣는 순간 청약을 마치 전문가들만 할 수 있는 복잡한 제도처럼 느껴서 제대로 알아보기도 전에 포기해 버리더라고요. 그리고 앞서 말씀드린 것과 같이 청약은 긴 시간 동안 적은 자본을 들여서 아파트를 소유할 수 있는 방법중 하나인데 이 구조를 모르고 오로지 '분양가'만 보고 접근해서 청약에 당첨되면 분양가를 단기간에 준비해야 한다는 걸로 알고 있는 사람들도 많았습니다. 결국, 무주택자들에게 유리한 청약을 고작 '어려워서', '잘 몰라서'라는 이유로 포기하는거죠. 자신들이 고작 저런 이유로 청약을 포기했으면서 아파트 가격이 비싸다며 정부를 욕합니다. 사회 탓을 하고, 부모 탓을 합니다. 비싸서 청약을 안 하는 거라는 변명은 하지마세요. 아파트 가격은 저렴했던 적이 없습니다. 대출을 과도하게 받고 사는게 정상이냐는 말도 하지마세요. 전 세계가 대출을 받아서 집을 삽니다. 청약은 무주택자들이 가장 유리합니다. 이제 변명은 집어치우고 청약하세요.

나. 30세 미만
청약통장 활용법

30세 미만이면 청약 가점이 낮습니다. 그리고 너무나도 당연하게도 시드머니가 없습니다. 그래서 청약을 포기하는 어린 친구들이 많은데요, 그런 상황이니까 청약을 더 적극적으로 활용해야 합니다. 다만 청약을 조금 다른 방법으로 접근해야 합니다. 어떻게? 제가 분양권 시장에 처음 참여했을 때 떴다방 사장님들은 물론이고 사장님들의 자녀들까지 청약통장을 너무나도 막 사용해서 정말 놀랐습니다. 제가 알고 있는 청약은 일생에 단 한 번 주어지는 로또 같은 개념이었는데 현장에서 귀동냥을 하다보면 자주 들리는 말들이 대부분 "다음 달에 어디 열리니까 청약 넣어라", "사돈의 팔촌까지 조건 되면 다 넣으라고 해라", "일단 넣으라고 해!"였기 때문입니다. 처음에는 그 말들이 전혀 이해가 되지 않았습니다. 왜 실거주를 할 것도 아니면서 청약을 하라고 하지?, 왜 청약통장을 함부로 사용하지? 의문점 투성이었습니다. 하지만 눈 앞에서 분양권이 거래되는 것을 직접 확인하니 그 말들의 의미를 쉽게 이해할 수 있었습니다. 이 분들에게 청약은 로또, 내 집 마련의 수단이 아니라 그저 시드머니를 확보하기 위한 수단이었기 때문입니다. 생각해보니 이분들이 하는 행동이 맞았습니다. 아무리 좋은 로또 청약도 시드머니가 없으면 의미가 없기 때문입니다. 내 집 마련도 마찬가지입니다. 시드머니가 없으면 할 수 있는 것은 아무것도 없습니다. 그날 이후 저는 30세 미만인 친구들과 30세 미만의 자녀를 두고 있는 분들에게 시드머니가 없으면 청약통장을 막 사용하라고 권유했습니다. 청약통장을 막 사용해서 일단 시드머니부터 모으라고 말이죠. 특히 수도권이 아닌 지방에 거주하는 친구들에게 많이 추천했습니다. 왜냐하면 수도권은 청약 조건이 까다롭지만 수도권이 아닌 지방의 경우 $84m^2$ 이상일 때 가점제가 아닌 100% 추첨제이며 청약통장을 가입하고 6개월만 지나면 1순위 조건이 되기 때문입니다. 따라서 운만 좋으면 당첨되는 시스템인거죠. 그래서 청약 통장을 가입한지 6개월 이상이고 지역별 예치금만 충족된다면 계속해서 청약을 넣어 당첨되면 분양권을 팔아 시드머니를 모을 수 있는 것입니다. 어떻게 이게 가능하냐고요? 특별공급은 일생에 단 한 번만 당첨될 수 있지만, 일반공급은 당첨된 분양권을 처분해 다시 무주택자가 된다면 또 당첨될 수 있기에 가능한 것입니다. 제가 이 방법을 30세 미만 친구들에게 알려주면 간혹 이런 질문을 합니다. "베리스님 그럼 생애최초 대출은 날아가잖아요", 그럴 때마다 저는 이렇게 말 합니다. "시드머니가 없는데 생애 최초 대출이 무슨 의미가 있어?", 앞에서 언급한 것과 같이 시드머니가 없으면 로또청약, 내 집 마련을 포함해 생애최초 대출까지 다 의미가 없습니다. 계약금이 없어서 못 한다고요? 비주택 단타 청약의 계약금 대납 조건 거래는 일반 아파트 분양권 시장에서 옮겨간 것입니다. 저층이나 못난이 타입에 당첨되면 거래를 못 하지 않냐고요? 이런식으로 접근하면 자동차 운전도 하지 말아야 합니다. 사고나서 죽으면 어떻게 하려고 운전같이 위험한 걸 하나요? 생각을 바꿔야 합니다. 전략을 바꿔야 합니다. 월급모아서 내 집 마련하는 시대는 이미 사라진지 오래입니다. 청약 통장은 있는데 시드머니가 없어서 내 집 마련을 못 하는 것이라면 청약제도와 분양권 시장의 구조를 이용해서 돈을 모아야 합니다. 단, 돈이 되는 청약에만 지원을 해야 합니다.

다. 무조건 돈 되는
━ 청약만 골라서 하는 법

청약통장을 막 사용해서 시드머니를 모으라고 했다고 해서 아무 청약이나 넣으라는 뜻은 아닙니다. 그건 말 그대로 막 사용하는 것이지, 전략적으로 사용하는 것이 아니기 때문입니다. 그리고 아무리 좋아 보이는 청약이라도 반드시 모집공고를 먼저 확인하고 청약해야 합니다. 모집공고 상에 전매제한과 거주의무가 있다고 표시되어 있으면 분양권을 매도할 수 없기 때문입니다. 사실 초보자는 누가 알려주지 않으면 청약통장을 막 사용하기로 마음먹어도 어디에 무슨 아파트 청약이 돈이 되는지 확인할 수 있는 인사이트가 없기 때문에 사용하는 거 자체가 어려울 수 있습니다. 저같은 경우는 이미 이 시장에 참여한지 오래라 전국에 있는 모델하우스는 웬만하면 다 가봐서 입지가 어떤지, 생활 환경이 어떤지, 수요는 있는지, 인근에서 최근에 청약한 단지의 프리미엄이 얼마인지에 대한 정보가 다 있고, 당첨자 발표날 직접 현장에 가지 않아도 오랜시간 같이 분양권을 투자하며 친해진 떴다방 사장님들에게 정보를 실시간으로 전달받기 때문에 모집공고와 현장만 봐도 수도권이든 지방이든, 1군 브랜드든 2군 브랜드든 상관없이 어느 동, 어느 타입에 프리미엄이 얼마가 붙을지 대략적으로 알 수 있는데 대부분의 사람들은 이런 정보를 쉽게 얻을 수 없기 때문에 알고 있어도 하기가 어려운게 당연합니다. 하지만 걱정할 필요가 없습니다. 청약은 매매와 달리 수요가 얼마나 있는지 인기 타입은 무엇인지 명확하게 확인할 수 있는 방법이 있기 때문에 인사이트가 크게 없어도 돈이 되는 청약을 쉽게 찾을 수 있고 돈이 되는 타입에만 골라서 청약할 수 있습니다. 방법은 간단합니다. 바로 청약홈에서 공개하는 청약 경쟁률을 확인하는 것입니다. 이 방법은 아주 간단하고 단순하지만 수요를 아주 정확하고 빠르게 보여주는 지표입니다. 한 가지 예를 들어보겠습니다. 여러분이 아파트를 매수 할 때, 여러분과 같은 생각으로 똑같은 아파트를 사려고 하는 사람들이 정확히 몇 명이나 되는지 확인할 수 있는 방법이 있을까요? 그리고 그 아파트를 샀을 때 바로 가격이 더 오를지, 아니면 떨어질지 확신할 수 있을까요? 단언컨대 정확하게 그 수를 파악할 수 있는 곳은 없을 겁니다. 마찬가지로 더 오를지, 떨어질지 확신할 수 있는 사람도 없을 것입니다. 하지만 청약은 경쟁률을 통해 수요를 정확하게 파악할 수 있고 그 수요를 통해 단기적으로 프리미엄이 붙을지 안 붙을지를 확인할 수 있죠. 따라서 경쟁률을 분석할 줄만 알면 1군, 2군 상관없이 수도권, 지방 가리지 않고, 평지든 언덕이든 초등학교를 품고있든 품고있지 않든 '돈'이 되고 안 되고를 알 수 있습니다.

천안 아이파크 시티 5단지

※ 전체내용이 안보일경우 좌우 스크롤을 이용하여 확인해주세요.

주택형	공급 세대수	지역	접수건수								청약결과
			다자녀 가구	신혼부부 상세	생애최초 상세	청년	노부모 부양	신생아 (일반형)	기관 추천	이전 기관	
084.8786A	172	배정세대수	31	72	28	0	9	0	32	0	청약접수 종료
		해당지역	3	36	17	0	0	0	1(0)	0	
		기타지역	3	9	8	0	0	0			
084.9323B	64	배정세대수	12	27	11	0	3	0	11	0	청약접수 종료
		해당지역	3	15	12	0	0	0	0(0)	0	
		기타지역	1	2	3	0	0	0			
084.9587C	32	배정세대수	6	13	5	0	2	0	6	0	청약접수 종료
		해당지역	10	23	30	0	0	0	0(0)	0	
		기타지역	0	7	5	0	0	0			
102.8880A	27	배정세대수	21	0	0	0	6	0	0	0	청약접수 종료
		해당지역	17	0	0	0	1	0	0(0)	0	
		기타지역	5	0	0	0	0	0			
102.7602B	12	배정세대수	9	0	0	0	3	0	0	0	청약접수 종료
		해당지역	0	0	0	0	0	0	0(0)	0	
		기타지역	0	0	0	0	0	0			
120.7345	7	배정세대수	5	0	0	0	2	0	0	0	청약접수 종료
		해당지역	7	0	0	0	0	0	0(0)	0	
		기타지역	0	0	0	0	1	0			
197.8303	0	배정세대수	0	0	0	0	0	0	0	0	청약접수 종료
		해당지역	0	0	0	0	0	0	0(0)	0	
		기타지역	0	0	0	0	0	0			
총합계	314		49	92	75	0	2	0	1	0	

26년 3월 3일에 청약한 천안 아이파크 시티 5단지의 특별공급 경쟁률입니다. 부동산 전문가들은 '지방'아파트는 상승할 수 있는 여력이 크지 않다고 말합니다. 청약 전문가들도 이번 천안 아이파크 시티5단지의 특별공급 경쟁률을 보고 처참하다며 무시했죠. 하지만 저는 특별공급 경쟁률만으로 프리미엄을 예상했고, 타입까지 추천하며 수요가 있으니 프리미엄이 붙을것이라고 얘기했습니다. 제 구독자들은 제 말을 듣고 제가 추천한 타입에 일반 공급으로 지원했는데요. 저는 어느 타입을 추천했을까요? 다자녀 특별공급에 지원이 가장 많이 된 $102m^2$A 타입을 추천했습니다. 결과는 어떻게 됐을까요?

천안 아이파크 시티 5단지

청약접수 결과 입주자모집공고에 명시한 일반공급 가구수 및 예비입주자선정 가구 수에 미달 시 후순위 청약접수를 받습니다.

주택형	공급 세대수	순위		접수 건수	순위내 경쟁률 (미달 세대수)	청약결과	당첨가점			
							지역	최저	최고	평균
084.8786A	238	1순위	해당지역	840	3.53	청약 접수중	당첨자발표일 이후 공개			
			기타지역	170	-					
		2순위	해당지역	0						
			기타지역	0						
084.9323B	80	1순위	해당지역	381	4.76	청약 접수중	당첨자발표일 이후 공개			
			기타지역	93	-					
		2순위	해당지역	0						
			기타지역	0						
084.9587C	25	1순위	해당지역	1,219	48.76	1순위 마감(청약 접수 종료)	당첨자발표일 이후 공개			
			기타지역	141	-					
		2순위	해당지역	0						
			기타지역	0						
102.8880A	185	1순위	해당지역	1,755	9.49	1순위 마감(청약 접수 종료)	당첨자발표일 이후 공개			
			기타지역	191	-					
		2순위	해당지역	0						
			기타지역	0						
102.7602B	88	1순위	해당지역	48	(△40)	청약 접수중	당첨자발표일 이후 공개			
			기타지역	18	(△22)					
		2순위	해당지역	0						
			기타지역	0						
120.7345	45	1순위	해당지역	888	19.73	1순위 마감(청약 접수 종료)	당첨자발표일 이후 공개			
			기타지역	93	-					
		2순위	해당지역	0						
			기타지역	0						
197.8303	1	1순위	해당지역	10	10.00	1순위 마감(청약 접수 종료)	당첨자발표일 이후 공개			
			기타지역	1	-					
		2순위	해당지역	0						
			기타지역	0						
총합계	662			5,848						

위 사진은 천안 아이파크 시티 5단지의 일반공급 청약 경쟁률입니다. 84m^2C 타입에 가장 많이 몰리긴 했지만 그 다음으로 102m^2A 타입에도 사람들이 많이 몰리면서 9.49 : 1 의 경쟁률을 기록했습니다. 2026년 3월 13일 기준으로 현재 102m^2A 타입의 프리미엄은 RRR기준 3,000만 원 입니다. 많은 부동산 전문가가 상승여력이 낮다며 절대로 사면 안 된다고 한 지방에, 청약 전문가가 특별공급 경쟁률이 처참하다고 한 청약이 당첨자 발표를 하자마자 프리미엄이 3,000만 원이 붙었습니다. 제가 그들보다 뛰어나기 때문에 이런 결과를 예상할 수 있었을까요? 그것은 절대로 아닙니다. 부동산 전문가는 지방의 미래가치를 보고 얘기한 것이고, 청약 전문가는 그저 청약 경쟁률 데이터만 보고 얘기를 한 것입니다. 저는 그렇다면 무엇을 봤길래 천안 아이파크 5단지 102m^2A 타입을 추천했을까요? 앞서 말씀드렸듯, 수요입니다. 수요만 정확하게 파악하면 '돈'이 되는 청약만 골라서 할 수 있습니다. 사실 천안 아이파크 5단지의 특별공급 경쟁률은 제 생각보다 낮게 나오긴 했습니다. 하지만 그럼에도 불구하고 추천했던 이유는 바로 '현장'에 있었습니다. 천안 아이파크 5단지 청약보다 먼저 청약을 진행했던 성성 호수공원 E편한 세상 아파트의 호수 뷰가 나오는 타입이 프리미엄이 1억 가까이 붙어있었기에, 프리미엄이 너무 높아 프리미엄을 주고 사는 것보다 분명히 천안 아이파크 5단지에서 호수 뷰가 나오는 타입을 노리는 사람들이 있을거라고 생각했는데, 실제로 천안 아이파크 5단지 청약 전 모델하우스 주변에 있는 부동산을 가보니 청약 예정자들과 매수자들이 대기하고 있는 걸 파악할 수 있었고 이를 바탕으로 자신감을 가지고 추천한것이죠. 이번 경우는 특수한 경우라 예를 든 것이지만, 평균적으로 경쟁률이 이렇게 나올땐 현장을 가 볼 필요도 없습니다.

수도권 청약의 경우에는 세대수와 상관없이 다자녀 특별공급에 청약통장 200개 이상이 접수되고, 일반공급은 총 세대수 대비 최소 5배수 이상 접수된다면 이런 현장은 대부분 초기 프리미엄이 최소 3,000만 원 이상 형성되는 경우가 많습니다. 다음은 지방 청약입니다. 세대수와 상관없이 다자녀 특별공급에 청약통장 100개 이상이 접수되고, 일반공급은 총 세대수 대비 최소 8배수 이상 접수된다면 이 역시 대부분 프리미엄이 형성되는 청약이라고 볼 수 있습니다. 이 공식은 제가 여러 분양권에 투자하며 만든 저만의 공식이기 때문에 무조건 '정답'이라고 말씀드릴 순 없으나, 말씀드린대로 경쟁률이 나왔을 때 프리미엄이 안 붙었던 적은 없습니다. 사실 경쟁률이 이렇게 나오면 프리미엄이 안 붙을 수가 없습니다. 그렇다면 여기서 질문, 왜 수도권과 지방의 경쟁률 공식이 다를까요? 수도권과 지방의 기준이 다른 이유는 간단합니다.

수도권 청약은 좋은 곳에 당첨되면 프리미엄이 기본적으로 억 단위로 형성되기 때문에 당첨확률이 높은 특별공급을 아껴 쓰는 경우가 많고, 일반공급 역시 자격 조건과 재당첨 제한 때문에 생각보다 접수율이 높지 않습니다.

반면 지방은 대부분 청약에서 큰 마진이 발생하지 않는 경우가 많기 때문에 다자녀 특별공급을 아끼지 않고 사용하는 경우가 많고, 일반공급 역시 청약통장 가입 후 6개월만 지나면 1순위 자격이 주어지기 때문에 청약통장을 비교적 자유롭게 사용하는 사람들이 많습니다. 그래서 지방의 경우 아무리 좋은 청약이라도 특별공급은 일생에 단 한 번만 당첨될 수 있어서 이미 다자녀 특별공급을 사용한 사람이 많아 다자녀 특별공급 접수율이 상대적으로 낮고, 일반 공급은 청약통장을 개설한지 6개월, 그리고 청약 예치금 충족만 되면 1순위로 청약을 할 수 있기 때문에 접수율이 높은 것입니다. 그래서 수도권과 지방은 프리미엄이 형성되는 경쟁률의 공식이 서로 다르게 나타나는 것입니다. 여기서 한 가지 궁금한 점이 생길 수 있습니다. 왜 생애최초 특별공급이나 신혼부부 특별공급 경쟁률은 이 공식에 포함하지 않았을까요? 신혼부부 특별공급은 혼인신고만 하면 사용할 수 있습니다. 생애최초 특별공급 역시 별다른 조건 없이 단 한 번도 주택을 취득한 적이 없다면 사용할 수 있습니다. 물론 소득 기준이나 자산 기준 같은 세부 조건은 있지만, 기본적으로는 많은 사람들이 접근할 수 있는 특별공급입니다. 하지만 다자녀 특별공급은 구조 자체가 다릅니다. 다자녀 특별공급은 아이를 둘 이상 낳아야 지원할 수 있습니다. 아시다시피 우리나라는 대표적인 저출산 국가라서 아이를 둘 이상 낳은 가구 자체가 많지 않습니다. 그렇기 때문에 다자녀 특별공급은 애초에 지원할 수 있는 대상 자체가 제한적입니다. 즉, 생애최초나 신혼부부 특별공급에 비해 다자녀 특별공급은 지원할 수 있는 가구 수가 훨씬 적다는 얘기입니다. 그래서 대부분의 청약 현장에서 다자녀 특별공급 경쟁률이 생애최초나 신혼부부 특별공급 경쟁률보다 상대적으로 낮게 나옵니다. 그런데 이 구조 속에서 다자녀 특별공급에 청약통장이 많이 접수됐다면 어떤 의미일까요? 단순히 경쟁률이 높다는 의미가 절대로 아닙니다. '이 청약은 당첨되면 돈이 될 가능성이 높다'는 신호일 가능성이 큽니다. 왜냐하면 다자녀 특별공급은 경쟁률이 낮기 때문에 당첨 확률이 상대적으로 높은 특별공급입니다. 당첨 확률이 높은 만큼, 대부분의 사람들은 다자녀 특별공급을 아무 청약에 사용하지 않죠. 그래서 다자녀 특별공급에 청약이 많이 몰렸다는 것은 '안전마진'이 높다고 봐도 무방합니다. 이러한 이유로 저는 신혼부부나 생애최초 특별공급 경쟁률을 공식에 포함시키지 않은 것입니다. 청약을 잘 몰라도 됩니다. 다자녀 특별공급 경쟁률만 확실하게 나와준다면 100% 성공합니다.

라. 계약금만 있어도 청약해도 되는 이유

청약을 분석하는 방법까지 알게 되었으니 이제 다음 단계로 넘어가야 합니다. 바로 실제로 청약을 넣는 것입니다. 청약 이야기를 하면 가장 많이 듣는 질문이 있는데요, 바로'계약금밖에 없는데 청약해도 될까요?'입니다. 이 질문을 들을 때마다 제 대답은 항상 "전매제한 1년 이하라면 넣으세요"였습니다. 이 말만하면 이상한 사람들이 득달같이 달려와서 '미친 짓이다.', '계약금밖에 없는데 청약을 왜 하냐.', '입주도 못하고 포기하게 될거다.'라는 말을 하며 절 나쁜사람으로 만드는데요, 뭐 틀린말은 아닙니다. 입주까지 3년 이상 남았다고 해도 3년 안에 수익을 만들 수는 없으니까요. 근데 왜 저는 전매제한 1년 이하라면 넣으라고 했을까요?

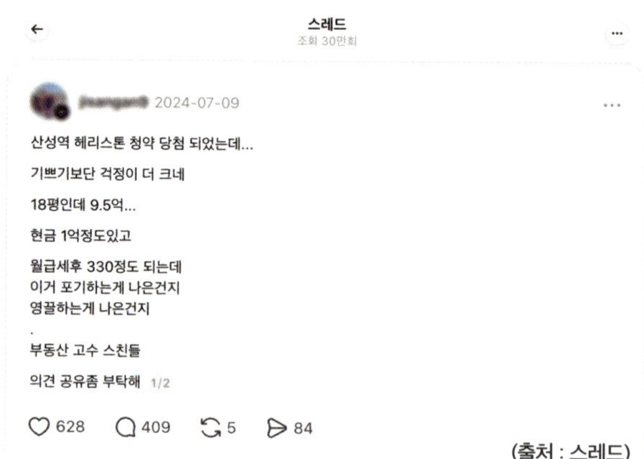

(출처 : 스레드)

이 사진은 2024년 7월 9일, 스레드라는 sns에 올라온 한 게시글입니다. 산성역 헤리스톤 청약에 당첨됐는데 분양가격은 9.5억, 현금은 1억정도 있다며 이걸 포기하느냐 아니면 영끌해서 가지고 가느냐라는 질문인데 이 게시글은 628개의 좋아요와 409개의 댓글이 달렸고 무려 조회수 30만회나 기록했습니다. 409개의 댓글 중 90% 이상이 '미련하다','포기해라'같은 댓글이었는데 저는 이 댓글들을 보고 이 게시글에 이렇게 댓글을 남겼습니다. '댓글 상태 실화인가?' 이 사례를 통해 왜 계약금만 있어도 청약해도 되는지 설명해보도록 하겠습니다. 산성역 헤리스톤 전용 18평의 분양가는 9.5억이었습니다. 우리나라는 선분양 시스템이니 9.5억의 10%인 약 9,500만 원만 계약금으로 지불하면 산성역 헤리스톤이 입주할 때까지 걸리는 약 2년 이상의 시간동안 분양권을 소유할 수 있습니다. 전매제한이 1년이니 가지고 있던

(출처 : 네이버)

자본금 1억 원 중 9,500만 원을 계약금으로 내서 계약을 하고 2년 이상 돈을 모으다가 정 안되면 당첨자 발표일로부터 1년이 지난 시점에 팔면 되는거죠.

위 사진은 네이버에 등록된 산성역 헤리스톤 전용면적 $59m^2$ 분양권 매물입니다. (전용 18평 매물은 확인되지 않아 $59m^2$ 기준으로 설명.) 아직 입주하지 않은 분양권임에도 불구하고 프리미엄이 무려 5억 6천만 원이나 붙어서 등록되었습니다.(낮은 가격 기준) 전용 $46m^2$(18평)의 경우 매물로 등록된 것이 없어 정확한 프리미엄을 확인할 수는 없었지만, 주변 부동산에 직접 전화를 걸어 시세를 문의해 보니 최소 4억 5천만 원 이상의 프리미엄은 생각해야 한다는 답변을 들었습니다. 그렇다면 하나 가정해 보겠습니다. 만약 게시글을 올린 사람이 자본금 1억 원으로 계약을 했다면 지금 상황은 어떨까요? 아마 꽤 여유로운 상황이 되었을 것입니다. 분양권을 단기 매도할 경우 양도세율은 보유 기간 1년 이하 77%, 1년 이상 66%가 적용됩니다. 지금은 1년이 훨씬 지난 시점이므로 66%의 양도세율을 적용받으니 프리미엄이 붙은 분양권을 4억 원에 매도했다면, 세금을 제외하고도 약 1억 3,600만 원 정도의 현금 수익이 발생하게 됩니다. 즉, 1억 원을 투자했는데 약 2년 뒤 2억 3,600만 원으로 돌아온 셈입니다. 물론 모든 청약이 이렇게 되는 것은 아닙니다. 하지만 이런 사례가 실제로 엄청 많이 존재하기 때문에 저는 항상 "좋은 청약이라면 계약금만 있어

116

도 베팅할 가치가 있다"고 말하는 것입니다. 많은 사람들이 청약에 당첨되면 입주할 수 있을지부터 걱정합니다. 물론 내 집 마련이 목적이라면 당연히 중요한 부분입니다. 하지만 청약을 '입주'의 기준으로만 놓고 바라보면 이런 기회를 놓칠 수 있습니다. 청약은 단순히 내 집을 마련하는 수단이 아니라 적은 자본으로 자산을 만들 수 있는 수단이기도 합니다. 이 사례를 보고 반대로 시세가 하락한다면 계약금도 날릴 수 있다는 생각을 분명히 하실겁니다. 맞는 말입니다. 시장이 예상과 다르게 움직인다면 분명히 손실이 발생할 수도 있습니다. 하지만 이것은 사실 크게 걱정할 부분이 아닙니다. 계속 말씀드렸듯이 우리나라의 아파트 분양 시스템은 선분양 시스템이라 청약부터 입주까지 짧게는 2년, 길게는 4년정도의 시간이 걸리기 때문입니다. 청약에 당첨된 직후 바로 부동산 하락장이 시작된다고 가정해보겠습니다. 많은 사람들이 이 상황을 가장 두려워합니다. 하지만 경제는 항상 상승과 하락을 반복하는 순환 구조를 가지고 있습니다. 앞에서 언급했듯, 경제 관련 자료들을 보면 일반적으로 하락기는 평균 15~20개월 정도, 그리고 상승기는 50~60개월 정도 이어지는 경우가 많다고 합니다. 이 말을 청약 시장에 대입해 보면 걱정할 필요가 없어지게 됩니다. 청약에 당첨된 뒤 바로 하락장이 시작된다고 하더라도 입주까지는 최소 2년 이상의 시간이 남아있기 때문에 입주 시점에는 다시 상승 사이클로 전환될 가능성이 더 높다는 뜻입니다. 그래도 여전히 걱정이 되는 분들을 위해 한 가지 더 말씀드리겠습니다. 제가 앞에서 강조했던 것처럼 다자녀 특별공급 경쟁률이 높게 나온 청약들은 하락장이 왔을 때도 큰 타격을 받는 경우가 없었습니다. 그만큼 수요가 강한 청약이라는 뜻입니다. 또 하나 말씀드리자면. 저는 이 시장에 꽤 오랜 시간 몸담고 있으면서 하락장에 입주하는 현장들도 많이 봐 왔습니다. 그런데 한 가지 흥미로운 점이 있었습니다. 상승장일 때 워낙 높은 프리미엄이 형성되어서 그런 것인지 몰라도 입주 시점에 분양가보다 낮은 가격으로 입주하는 현장은 단 한 번도 경험하지 못했습니다. 그래서 저는 수요가 확인되고 입주까지의 기간이 많이 남은 청약이라면 지나치게 겁낼 필요가 없다고 생각합니다. 이 챕터를 읽고 분명히 저를 '투기꾼'이라고 욕하시는 분들도 계실거라고 생각합니다. 하지만 저는 자본주의 시장에서 말하는 '투기꾼'은 법의 테두리를 벗어나 불법적인 방법으로 자본을 불리는 사람들이라고 생각합니다. 반대로 법의 테두리 안에서 시장의 구조를 이해하고, 그 안에서 존재하는 틈새를 찾아 자산을 늘리는 것은 투기가 아니라 합리적인 투자라고 생각합니다. 자본주의 시장은 원래 그런 구조로 돌아가기 때문입니다. 그래서 저는 청약이라는 제도의 구조를 이해하고, 그 안에서 존재하는 기회를 찾아 활용하는 것은 잘못된 일이라고 생각하지 않습니다. 오히려 저는 이것이 제도를 제대로 이해하고 있는 것이라고 생각합니다. 따라서 이 방법은

‘투기’가 아닌 똑똑하게 자산증식을 하는 ‘투자’입니다.

마. 청약, 부동산 책은
▬ 쓸모 없다

지금까지 제가 말씀드린 내용은 대부분 현장에서 직접 경험하면서 얻은 인사이트들입니다. 하지만 아파트 청약의 기본적인 제도와 구조를 이해하는 데에는 군이 저의 인사이트는 필요하지 않다고 생각합니다. 왜냐하면 청약홈에서 낸 책에 매우 자세하게 정리되어 있기 때문입니다. 그리고 솔직히 말씀드리면 우리나라의 부동산 정책은 정권이 바뀔 때마다 계속 수정되고 덧붙여지면서 누더기처럼 복잡해진 구조를 가지고 있습니다. 여기에 시장 상황이나 여론에 따라 제도가 자주 바뀌다 보니 지금 제가 청약의 기초에 대해 설명해봤자 언제 또 어떻게 바뀔지 모릅니다. 그렇기 때문에 청약 제도를 처음 공부하는 분들에게는 청약홈에서 공식적으로 낸 책을 읽어보시는 걸 추천합니다. 청약 제도를 처음 접하는 분들이라면 이 책을 통해 청약에 대한 모든 것을 배우고 이해하는데 큰 어려움이 없을 거라고 생각합니다. 한 가지 더 말씀드리자면 저는 같은 이유로 부동산 관련 도서도 따로 추천하지 않습니다. 부동산 정책이 정권이 바뀔 때마다 수정되고 손바

닥 뒤집듯 중요한 내용들이 바뀌다보니 책을 읽고 이해했다고 하더라도 정책이 바뀌는 순간 그 내용이 바로 쓸모없어지는 경우가 많기 때문입니다. 그래서 저는 부동산을 공부하는 사람들에게 부동산 책 보다는 경제관련 도서를 읽는 것을 추천합니다.

추천 도서

1.흔들리지 않는 투자를 위한 경제지표 9

제목은 경제지표 9이지만 실제로는 수많은 경제지표 중에서 경제의 불황과 호황을 파악할 수 있는 11가지 지표를 설명하는 책입니다. 경제를 처음 공부하는 분들이 전체 흐름을 이해하는 데 도움이 되는 책이라고 생각합니다.

2. 3년 후 부의 흐름이 보이는 경제지표 정독법

김영익 교수님의 책입니다. 경제지표를 어디에서 찾아봐야 하는지, 그리고 그 지표들을 왜 봐야 하는지를 이해하기 쉽게 설명해 줍니다. 경제지표를 처음 접하는 분들에게 좋은 입문서라고 생각합니다.

3. 경제지표를 읽는 시간

개인적으로 가장 좋은 책이라고 생각합니다. 이 책은 오로지 경제지표 자체에 대한 설명에 집중하고 있습니다. 경제 흐름을 이해하기 위해 어떤 지표를 봐야 하는지 차분하게 설명해 주는 책입니다.

4. 월스트리트 저널 경제지표 50

아마 지금은 절판된 책일 것입니다. 저 역시 판교불패님에게 선물로 받은 책입니다. 2012년 6월 18일에 출간된 책인데 지금 나오는 경제지표 책들과 크게 다르지 않습니다. 이것이 의미하는 바는 하나입니다. 경제지표는 시간이 지나도 크게 변하지 않는다는 것입니다.

5. 올 웨더 투자법

판교불패님이 쓰신 책입니다. 판교불패님은 저의 부동산 스승님이시기도 합니다. 이 책은 경제가 순환할 때마다 어떤 자산에 왜 투자해야 하는지를 설명해 주는 책입니다. 경제는 항상 상승과 하락을 반복하는 순환 구조를 가지고 있습니다. 이 책은 그 순환 속에서 각 시기마다 어떤 투자 전략이 필요한지를 이해하는 데 큰 도움이 되는 책이라고 생각합니다.

정책은 계속 바뀌지만 경제의 흐름을 읽는 기본 지표들은 크

게 변하지 않습니다. 그리고 경제를 이해하면 부동산에 투자에서
흔들리지 않는 기준을 만들 수 있습니다.

이런 건
잡아야지!

가. 미분양 아파트란?

미분양 아파트란 말 그대로 분양을 진행했지만 공급한 물량 중 일부가 계약되지 않고 남은 아파트를 뜻합니다. 미분양이 왜 발생할까요? 미분양이 발생하는 이유는 크게 네 가지로 볼 수 있습니다. 가격, 심리, 상품성, 시장상황입니다. 첫 번째 가격부터 이야기 해보죠. 미분양이 나는 이유 중 가장 단순하면서도 큰 이유입니다. 아파트는 결국 가격으로 결정됩니다. 입지가 좋고 브랜드가 좋아도 분양가가 주변 시세보다 지나치게 높다면 사람들은 쉽게 계약하지 못합니다. 특히 이미 입주한 아파트의 시세보다 훨씬 비싸다면 초기자본이 더 많이 들어가더라도 입주한 아파트를 사는게 맞기 때문입니다. 두 번째는 심리입니다. 부동산 시장에서 사람들의 심리는 생각보다 큰 영향을 미칩니다. 시장 분위기가 좋지 않거나 집값이 떨어질 것이라는 불안감이 커지면 사람들은 청약 자체를 망설이게 됩니다. 심지어 청약에 당첨되더라도 "지금 집을 사도 괜찮을까?"라는 불안 때문에 계약을 포기하는 경우도 많습니다. 2026년 2월 전국 민간아파트 1순위 경쟁률이 23개월만에 최저치를 기록했습니다. 물론 수도권의 경우 아직도 두 자릿수 경쟁률을 유지하는 곳들이 많습니다. 하지만 전체적인 분위기를 보면 이전과 같은 열기는 분명히 식어 있는 상태입니다. 이런 상황에서는 분양 가격이 크게 문제가 되지 않는 단지에서도 미분양이 발생할 수 있습니다. 가격이 합리적이어도 시장의 심리가 위축되어 있으면 청약을 하기보다 일단 지켜보자는 자세로 바뀌기 때문입니다. 저는 지난 2년 간 유튜브, 인스타그램, 카카오톡, 틱톡 등 다양한 SNS플랫폼에 매주 청약 정보를 정리해주는 콘텐츠를 올리고 있습니다. 여러 청약 현장을 꾸준히 분석하면서 느끼는 점이 하나 있습니다. 요즘 청약 경쟁률이 제가 예상하는 것보다 확실히 낮게 나오고 있다는 점입니다. 물론 최근 몇 년 동안 분양 가격이 크게 오른 것은 사실입니다. 고분양가로 인해 청약 경쟁률이 낮아졌을수도 있죠. 하지만 제가 보기에는 오른 분양가 때문에 경쟁률이 저조해졌다기보다는 금융채 상승으로 인한 주택담보대출과 중도금대출 금리의 인상 그리고 정부의 많은 규제로 인해 형성된 심리적인 요인도 분명히 영향을 주었을 거라고 생각합니다. 실제로 청약 현장을 분석하다보면 가격 때문에 당장 프리미엄이 크게 붙을 것 같지는 않지만 입지나, 상품성을 종합적으로 따져 봤을 때 나쁘지 않음에도 불구하고 경쟁률이 예상보다 훨씬 낮게 나오기 때문입니다. 이런 현상은 결국 가격의 문제가 아니라 시장의 심리와 규제 환경이 만들어낸 결과라고 볼 수 있습니다. 세 번째는 상품성입니다. 상품성은 아파트 자체의 매력도를 의미합니다. 입지, 교통, 생활 인프라, 브랜드, 단지 규모, 평면 구조 등 사람들이 실제로 거주하거나 투자할 때 생각하는 요소들을 모두 포함하는 개념입니다. 예를 들어 지하철역이 멀거나 생활 인프라가 부족한 지역, 또는 단지 규모가 작고 브랜드 인지도가 낮은 경우라면 수요가 줄어들 수밖에 없습니다. 이런 경우에는 분양가가 크게 비싸지 않더라도 청약 경쟁률이 낮게 나오거나 미분양이 발생할 가능성이 높습니다. 특히 최근에는 부동산 강의가 많아지면서 실수요자들의 눈높이가 상당히 많이 높아졌습니다. 예전처럼 단순히 '새 아파트'라는 이유만으로 선택하기보다는 교통, 학군, 생활 편의시설, 단지 규모 등 다양한 요소를 종합적으로 비교하는 공식이 생겼기 때문입니다. 그래서 입지나 상품성이 충분히 매력적이지 않다고 판단되면 청약 자체를 하지 않는 경우도 많습니다. 또한 같은 지역 안에서도 상품성의 차이에 따라 청약 결과가 크게 달라지기도 합니다. 비슷한 시기에 분양을 하더라도 역세권 대단지 아파트는 높은 경쟁률을 기록하는 반면, 조건이 비슷해도 규모가 많이 작은 단지는 (나홀로 아파트) 경쟁률이 낮게 나와 미분양이 발생하는 경우도 흔히 볼 수 있습니다. 네 번째는 시장 상황입니다. 부동산 시장은 '브역대신평초'같은 공식도 필요하지만 이런 상품성만으로 움직이지 않습니다. 금리, 경기 상황, 대출 규제 같은 거시적인 환경도 분양 시장에 큰 영향을 미칩니다. 예를 들어 금리가 급격히 상승하면 대출 이자 부담이 커지기 때문에 실수요자와 투자자 모두 집을 사는 것을 망설이게 됩니다. 대출 규제가 강화되거나 경기 불확실성이 커질 때도 마찬가지입니다. 이런 시기에는 사람들이 적극적으로 매수에 나서기보다 시장을 관망하려는 성향이 강해집니다. 이처럼 시장 전체의 분위기가 위축되면 입지나 상품성이 괜찮은 단지라도 청약 경쟁률이 기대보다 낮게 나오거나 미분양이 발생하기도 합니다. 즉 같은 아파트라도 어떤 시기에 분양하느냐에 따라 결과가 완전히 달라질 수 있는 것입니다. 여기서 한 가지 짚고 넘어갈 부분이 있습니다. 시장 상황과 심리는 비슷해 보이지만 사실은 다른 개념입니다. 심리는 "앞으로 집값이 떨어질 것 같다"는 예상 때문에 사람들이 청약을 하지 않는 상태를 말합니다. 반면 시장 상황은 그런 심리가 실제 가격과 거래에 반영되어 이미 시장이 하락 국면으로 접어든 이후의 상태를 의미합니다. 지금까지 미분양이 발생하는 이유를 크게 네 가지로 나누어 살펴보았습니

126

다. 중요한 것은 미분양이라는 결과가 아니라 왜 미분양이 발생했는지 그 원인을 파악하는 것입니다. 그 원인을 정확하게 이해할 수 있다면 미분양 아파트 속에서도 충분히 돈이 되는 기회를 찾을 수 있습니다. 그렇다면 이제 중요한 질문이 하나 남습니다. 어떤 미분양 아파트가 돈이 되는 미분양 아파트일까요?

나. 돈이 되는
━ 미분양 아파트는?

많은 사람들이 미분양이라는 단어를 들으면 "망한 아파트, "절대 건드리면 안되는 분양권"이라고 생각합니다. 하지만 실제 시장은 그렇게 단순하게 움직이지 않습니다. 앞서 말씀드린 것처럼 미분양이 발생하는 이유는 크게 가격, 심리, 상품성, 시장 상황 네 가지로 나눌 수 있습니다. 그런데 이 네 가지 이유 중에서도 투자 관점에서 접근해야 하는 미분양과 조심해야 하는 미분양이 나뉩니다. 제가 이 시장을 오래 보면서 느낀 것은 가격, 심리, 시장 상황 때문에 발생한 미분양은 조건만 괜찮아진다면 오히려 기회가 될 수 있다는 점입니다. 예를 들어 분양 가격이 주변 시세보다 조금 높게 측정되어 초기 계약률이 낮게 나오는 경우가 있습니다. 이런 경우 시간이 지나 주변 시세가 올라가면 자연스럽게 가격 격차가 줄어들면서 미분양이 빠르게 해소되기도 합니다. 심리 때문에 발생하는 미분양도 마찬가지입니다. 시장 분위기가 좋지 않거나 집값이 떨어질 것 같다는 불안감이 커지면 사람들은 청약 자체를 망설이게 됩니다. 하지만 시간이 지나 시장 분위기가 안정되면 이런 단지들도 다시 관심을 받는 경우가 많습니다. 시장 상황 때문에 발생하는 미분양도 비슷합니다. 금리가 급격히 상승하거나 대출 규제가 강화되는 시기에 분양을 하면 수요가 위축되면서 경쟁률이 낮아지고 미분양이 발생할 수 있습니다. 하지만 이런 상황은 시장 환경이 바뀌면 언제든지 달라질 수 있습니다. 반대로 상품성 때문에 발생한 미분양은 조금 더 신중하게 접근해야 합니다. 아니, 신중하게 접근하기보다 그냥 관심을 꺼두는 것이 더 정답에 가까울 수 있습니다. 입지가 좋지 않거나 수요가 부족한 지역, 또는 상품 자체의 경쟁력이 떨어지는 단지는 시간이 지나도 미분양이 쉽게 해소되지 않고 결국 입주 후 미분양 아파트로 남게 되는 경우가 많았습니다. 즉, 돈이 되는 미분양 아파트를 파악하려면 가장 먼저 해야 할 일은 "왜 미분양이 발생했는지"를 구분하는 것입니다. 가격 때문인지, 심리 때문인지, 시장 상황 때문인지, 아니면 상품성 때문인지 그 원인을 정확하게 파악할 수 있다면 미분양 아파트 속에서도 충분히 투자기회를 찾을 수 있습니다. 그래서 저는 미분양이 발생하면 가장 먼저 선착순 분양이 나오는지 아니면 무순위 청약으로 진행하는지부터 확인합니다. 많은 사람들은 미분양이 발생하면 남은 잔여 물량을 무조건 선착순으로만 분양한다고 생각하는데 이것은 반은 맞고 반은 틀린 이야기입니다. 보통 잔여 물량을 선착순으로 진행하기도 하지만, 그럼에도 불구하고 전부 계약되지 않아 잔여 물량이 해소가 되지 않으면 무순위 청약이나 임의공급 공고를 내서 접수를 받기도 합니다. 반대로 처음부터 무순위 청약이나 임의공급으로 접수를 받은 뒤, 일정 물량이 남으면 그때 선착순 분양으로 전환하는 경우도 있습니다. 이처럼 선착순 분양을 먼저 할지, 무순위 청약을 먼저 할지는 시행사의 판단과 전략에 따라 달라집니다. 그래서 상품성 문제가 아닌 가격, 심리, 시장상황 등의 이유로 미분양이 발생한 청약은 그 물량이 어떤 방식으로 다시 시장에 나오는지를 청약 현장의 공식 홈페이지를 통해 계속 확인하는 것이 좋습니다. 청약 현장의 공식 홈페이지는 청약홈에서 모집공고를 확인하는 페이지에 나와있습니다. 일부 현장에서는 공식 홈페이지에 선착순 분양일정이 올라오면 그때부터 모델하우스 앞에 텐트를 치고 줄을 서서 기다리는 일도 생기는데 이때 가장 앞에 있는 사람의 순서를 돈을 주고 사는 사람들도 있습니다. 앞 줄을 돈을 주고 산다는 개념으로 이것을 현장에서는 '줄피'라고 부릅니다. 대표적인 사례로 2023년 2월 분양한 철산동 '철산자이 더 헤리티지'가 있습니다. 이 단지는 가격과 상품성 모두 나쁘지 않았지만 당시 부동산 시장 분위기가 매우 좋지 않았던 시기였습니다. 그 영향으로 경쟁률도 낮게 나왔고 청약 당첨자들뿐만 아니라 예비 당첨자들까지 계약을 포기하는 상황이 발생했습니다, 결국 시행사는 남은 물량을 선착순 분양으로 전환하게 됩니다. 공식 홈페이지에 선착순 공고가 올라오자마자 사람들이 몰리면서 모델하우스앞에 줄이 생겼고 그 줄에 '줄피'가 붙었었죠. 이때도 저는 올림픽 파크 포레온때와 마찬가지로 철산 자이 더 헤리티지의 분양권을 매수할 것을 추천했지만 욕을 먹었습니다.

무자본 단타청약

구독자 특집 단타 청약 4 - [리스크 있음]

2024.11.11. 오전 8:47

이 사진은 2024년 11월 11일, 제가 운영하는 네이버 프리미엄 콘텐츠 '베리스'채널에 업로드했던 무순위 청약 현장을 알리는 게시글을 캡처한 것입니다. 원주역 우미린 더 스카이는 특별공급과 일반공급 청약 경쟁률이 매우 높게 나온 단지였습니다. 그런데도 불구하고 약 50세대 정도가 잔여 물량으로 남게 되었죠. 공식 홈페이지를 확인해 보니 이 물량이 무순위 청약으로 재공급된다는 공지가 올라와 있었습니다. 제 정보통은 이미 현장에서는 초피가 'RR(로열동,로열층)'기준으로 최소 500만 원 이상 붙어 있다고 했습니다. 즉 청약 경쟁률도 높았고, 현장에서도 프리미엄이 형성되어 있었지만 단순히 계약 포기가 발생했다는 이유로 무순위 청약 물량이 나온 것이었습니다. 이런 상황이라면 도전하지 않을 이유가 없었습니다. 그래서 저는 이 정보를 네이버 프리미엄 콘텐츠 '베리스'채널 구독자분들에게 공유했습니다. 그 결과 약 20명 정도의 구독자가 당첨되었습니다. 결과는 어땠을까요? 완전 저층에 당첨된 한 분을 제외하고는 모두 초피로 분양권을 매도해 수익을 낼 수 있었습니다. 따라서 왜 미분양이 됐는지 원인을 제대로 파악하면 이처럼 기회를 얻을 수 있습니다.

하지만 이렇게 선착순 분양과 무순위 청약을 진행했음에도 불구하고 잔여 세대가 계속 남아 장기 미분양 아파트가 되는 순간부터는 이야기가 완전히 달라집니다. 앞에서 언급한 미분양의 경우는 겉으로는 미분양처럼 보이지만, 실제로는 현장에서 이미 프리미엄이 붙어 거래가 이루어지고 있는 경우가 많습니다. 즉 서류상으로는 미분양이지만 시장에서는 이미 가치가 인정되고 있는 물건인 셈입니다. 그래서 이런 경우에는 선착순이든 무순위 청약이든 물량만 잡을 수 있다면 수익을 낼 가능성이 높은 상황입니다. 결국 누가 먼저 그 정보를 알고 움직이느냐가 중요해지기 때문에, 이런 미분양은 '정보력'으로 하는 싸움이라고 할 수 있습니다. 하지만 지금부터 말씀드릴 장기 미분양의 경우는 전혀 다른 구조를 가지고 있습니다. 당첨자 발표 직후에도 프리미엄이 형성되지 않고, 정당계약 기간 동안의 계약률도 30% 이하로 매우 저조하면 선착순 분양이나 무순위 청약을 진행하더라도 시장에 있는 실수요자와 투자자들에게 선택을 받기 쉽지 않습니다. 게다가 최근에는 SNS와 부동산 커뮤니티가 발달하면서 이런 상황이 발생한 현장은 '정당계약 기간에 고작 30%밖에 팔리지 않은 아파트'로 낙인이 찍혀서 각종 단톡방과 커뮤니티에 끌려다니는 신세가 됩니다. 그러다 보니 실제 상품성과 별개로 시장에서는 점점 더 외면받게 되고, 실수요자는 물론 투자자들까지도 선뜻 접근하지 못하는 분위기가 만들어집니다. 결국 오랜시간 방치되어 장기 미분양 아파트가 됩니다. 하지만 이런 결과는 결국 시장 참여자들의 심리가 만들어낸 현상일 뿐입니다. 만약 현장을 제대로 '분석'할 수 있는 능력을 가지고 있다면, 오히려 이런 미분양 아파트를 분양받아서 큰 수익을 볼 수 있습니다. 그렇다면 미분양 아파트 속에서 기회를 찾기 위해 가장 먼저 확인해야 할 것은 무엇일까요? 저는 이런식으로 미분양이 된 아파트를 볼 때 먼저 최초 청약 경쟁률부터 확인합니다. 최초 청약 경쟁률을 보면 이 아파트의 잔여 물량이 단기간에 해소될 가능성이 있는지, 아니면 정말 장기 미분양으로 이어질 가능성이 있는지 어느정도 판단할 수 있기 때문입니다. 실제로 최초 청약 경쟁률이 생각보다 높게 나온 단지라면, 잔여물량이 비교적 빠르게 해소되는 경우가 많았습니다. 그리고 물량이 모두 정리된 순간부터는 짧은 시간 안에 프리미엄이 형성되었습니다.

주택형	공급 세대수	지역	접수건수						기관 추천	이전 기관	청약결과
			다자녀 가구	신혼부 부	생애최 초	청년	노부모 부양	신생아 (일반 형)			
		해당지역	0	0	0	0	0	0	0(0)	0	
		기타경기	0								
		기타지역	0	0	0	0	0	0			
084.1400 A	297	배정세대수	41	115	54	0	20	0	67	0	청약접수 종료
		해당지역	5	51	29	0	1	0	15(1)	0	
		기타경기	1								
		기타지역	0	30	17	0	1	0			
084.8600 B	25	배정세대수	3	10	5	0	2	0	5	0	청약접수 종료
		해당지역	0	1	1	0	0	0	0(0)	0	
		기타경기	0								
		기타지역	0	1	4	0	0	0			
101.7300	5	배정세대수	3	0	0	0	2	0	0	0	청약접수 종료
		해당지역	0	0	0	0	0	0	0(0)	0	
		기타경기	1								
		기타지역	0	0	0	0	0	0			
총합계	522		7	118	378	0	3	0	23	0	

- ( )안의 숫자는 기관추천 예비대상자 접수건수입니다.
- 접수건수는 최종접수일 이후에 제공됩니다.

4. 이런 건 잡아야지!

주택형	공급 세대수	순위		접수 건수	순위내 경쟁률 (미달 세대수)	청약결과	당첨가점			
							지역	최저	최고	평균
		2순위	해당지역	15	-		기타지역	0	0	0
			기타지역	27	-					
071.8900B	45	1순위	해당지역	21	(△24)	청약 접수 종료	해당지역	0	0	0
			기타지역	27	1.13					
		2순위	해당지역	2	-		기타지역	27	45	35.3
			기타지역	10	-					
084.1400A	525	1순위	해당지역	903	1.72	청약 접수 종료	해당지역	32	74	40.52
			기타지역	499	-					
		2순위	해당지역	48	-		기타지역	0	0	0
			기타지역	68	-					
084.8600B	51	1순위	해당지역	74	1.45	청약 접수 종료	해당지역	29	61	38.29
			기타지역	40	-					
		2순위	해당지역	10	-		기타지역	0	0	0
			기타지역	14	-					
101.7300	57	1순위	해당지역	109	1.91	청약 접수 종료	해당지역	-	-	-
			기타지역	75	-					
		2순위	해당지역	9	-		기타지역	-	-	-
			기타지역	11	-					
총합계	959			2,923						

거주지역에 따른 당첨자 선정 기준은 아래의 버튼을 눌러 확인하시기 바랍니다.

해당 건설지역 거주자 우선공급

134

이 사진은 2023년 12월 26일부터 청약을 시작한 매교역 팰루시드의 특별공급과 일반공급 청약 경쟁률입니다. 다자녀 특별공급에 7건 밖에 지원되지 않았지만, 일반 공급에서 총 세대수가 959세대인데 약 3배 이상 되는 2,923개의 통장이 찍혔습니다. 즉, 다자녀 특별공급만 볼품 없을 뿐, 일반공급 경쟁률은 나쁘지 않았다는 얘기죠. 매교역 팰루시드는 분양가를 제외하고는 브랜드, 입지, 상품성 모두 괜찮았기에 청약통장은 많이 찍혔지만, 역시 높은 분양가의 부담을 이기지 못한 사람들이 계약을 하지 않게 되면서 미분양이 발생한 것이었습니다. 겉으로만 보면 매교역 팰루시드는 그냥 '미분양'이지만 최초 경쟁률만 놓고 보면 시장의 관심자체는 분명히 존재하는거죠. 시행사는 이 사실을 캐치하지 못했을까요? 시행사 역시 자신들의 아파트가 청약 경쟁률을 통해 시장에서 충분한 관심을 받고 있다는 점을 알았을겁니다. 수요는 많지만 미분양이 되었다는 것은 구매자들의 부담만 조금 줄여준다면 계약이 충분히 이루어질 수 있다는 의미이기도 합니다. 그래서 시행사는 미분양 해소를 위해 계약 조건을 다음과 같이 변경합니다.

계약금 10% → 5%, 중도금 조건 완화, 시스템 에어컨 무상 제공.

계약금을 기존 10%에서 5%로 낮추었고, 중도금 대출 조건도 일부 완화했습니다. 여기에 시스템 에어컨을 무상으로 제공하는 조건까지 추가되었습니다. 이게 얼마나 큰 변화인지 처음에는 체감이 잘 되지 않을 수 있습니다. 하지만 실수요자나 투자자 입장에서 보면 이런 계약 조건 변경은 매우 크게 느껴집니다. 예를 들어 보겠습니다. 당시 매교역 펠루시드의 분양 가격이 약 9억 원 수준이었습니다. 기존 계약금 10% 기준이라면 약 9천만 원을 준비해야 했지만, 계약금이 5%로 낮아지면서 초기 투자금이 약 4,500만 원으로 줄어들게 됩니다. 여기에 중도금 대출 조건까지 완화되면서 입주 시점에 부담해야 할 이자 비용도 약 1,000만 원 정도 절감되는 효과가 있었습니다. 또한 시스템 에어컨 역시 무상으로 제공되었기 때문에 약 1,000만 원 이상 추가 비용이 줄어드는 효과까지 발생하게 됩니다. 결국 투자자 입장에서 보면 초기 투자금은 절반 가까이 줄어들고, 입주 시점의 추가 비용까지 수천만 원 이상 절감되는 구조가 만들어진 셈입니다. 이렇게 계약 조건이 바뀌자 시장의 분위기도 빠르게 달라졌습니다. 관망하던 수요가 다시 움직이기 시작했고, 결국 매교역 펠루시드는 남아 있던 잔여 물량이 빠르게 해소되면서 완판까지 이어지게 됩니다. 그리고 그 이후, 프리미엄도 형성되었습니다. 다음 사례를 보겠습니다.

지역	주택 구분	분양/임대	주택명 ▲▼	시공사	문의처	모집공고일	청약기간 ▲▼	당첨자발표 ▲▼	특별공급 신청현황	1·2순위 경쟁률
인천	민영	분양주택	송도자이풍경채 그라노블 5단지	지에스건설(주),제일건설(주),원광건설(주),(주)성도건설	☎ 1660-1145	2024-02-29	2024-03-11 ~ 2024-03-13	2024-03-21	신청현황	경쟁률
인천	민영	분양주택	송도자이풍경채 그라노블 4단지	지에스건설(주),제일건설(주),원광건설(주),(주)성도건설	☎ 1660-1145	2024-02-29	2024-03-11 ~ 2024-03-13	2024-03-21	신청현황	경쟁률
인천	민영	분양주택	송도자이풍경채 그라노블 3단지	지에스건설(주),제일건설(주),원광건설(주),(주)성도건설	☎ 1660-1145	2024-02-29	2024-03-11 ~ 2024-03-13	2024-03-21	신청현황	경쟁률
인천	민영	분양주택	송도자이풍경채 그라노블 2단지	지에스건설(주),제일건설(주),원광건설(주),(주)성도건설	☎ 1660-1145	2024-02-29	2024-03-11 ~ 2024-03-13	2024-03-20	신청현황	경쟁률
인천	민영	분양주택	송도자이풍경채 그라노블 1단지	지에스건설(주),제일건설(주),원광건설(주),(주)성도건설	☎ 1660-1145	2024-02-29	2024-03-11 ~ 2024-03-13	2024-03-20	신청현황	경쟁률

2024년 3월 11일부터 청약을 시작한 송도자이풍경채 그라노블도 비슷한 사례입니다. 먼저 특별공급 경쟁률을 보면 1단지부터 5단지까지 다자녀 특별공급 접수를 모두 합쳐도 단 7건에 불과했습니다. 겉으로만 보면 수요가 거의 없는 것처럼 보일 수 있는 숫자입니다. 하지만 일반공급 경쟁률을 보면 이야기가 완전히 달라집니다. 송도자이풍경채 그라노블은 1단지부터 5단지까지 단지별로 청약을 진행하는 구조였는데, 세대 수만 봐도 상당한 규모였습니다. 1단지 469세대, 2단지 548세대, 3단지 597세대, 4단지 504세대, 5단지 610세대로 총 2,755세대에 달하는 대단지 아파트였습니다. 이렇게 큰 규모의 단지였음에도 불구하고 일반공급 청약 통장 접수는 다음과 같이 이루어졌습니다. 1단지 1,871건 접수, 2단지 719건 접수, 3단지 412건 접수, 4단지 22건 접수, 5단지 1,441건. 여기서 여러분은 무엇을 느끼고 보셨나요? 청약 시장과 분양권 시장의 구조를 잘 모르는 사람들은 이 숫자를 봐도 특

별한 의미를 찾지 못합니다. 하지만 분양권 투자자는 다르게 봅니다. 이 숫자를 보면 1단지와 5단지에 청약통장이 유독 많이 몰렸다는 사실을 바로 확인할 수 있습니다. 즉, 시장에서 어느 단지에 수요가 집중되어 있는지가 그대로 드러난 데이터입니다. 그래서 분양권 투자자라면 이 데이터를 보는 순간 한 가지를 바로 판단할 수 있습니다. 만약 이 단지가 미분양이 난다면 1단지와 5단지는 높은 확률로 프리미엄이 형성될 가능성이 높다는 것입니다. 또 하나 중요한 사실이 있습니다. 1단지와 5단지가 로열동에 해당한다는 점 역시 이 데이터를 통해 자연스럽게 확인할 수 있습니다. 참고로 송도자이풍경채 그라노블의 경우는 미분양이 났을때도 매교역 펠루시드처럼 계약조건이 도중에 바뀌지 않았습니다. 왜일까요? 처음부터 계약조건이 괜찮았기 때문입니다.

송도자이풍경채 그라노블은 계약금 10%를 1차와 2차로 나누어 납부하는 분납 방식으로 진행됐습니다. 1차와 2차로 나누어 5%를 두 번 납부하는 구조였기 때문에 초기 자금 부담이 크지 않았습니다. 여기에 전 타입 발코니 무상 확장 혜택까지 제공되었습니다. 일반적으로 발코니 확장은 적게는 천만 원에서 많게는 수천만 원까지 추가 되는 경우가 많은데, 이를 무상으로 제공했기 때문에 이러한 계약조건은 상당히 매력적인 조건이었습니다. 예상대로 송도자이 풍경채 그라노블은 청약통장이 많이 몰렸던 1단지와 5단지부터 먼저 빠르게 계약이 이루어졌습니다. 이후 나머지 단지들도 잔여물량이 점차 해소되기 시작했고, 결국 전세대가 완판으로 이어지게 됩니다. 그리고 예상대로 프리미엄도 형성되었습니다. 어디부터? 1단지와 5단지부터. 지금까지 두 현장의 사례를 통해 미분양 아파트라고 해서 무조건 돈이 안 되는 것은 아니라는 사실을 확인했습니다. 하지만 여기서 한 가지 짚고 넘어가야 할 부분이 있습니다. 매교역 팰루시드가 완판됐다고 해서 모든 타입에 프리미엄이 붙었을까요? 송도자이풍경채 그라노블 역시 모든 단지에 프리미엄이 붙었을까요? 절대로 아닙니다. 앞서, '다. 돈이 되는 청약만 골라서 하는 방법'에서 언급했듯이 경쟁률이 가장 높았던 타입이면서 로열동에 해당하는 경우에는 프리미엄이 5천만 원 이상 형성되기도 했지만, 그 외의 저층이나 비선호 동, 비선호 라인의 경우에는 시간이 많이 지난 현재까지도 마이너스 프리미엄으로 등록된 물건들이 적지 않습니다. 즉, 같은 단지라고 해도 어떤 동, 어떤 타입을 선택하느냐에 따라 결과는 완전히 달라질 수 있다는 것입니다. 그래서 최초 청약 경쟁률이 높다는 이유만으로 무조건 미분양 아파트를 줍줍해서는 안 됩니다. 최초 청약 경쟁률은 기본적으로 확인해야 하고 그보다 더 중요한 것은 최초 청약시에 어느 타입의 선호도가 더 높았는지, 그리고 어느동이 가장 많이 계약이 됐는지, 어느 라인이 인기가 있는지 모델하우스 방문을 통해 직접 보고 분석한 후, 그 분석을 바탕으로 해당하는 세대만 선별해서 줍줍해야 돈을 벌 수 있습니

다. 즉, 미분양 투자에서도 결국 중요한 것은 '아무거나 사는 것'이
아니라 '좋은 것만 골라 사는 것'입니다. 그래서 저는 선착순 분양
을 받기 위해 모델하우스에 갔을 때 경쟁률이 잘 나온 타입이 없
거나, 있더라도 비선호 라인이나 비선호 동에 해당한다면 계약하
지 않고 그냥 집으로 돌아옵니다. 하지만 대부분의 사람들은 다
릅니다. 모델하우스 안의 분위기에 휩쓸려 비선호 타입, 동, 라인
을 계약하는 실수를 하죠. 그럼 이제부터 분양가격이 비싸서 미
분양 난 아파트를 볼 때 어떤 기준으로 판단해야 하는지 자세하
게 하나씩 설명해 보도록 하겠습니다.

1.계약금

청약홈에 모집공고가 올라오면 사람들은 가장 먼저 분양가를
확인합니다. 결국 아파트 청약에서 가장 중요한 요소가 분양가이
기 때문입니다. 그래서 계약 조건이 아무리 좋다고 해도 분양 가
격이 지나치게 높다면 그 현장은 미분양이 발생할 가능성이 상당
히 높습니다. 반대로 분양 가격이 낮다면 계약금이 10%가 아니
라 20%라고 하더라도 대부분 빠르게 완판됩니다. 그만큼 분양가
는 청약에서 가장 중요한 역할을 합니다. 재미있는 점은 분양가
는 그대로인데 계약금만 5%로 낮춰도 분양률이 확실히 올라간
다는 것입니다. 왜 그럴까요? 물론 초기 자금 부담이 줄어들기 때
문이기도 합니다. 하지만 더 깊게 보면 이는 우리나라 선분양 시

스템의 구조적인 영향이 더 큽니다. 계속 강조하지만 우리나라는 선분양 시스템입니다. 이 구조를 이용하면 총 분양금액의 고작 5%만으로 짧게는 2년, 길게는 3년 동안 추가 비용 없이 수억에서 수십억 원짜리 아파트에 투자할 수 있는 것입니다. 총 매매가의 고작 5%로 2~3년 동안 베팅할 수 있는 부동산 상품은 분양권밖에 없습니다. 여기에 한 가지 더 중요한 요소가 있습니다. 바로 화폐가치입니다. 화폐 가치는 시간이 지날수록 계속 하락합니다. 물가는 올라가고 돈의 가치는 계속 떨어지기 때문입니다. 이런 구조에서는 실물 자산의 가격이 시간이 지날수록 상승할 가능성이 높습니다. 특히 공급이 제한되어 있는 신축 아파트는 그 영향을 더욱 크게 받습니다. 결국 계약금 5%는 단순히 돈이 적게 들어간다는 의미가 아니라 시간을 이용해 자산 가격 상승에 베팅할수 있는 구조라는 뜻입니다. 그래서 투자자들은 모집 공고를 볼 때나 미분양으로 인해 계약조건이 변경될 때 계약금 구조를 반드시 확인합니다. 시행사 역시 이 구조를 잘 알고 있기 때문에 분양가격이 애매하다고 판단되면 가장 먼저 계약조건을 바꾸는데 그중에서도 가장먼저 손대는 것이 바로 계약금입니다.

2.중도금 대출

미분양 아파트의 계약 조건을 볼 때 계약금 다음으로 제가 가장 중요하게 생각하는 것 중 하나가 바로 중도금 대출 조건입니다. 일반적으로 아파트 분양은 중도금 대출이 분양가의 약 60%입니다. 이것은 일반적인 것이지 모두가 60%인 것은 아닙니다. 일반적으로 60%로 진행하지만, 어떤 단지는 30%만 대출이 가능하도록 설정되어 있는 경우도 있습니다. 이 차이는 생각보다 큽니다. 중도금 대출은 보통 여러 차례에 걸쳐 나누어 실행됩니다. 그리고 먼저 실행된 대출일수록 입주 시점까지 더 오랜 기간 이자를 부담하게 되죠. 반대로 나중에 실행되는 대출은 이자를 부담하는 기간이 짧습니다. 예를 들어 중도금 대출이 6회차로 실행되는 구조라고 가정해 보겠습니다. 앞서 말씀드린 대로, 이 경우 가장 먼저 실행되는 1회차 대출은 입주 때까지 가장 오랜 기간 동안 이자를 부담하게 됩니다. 반대로 마지막에 실행되는 6회차 대출은 이자를 부담하는 기간이 가장 짧습니다. 그래서 만약 1회차 중도금 대출의 총 이자가 500만 원이라면, 6회차 중도금 대출의 총 이자는 50만 원 수준으로 줄어들 수 있습니다. 이처럼 대출 실행 시점에 따라 부담해야 하는 이자에는 큰 차이가 발생합니다. 즉, 중도금 대출이 얼마나 실행되느냐에 따라 입주 시점에 부담해야 하는 이자 비용이 크게 달라집니다. 따라서 중도금 대출이 60%가 아니라 30%라면, 이자 부담도 절반까지는 아니더라도 절반에 가까운 수준으로 줄어들게 됩니다. 처음부터 중도금 대출을 60%가 아닌 30%로 설정하고 분양을 진행하는 현장도 있습니다. 하지만 미분양이 발생하면 잔여 물량을 빠르게 해소하기 위해 계약 조건을 변경하는 경우도 많습니다. 예를 들어 중도금 대출 1,2,3회차만 남기고 4,5,6회차를 없애거나, 4,5,6회차를 무이자 대출로 변경해주는 거죠. 가끔은 중도금 대출 전체를 무이자로 바꿔 주는 현장들도 있습니다. 만약 청약 경쟁률이 잘 나왔음에도 미분양이 발생한 현장에서 중도금 대출 조건을 변경해 주는 경우가 있다면, 그 현장은 앞에서 언급한 사례들과 같이 눈여겨볼 필요가 있습니다. 한 가지 더 말씀드리자면 처음부터 중도금 대출을 무이자로 설정하고 청약을 진행하는 현장들도 있습니다. 하지만 이런 경우는 상품성이 좋지 않을 가능성이 큽니다. 따라서 '중도금 대출 무이자'라는 단어에만 꽂혀 청약 경쟁률을 무시하고 분양을 받는 일은 절대로 없어야 합니다. 이 점을 반드시 기억해야 합니다.

3.옵션

마지막으로 확인해야 할 것은 바로 '옵션'입니다. 참고로 모집공고를 볼 때 옵션을 확인하지 않는 사람들이 생각보다 많습니다. 하지만 옵션 때문에 실제 분양 가격이 1억 원 이상 올라가는 경우도 있기 때문에, 옵션 역시 반드시 꼼꼼히 살펴봐야 합니다. 분양 공고에 나와 있는 분양가는 순수 분양가일 뿐입니다. 실제로 들어가는 금액은 옵션 비용까지 포함된 금액이기 때문입니다. 특히 반드시 선택해야 하는 필수 옵션이 있는 현장이라면 상황은 더 달라집니다. 옵션에는 크게 두 가지가 있습니다. 하나는 선택 옵션, 다른 하나는 필수 옵션입니다. 선택 옵션은 말 그대로 선택이 가능한 옵션으로 추가하거나 제외할 수 있습니다. 하지만 필수 옵션은 이름 그대로 선택이 불가능한 옵션으로, 반드시 포함해야만 계약을 진행할 수 있습니다. 대표적인 선택 옵션이 발코니 확장과 시스템 에어컨입니다. 발코니 확장은 선택 옵션으로 분류되지만 실제로는 대부분의 사람들이 확장을 하기 때문에 사실상 필수에 가까운 옵션이라고 볼 수 있습니다. 만약 발코니 확장을 하지 않을 예정이라 제외하고 계약을 하려고 해도, 시스템 에어컨 설치 불가나 하자 보수 신청 불가 등 여러 이유를 들어 발코니 확장을 유도하는 경우가 많기 때문에 사실상 선택의 의미가 크지 않습니다. 따라서 발코니 확장이 무상 제공이라면 좋은 조건이고, 무상이 아닌 유상이라면 어쩔 수 없이 포함된 비용으로 생각하고 판단해야 합니다. 두 번째는 시스템 에어컨입니다. 시스템 에어컨은 설치를 하지 않는다고 해도 모델하우스에서 특별히 반대를 하거나 선택을 강하게 유도하지는 않습니다. 왜냐하면 발코니 확장과 다르게 시스템 에어컨은 입주 이후에도 사설 업체를 통해 쉽게 설치가 가능하기 때문입니다. 분양 가격이 높아 미분양이 발생해서 계약률을 높여야 하는 상황이 하면 시행사에서 시스템 에어컨도 발코니 확장과 묶어서 유상 옵션에서 무상옵션으로 변경해주는 경우가 많은데, 만약 유상에서 무상으로 제공 조건이 변경된다면, 해당 현장은 옵션 조건이 좋은 편이라고 판단할 수 있겠습니다. 이 이야기는 사실 당연한 이야기라 조금 지루하게 느껴질 수도 있습니다. 하지만 이 내용이 왜 중요한지는 다음 사례를 보면 바로 이해하실 수 있을 것입니다. 이 글의 첫 번째 문단에서 많은 사람들이 생각보다 '옵션'을 확인하지 않는다고 말씀드렸습니다. 옵션을 제대로 확인하지 않고 계약하게 되면 힐스테이트 청주센트럴 2차 사례처럼 크게 낭패를 볼 수 있습니다. 이 아파트는 분양 공고만 보면 분양 가격이 크게 나쁘지 않아 보였습니다. 아니, 오히려 좋아 보였습니다. 당시 분양 가격이 약 6억 5천만 원 수준이었기 때문입니다. 입지도 좋고 상품성도 괜찮은데 주변 시세대비 저렴한 편이라 저 역시 처음 가격만 봤을 땐 프리미엄이 크게 형성될 줄 알았으나 옵션을 보고 그 생각이 크게 달라졌습니다. 문제는 옵션 구조에 있었습니다. 이 단지는 옵션이 선택이 불가하고 필수로 포함시켜야 하는 단지였는데요, 필수 옵션 금액만 약 1억 2천 4백만 원이었습니다. 즉 분양 가격만 보면 6억 5천만 원이지만, 필수 옵션까지 포함하면 실제로 들어가는 금액은 약 7억 7천만 원 수준이 되는구조였죠. 문제는 많은 사람들이 이 사실을 모르고 분양 가격만 보고 청약을 넣었다는 점입니다. 당첨 이후 모델하우스에서 계약을 진행하기 전 필수 옵션 금액을 확인하고 계약을 포기하는 사람들이 속출했습니다. 결국 옵션을 확인하지 않고 청약을 넣었다가 청약통장만

날린 셈이 된 것입니다. 참고로 이 현장은 총 258세대를 공급했는데 3,970개의 청약 통장이 접수된 단지였습니다. 경쟁률만 보면 충분히 완판이 되어야 할 현장이었지만, 옵션 구조 때문에 결국 미분양이 발생했고 상당히 오랜시간 장기 미분양으로 남았었습니다. 이 사례를 보면 청약에서 중요한 것은 모집공고에 보이는 분양가가 아니라 옵션까지 포함한 '실질 분양가'라는 것을 알수 있습니다. 많은 분들이 옵션을 크게 신경쓰지 않습니다. 하지만 이 사례를 통해 옵션 또한 상당히 중요한 요소라는 것을 알았으면 좋겠습니다. 따라서 청약을 할 때는 분양가뿐만 아니라 중도금 대출, 옵션까지 함께 확인하는 습관을 가져야 합니다.

4.계약조건이 변경돼도 절대로 건드리면 안 되는 미분양

지금까지는, 여러 가지 이유로 미분양이 발생한 청약 현장이라도 이후 계약 조건이 좋아지면 그 안에서 기회를 찾을 수 있다고 말씀드렸습니다. 하지만 계약 조건이 변경되었다고 해서 모든 미분양 아파트가 투자 기회가 되는 것은 아닙니다. 오히려 계약 조건이 좋아졌음에도 절대로 건드리면 안 되는 미분양 아파트도 존재합니다. 특히 장기간 미분양 상태가 지속되고 있거나, 그 상태로 입주까지 진행된 아파트들은 계약 조건이 상상 이상으로 파격적으로 바뀌었다고 해도 건드리지 않는 것이 좋습니다. 조건이 너무 좋아 보인다면 우리는 왜 이렇게까지 계약 조건을 바꿨는지

한 번 생각해 볼 필요가 있습니다. 그렇다면 계약 조건이 어떻게 바뀌길래 '파격'이라는 단어까지 나오게 되는 걸까요? 장기간 미분양 상태가 지속되는 아파트들은 시간이 지날수록 계약 조건이 점점 더 강하게 바뀌기 시작합니다. 처음에는 계약금을 조금 낮추는 수준에서 시작하지만, 시간이 지나도 물량이 소화되지 않으면 점점 더 파격적인 조건들이 붙게 됩니다. 예를 들어 이런 조건들이 등장합니다. 계약금의 경우 최초 10%에서 5%로 인하되고, 그래도 물량이 소화되지 않으면 계약금을 시행사가 대신 납부해주는 조건까지 등장합니다. 중도금 대출 역시 최초에는 60% 이자 후불제로 진행되지만, 이후에는 전액 무이자 조건으로 변경되기도 합니다. 여기에 더해 발코니 확장과 시스템 에어컨은 무상 제공되는 경우가 많습니다. 그럼에도 불구하고 물량이 팔리지 않는다면 조건은 더욱 파격적으로 바뀝니다. 예를 들어 원금 보장 조건, 2년 동안 거주해 본 뒤 결정할 수 있는 조건, 심지어 환불 보장 조건까지 등장하기도 합니다. 이처럼 계약 조건이 점점 더 파격적으로 바뀌는 현장들이 있습니다. 이런 조건으로 변경되면 솔직히 구미가 당기기 마련입니다. 하지만 여기에 숨겨진 함정이 있습니다. 입주 시점에 시세가 분양가보다 하락한다면, 과연 원금 보장이 가능할까요? 원금 보장이라는 말은 '조건부'입니다. 분양가보다 하락한다면이라는 전제가 깔려있기 때문입니다. 아시다시피 기업은 이윤을 추구하는 조직입니다. 극단적인 예로, 만약 원숭이가 사람보다 일을 더 잘한다면 기업은 사람을 모두 해고하고 원숭이를 데려다가 일을 시킬 것입니다. 그만큼 기업은 절대로 손해를 보는 선택을 하지 않습니다. 따라서 입주 시점에 시세가 분양가보다 하락한다면 시행사가 실제로 손해를 보면서 원금을 보장해 줄 가능성은 매우 낮습니다. 대신 다른 방법을 찾을 가능성이 훨씬 높습니다. 예를 들어 실제 거래 가격보다 더 높은 가격으로 계약서를 작성해 신고하는 '업계약' 같은 방식으로 실거래가를 인위적으로 높이는 방법입니다. 말도 안 되는 이야기처럼 들리시나요? 우리는 이미 청주 힐스테이트 센트럴 2차 사례를 통해 비슷한 구조를 확인했습니다. 이 단지는 분양가가 약 6억 5천만 원이었지만 필수 옵션 비용이 포함되면서 실질적인 분양 가격은 더 높아졌습니다. 그리고 국토교통부 실거래가 시스템에는 7억 5천만 원 수준의 거래가 기록되었습니다. 이렇게 되면 겉으로 보이는 실거래가는 분양가보다 높은 가격으로 찍히게 됩니다. 이처럼 생각보다 단순한 방법을 통해 실거래가를 왜곡하는 것쯤은 충분히 가능하다는 이야기입니다. 결국 '원금 보장'이라는 말은 투자자를 보호하기 위한 장치라기보다 분양을 어떻게든 진행하기 위한 마케팅 문구일 가능성이 높습니다. 참고로 이런 분양권은 걸러내기 너무나도 쉽습니다. 이것 또한 청약경쟁률을 확인하면 되는데요. 최초 경쟁률이 전타입 미달난 아파트는 아무리 계약조건이 좋게 변했다고 해도 투자 대상으로 접근해서는 안 됩니다. 명심하세요. 계약 조건이 너무 좋은 미분양 아파트는 독이 든 사과라는 것을.

다. 저축하지 말고 ━ 베팅해라

지금까지 우리는 미분양 아파트 속에서도 어떤 기준으로 기회를 찾을 수 있는지 살펴보았습니다. 최초 청약 경쟁률을 확인하고, 계약 조건을 분석하고, 위험한 미분양을 걸러내는 방법까지 이야기했습니다. 그런데 이렇게까지 해서 분양권을 살 이유가 있을까요? 왜 이렇게까지 제가 분양권에 목을 매는지 궁금하실 수도 있습니다. 단순히 돈을 벌기 위해서라고 생각할 수도 있고, 누군가는 저를 투기꾼이라고 생각할 수도 있겠죠. 물론 그것도 틀린 말은 아닙니다. 하지만 제가 분양권에 집착하는 이유는 단순히 단기 차익 때문만은 아닙니다. 제가 분양권을 좋아하는 이유는 이 투자 구조 자체가 화폐 가치 하락에 베팅하기에 매우 유리하기 때문입니다. 조금만 생각해 보면 분양권은 다른 투자 상품에서는 거의 찾아보기 힘든 구조를 가지고 있습니다. 총 분양금액의 일부인 계약금만으로도 수억 원짜리 자산에 투자할 수 있기 때문입니다.

예를 들어 분양 가격이 10억 원인 아파트의 분양권을 계약금

5%로 가져왔다고 가정해 보겠습니다. 이 경우 제가 실제로 투자하는 금액은 고작 5천만 원입니다. 5천만 원으로 10억 원짜리 아파트의 분양권을 약 3년 동안 보유할 수 있다는 것 자체도 큰 메리트입니다. 아니, 계약금이 20%라고 하더라도 10억 원짜리 아파트를 사는 데 2억 원밖에 들어가지 않습니다. 하지만 여기서 정말 중요한 메리트는 따로 있습니다. 바로 화폐 가치의 하락입니다. 현재 우리나라의 소비자 물가 상승률은 연 평균 약 2% 수준입니다. 이걸 한 번 숫자로 계산해 보겠습니다. 만약 현금 10억 원을 그대로 가지고 있다면, 연 평균 약 2,000만 원의 구매력이 아무것도 하지 않아도 사라지게 됩니다. 돈을 쓰지도 않았는데 화폐 가치 하락으로 인해 돈의 가치가 줄어드는 것입니다. 그렇다면 반대로 자산의 가치는 어떻게 될까요? 물가가 상승한다는 것은 결국 자산 가격 역시 장기적으로 상승 압력을 받는다는 의미입니다. 즉 자산 가격은 복리로 연 평균 2% 이상 상승하는 구조가 만들어집니다. 물론 자산 가격이 단순히 2%만 상승하는 것은 아닙니다. 입지, 브랜드, 상품성, 정책, 공급 상황 등에 따라 2%보다 훨씬 높은 상승률을 보이기도 합니다. 실제로 한국은행 통계에 따르면 서울 아파트 가격의 장기 상승률은 연 평균 약 4~5% 수준이라고 합니다. 이것은 평균 수치입니다. 2026년 현재 서울 아파트 가격은 과거 대비 거의 두 배 수준까지 상승한 지역도 많습니다. 이런 사례를 보면 상승률이 단순히 4~5%가 아니라 20%

이상이라고 말해도 과언이 아닐 정도의 상승 구간도 존재했습니다. 물론 아파트 가격이 2022년 폭락장 때처럼 하락할 수도 있습니다. 하지만 시세 대비 40% 이상 하락하는 상황이 온다고 하더라도 최초 분양가보다 낮아지는 경우는 거의 없습니다. 제가 이 시장에 있으면서 그런 사례는 단 한 번도 보지 못했기 때문입니다. 여기서 핵심 포인트는 10억 원을 가지고 있지 않아도 10억 원짜리 아파트에 베팅할 수 있다는 것입니다. 부동산 시장에서 돈이 부족해도 화폐 가치 하락에 대비해 베팅할 수 있는 거의 유일한 투자방법이기 때문에 제가 분양권 투자에 집착하는 이유입니다. 많은 사람들은 이렇게 말합니다. "돈이 있어야 내 집 마련을 하지.", "집값 미쳤다. 평생 내 집 마련은 꿈도 못 꾸겠다." 저 역시 가난한 환경에서 자랐습니다. 가방끈도 고졸로 상당히 짧습니다. 이런 모자란 제가 보기에도 집값은 저렴한 적이 없었습니다. 그런데도 늘 부동산을 사는 사람들은 몇십억씩 가지고 있는건지 집을 참 잘도 삽니다. 그런데 분양권 시장을 경험하고 나서 깨달았습니다. 돈이 없지 방법이 없는 것은 아니었습니다. 여러분, 돈이 많이 없으신가요? 그래서 분양권투자를 배워 보려고 하시는 건가요? 하지만 떨어지면 어떡하나 고민되시죠? 걱정하지 마시고, 화폐가치 하락에 베팅하세요.

5. 한 번 빠지면 못 나오는 분양권 투자

가. 청약을 왜 해?
― 그냥 분양권 사!

많은 사람들이 내 집 마련이나 투자를 생각할 때 가장 먼저 떠올리는 건 청약입니다. 청약은 싸게 살 수 있고, 당첨만 되면 수익이 난다고 생각하기 때문입니다. 그래서 대부분의 사람들은 청약통장을 만들고, 점수를 쌓고, 오랫동안 기다렸다가 내 조건에 맞는 모집공고가 청약홈에 올라오면 청약에 지원을 하죠. 하지만 여기서 한 가지 질문을 해보겠습니다. 정말 청약이 가장 쉬운 방법일까요? 결론부터 말씀드리면 청약은 결코 쉽지 않습니다. 오히려 분양권을 사는 것이 훨씬 쉽습니다. 왜냐면 청약은 조건이 필요하기 때문입니다. 무주택 기간, 청약 점수, 가점 관리, 특별공급 조건까지 맞춰야 하고 준비해야할 것들이 너무 많습니다. 그리고 그렇게 준비를 했다고 해도 결국은 청약 당첨은 운이 조금 더 중요합니다. 점수가 높아도 떨어질 수 있고, 조건이 맞아도 당첨이 안 될 수 있습니다. 즉, 노력한다고 해서 결과가 보장되는 구조가 아니라는 얘기입니다. 반면 분양권은 다릅니다. 조건이 없습니다. 점수도 필요 없고, 무주택 여부도 중요하지 않습니다. 그냥 돈과 타이밍만 있으면 됩니다. 여기서 대부분은 분명히 이렇게 생각하실 거예요. "분양권은 어려운 거 아니야?", "전문가만 하는 거 아니야?" 절대 그렇지 않습니다. 분양권은 생각보다 훨씬 단순한 구조입니다. 경매로 예를 들어보겠습니다. 경매는 권리 분석을 해야 하고, 명도도 해야 하고, 법적인 문제까지 이해해야 합니다. 어느 영상을 보니 입찰 전 경매 물건을 확인하기 위해 쓰레기통도 뒤지고, 실외기가 설치가 되어있는지 확인하며, 심지어 사람이 살고 있는지 벨을 누르고 도망가는 경우도 있다고 합니다. 경매를 하는 사람들에게 물어보니 영상은 자극적이어야 조회수가 높기 때문에 그렇게 영상을 찍은 것 같다면서도 실제로 벨을 누르고 도망가지는 않지만 나머지는 경매사건에 나온 물건 임장을 갔을 때 비슷하게 행동한다고 들었습니다. 경매사건에 나온 물건에 입찰하기 전, 이렇게까지 하는 이유는 불확실성을 줄이기 위해서입니다. 반면 분양권은 어떨까요? 권리 분석? 필요 없습니다. 명도? 아파트가 지어지지도 않았기 때문에 상관없습니다. 인테리어? 신경도 안 씁니다. 앞으로 '완성될 아파트'를 거래하는 구조이기 때문입니다. 그래서 분양권 거래에서 중요한 것은 완전히 다릅니다. 현장에서 거래가 어떻게 되고 돌아가는지, 청약 경쟁률이 얼마나 나오고 어떻게 나왔는지, 어느 타입과 동, 라인이 인기가 있는지, 이 세가지만 파악하면 됩니다. 그리고 수요와 공급에 의해 형성된 프리미엄을 적절한 타이밍에 지불하면 끝입니다. 이게 전부입니다. 하지만 사람들은 이 지점에서 망설입니다. "그래도 분양가에 프리미엄까지 주고 사는 건 좀" 이 생각, 반드시 버려야 합니다. 여러분 청약을 왜 하나요? 청약을 하는 이유는 단순합니다. 앞으로 더 오를 것 같기 때문이죠. 그렇다면 보통 얼마 정도 오를지를 기대하고 청약할까요? 대부분 1억, 2억이상의 상승을 기대하고 청약을 넣습니다. 그렇다면, 앞으로 1억, 2억 오를 물건을 분양가보다 고작 2천만 원, 3천만 원, 많아야 4천 만 원 더 주고 지금 바로 살 수 있다면 어떤 선택이 맞을까요? 당연히 가지고 와야겠죠? 가지고만 오면 앞으로 지어질 아파트이기 때문에 전세, 인테리어, 대출 등 지금 당장 신경 쓸 필요조차 없습니다. 만약 이렇게까지 말씀드렸는데도 아니라고 생각하신다면 이 책은 여기까지만 읽으시고 덮으세요. 그냥 라면 받침대로 쓰셔도 상관없습니다. 하지만 분양권을 사야한다고 생각하셨다면 지금부터 하는 이야기를 절대로 가볍게 읽고 지나쳐서는 안 됩니다. 앞으

154

로의 내용은 어디에서나 쉽게 볼 수 있는 이야기가 아닙니다. 아니, 그 어디에서도 볼 수 없는 이야기입니다. 왜냐하면 제가 현장에서 직접 부딪히며 얻은 실전 이야기, 즉 저의 이야기니까요.

나. 알면 초피로 ━ 모르면 최고가로

지금부터는 미분양 아파트를 잡는 것이 아닌 프리미엄을 주고 분양권을 사는 방법에 대해 이야기해보려고 합니다. 분양권 시장에서는 분양가보다 높은 가격을 주고 분양권을 매수하는 경우가 있는데요. 이를 보통 '프리미엄을 주고 산다'고 표현합니다. 누군가는 이런 투자 방법을 보고 이렇게 말하기도 합니다. "분양가보다 비싸게 사는 건 바보 같은 투자 아닌가요?" 분양가보다 높은 가격을 주고 사는 것이기 때문에 그렇게 생각하는 것도 이해는 됩니다. 하지만 실제 분양권 시장을 경험해보면 이 생각이 얼마나 단순한 생각인지 금방 알게 됩니다. 오히려 프리미엄을 주고 분양권을 매수하는 것이 미분양 아파트를 잡는 것보다 나중에 훨씬 큰 수익을 안겨주는 경우가 많기 때문입니다. 저는 그래서 미분양 아파트를 잡는 것보다 프리미엄을 주고 사는 것을 더 추천합니다. 그것도 '초피'로 잡는 것을 말입니다. '초피'란 당첨자 발표 초기에 붙는 프리미엄을 뜻합니다. 그런데 이 단어는 단순히 이런 의미만 가지고 있는 것은 아닙니다. 분양권 시장에서는 계약금을 준비하지 못한 당첨자들의 분양권에 붙는 프리미엄을 의미하기도 합니다. 군이 정리하자면 이렇게 구분할 수 있습니다. 정당계약 이후에 붙는 프리미엄은 일반 프리미엄. 당첨자 발표일부터 정당계약 사이에 붙는 프리미엄은 '초피'. 제가 초피를 더 선호하는 이유는 단순합니다. 정당계약 이후의 프리미엄이 초피보다 훨씬 크게 상승하는 경우가 많기 때문입니다. 그렇다면 왜 정당계약 이후 프리미엄의 시세가 상승하는 것일까요? 그 이유는 간단합니다. 수요는 그대로인데 공급이 줄어들기 때문입니다. 분양권 시장 역시 결국 수요와 공급의 법칙으로 움직입니다. 이 원리는 분양권 시장뿐만 아니라 부동산 시장 전체에서도 똑같이 나타납니다. 이해를 돕기 위해 최근 이야기를 하나 해보겠습니다. 이재명 정권이 출범한 이후 부동산 시장은 엄청난 규제 폭탄을 맞게 됩니다. 최악의 규제는 단연 토지거래허가구역이라고 생각합니다. 토지거래허가구역으로 지정되면 아파트를 마음대로 사고팔 수 없게 됩니다. 일정 규모 이상의 거래를 하려면 지자체의 허가를 받아야 하고, 실거주 요건까지 붙는 경우도 많습니다. 이렇게 되면 어떻게 될까요? 집을 팔고 싶어도 마음대로 팔 수 없기 때문에 시장에 나오는 매물이 급격하게 줄어들게 됩니다. 매물이 줄어들면 가격은 쉽게 내려가지 않습니다. 오히려 매물이 잠기면서 가격이 올라가는 현상까지 나타나게 됩니다. 그래서 최근 부동산 시장이 폭등장으로 변한 것입니다. 이 이야기를 지금은 모르는 사람이 없을 거라고 생각합니다. 분양권 시장도 완전히 같은 구조로 움직입니다. 전매 제한이 있는 분양권은 전매 제한 기간 동안 팔 수 없기 때문에 청약 경쟁률이 상대적으로 낮은 경우가 많습니다. 그만큼 실거주를 하려는 사람들만 청약을 하고 당첨되기 때문입니다. 그래서 경쟁률이 낮더라도 전매 제한 기간이 풀렸을 때 가격 방어를 잘해내는 경우가 많습니다. 하지만 전매 제한이 없는 분양권은 상황이 완전히 다릅니다. 실거주 수요뿐만 아니라 무지성 청약 수요, 단타 청약 수요, 그리고 투자 수요까지 전부 들어옵니다. 이럴 경우 청약 경쟁률이 상당히 높게 나오더라도 당첨자 발표 직후 투자자, 단타 청약자, 무지성 청약자들의 분양권이 시장에 쏟아지면서 일시적으로 공급이 넘쳐나는 상황이 만들어지기 때문에 분양권의 가격은 상방이 막혀버립니다. 그래서 당첨자 발표 직후에는 프리미엄이 생각보다 훨씬 낮게 형성되는 경우가 많습니다. 얼마나 매물이 쏟아지길래 프리미엄이 생각보다 훨씬 낮게 형성되는 걸까요? 적게는 총 공급 물량의 10%, 많게는 30% 이상까지도 매물로 나옵니다. 예를 들어 1,000세대를 분양한다고 하면 적게는 100세대에서 많게는 300세대까지 매물로 나온다는 뜻입니다. 아마 체감이 잘 안 되실 텐데요. 일반 아파트 시장에서 이런식으로 총 세대수의 10%가 매물로 나오면 조정장이 왔다고 보고, 30%가 매물로 나오면 폭락장 그 이상이라고 생각하시면 됩니다. 단타 목적으로 청약한 사람들은 정당계약일까지 계약금을 대신 내줄 매수자를 찾지 못하면, 무자본 단타 청약 때와 마찬가지로 그냥 취소가 됩니다. 하지만 일반 아파트 청약은 청약통장을 사용하기 때문에 무자본 단타 청약과는 다르게 청약통장을 다시 사용할 수 없는 리스크까지 존재합니다. 따라서 그냥 청약통장을 날리는 것보다는 조금이라도 수익을 보는 것이 중요하기 때문에, 정당계약 직전에는 그런 분양권들이 헐값에 거래되기도 합니다. 재미있는 점은 정당계약 이후에는 매물이 완전히 잠긴다는 것입니다. 왜 그럴까요? 이미 계약금을 지불한 상태이기 때문에 굳이 급하게 팔 필요가 없기 때문입니다. 언제 팔아도 상관없기 때문이죠. 그래서 정당계약 전과 후, 단 하루 차이로 프리미엄이 몇천만 원까지 차이가 나는 경우도 많이 생깁니다. 이러한 이유로 저는 분양권을 알아보시는 분들에게 정당계약 이후 프리미엄을 주고 사는 것보다 정당계약 전에 형성되는 '초피'를 주고 사는 것을 추천하는 편입니다. 하지만 '초피'는 부동산에서 살 수 없기 때문에 많은 사람들이 '초피' 자체를 모르는 경우가 많습니다. 왜 초피는 부동산에서 살 수 없을까요? 분양권을 소유한 사람들이 분양권을 팔 때는 일반적으로 현장 주변에 있는 부동산에 매물을 내놓는 경우가 많습니다. 하지만 초피는 다릅니다. 초피는 '당첨자 발표 이후부터 정당계약 전'까지만 형성되기 때문입니다. 그래서 부동산에 매물이 넘어가기 전에 초피 시장이 먼저 끝나버립니다. 정확히 말하면 부동산에 매물을 등록할 시간도 없이 초피 시장이 끝나버린다는 이야기입니다. 그만큼 초피 시장은 매우 짧은 시간 동안 빠르게 형성되고 사라집니다. 그렇기 때문에 저는 이 시장을 '아는 사람만 몰래 하는 게임'이라고 부르기도 합니다. 그래서 만약 여러분이 분양권을 통해 내 집 마련과 투자에 성공하고 싶다면 분양권을 일반 프리미엄이 아닌 초피에 사는 것을 강력하게 추천합니다. 그리고 이것을 꼭 명심하셨으면 좋겠습니다. 프리미엄을 주고 분양권을 사는 것은 호구가 아니라, 오히려 매우 똑똑한 방법이라는 것을요. 제가 SNS에 부동산 정보를 공유하기 시작한 지도 어느덧 약 4년이 흘렀습니다. 청약 요약 콘텐츠는 약 1년 7개월 이상, 약 82주 동안 총 82번을 진행했죠. 한 주에 적어도 1곳, 많게는 10곳의 청약 현장을 요약하다 보니 지금까지 분석한 청약 현장만 해도 400곳이 넘습니다. 400곳이 넘는 청약 현장을 보면서 저는 한 가지 공통점을 발견했습니다. 아무리 돈이 될 것 같은 미분양 아파트 분양권을 최초 분양가 그대로, 혹은 더 좋은 계약 조건으로 줍는다고 하더라도 프리미엄이 붙기까지는 시간이 필요합니다. 반면 초피가 붙은 분양권은 훨씬 짧은 시간 안에 더 큰 프리미엄이 형성되는 경우가 많았습니다. 그래서 저는 경쟁률이 잘 나왔는데 가격 때문에 미분양이 된 아파트를 조건이 변경되면 잡는 것보다 그냥 처음부터 당첨자 발표날 초피가 형성된 분양권을 잡는 전략을 더 선호합니다. 아산과 천안의 현장들로 예를 들어 보겠습니다. 아산 자이 센트럴시티의 경우 청약 경쟁률은 나름 괜찮게 나왔지만 실수요자들과 투자자들의 선택을 받지 못해 미분양이 발생했습니다. 다행히 인근에 불당동이 위치하고 있어 노후 주택을 신축으로 갈아타려는 수요 덕분에 미분양이 빠르게는 아니지만 조금씩 해소되기 시작했고, 완판이 예정되어 있는 상황이었습니다. 반대로 이후 분양한 e편한세상 성성호수공원의 경우 당첨자 발표날 바로 호수뷰가 나오는 타입은 초피가 4,000만 원까지 형성되며 큰 인기를 끌었습니다. 아마 분양권 투자를 잘 모르는 사람들은 같은 날 두 곳이 당첨자 발표를 했다면 e편한세상 성성호수공원의 분양권을 프리미엄을 주고 사기보다는 아산 자이 센트럴시티의 미분양을 줍줍했을 가능성이 높습니다. 지금 현재 상황을 말씀드리면 아산 자이 센트럴시티는 현재 프리미엄이 RRR만 동전피(1,000만 원 이하를 동전피라고 함, RRR이 아닌 경우 현재도 미분양 상태이거나 마이너스 프리미엄) 정도 붙어 있는 수준입니다. 반면 e편한세상 성성호수공원의 경우 호수뷰가 나오는 타입은 현재 프리미엄이 약 1억 원 정도에 거래되고 있습니다. 비슷한 시기에 비슷한 곳에 나온 두 현장이지만 결과는 완전히 다릅니다. 아산 자이 센트럴시티는 프리미엄 없이 분양권을 줍줍했더라도 프리미엄이 500~700만 원 수준에 불과한 반면, e편한세상 성성호수공원은 초피 4,000만 원에서 시작해 무려 6,000만 원이 더 상승한 것입니다. 이 두 곳만 그런 것 아니냐고요? 아닙니다. 대부분의 현장이 이런 흐름으로 움직입니다. 그래서 저는 분양권 투자를 알려줄 때 사람들에게 초피가 가장 저렴하다라는 말을 가장 많이 합니다. 초피는 계약금이 없는 당첨자의 매물과 투자자, 단타 청약을 한 사람들의 매물들이 서로 경쟁하면서 형성되기 때문에 가격이 저렴해질 수밖에 없습니다. 그리고 그 기간도 매우 짧습니다. 당첨자 발표 이후부터 정당계약 전까지, 그 짧은 시간 동안만 형성되는 시장이기 때문입니다. 이 말을 조금 다르게 표현하면 이렇게 정리할 수 있습니다. 초피는 미래 가치가 높은 분양권에만 붙는 프리미엄이라고 생각해도 됩니다. 즉, 초피가 붙었다는 것은 그 현장의 미래 가치가 이미 시장에서 인정받았다는 의미입니다. 결국 초피는 단순히 싸게 사는 것이 아니라 미래 가치가 인정되고 보장된 분양권을 가장 저렴한 가격에 살 수 있는 기회라고 볼 수 있습니다. 그러니까 프리미엄을 주고 분양권을 사는 것을 호구라고 생각하지 마세요. 초피는 무조건 기회입니다.

다. 유혹의 소나타

이 책을 여기까지 읽은 분들이라면 아마 이런 생각이 들었을 겁니다. "이거… 나도 할 수 있겠는데?", "타이밍만 잘 잡으면 돈 되겠는데?" 맞습니다. 분양권 투자는 적은 자본으로도 진입할 수 있고, 타이밍만 맞으면 비교적 빠르게 수익을 만들 수 있는 시장입니다. 다른 부동산 투자에 비해 접근도 쉽고 구조도 단순한 편이라 더 그렇게 느껴질 겁니다. 진입장벽이 낮고 수익률도 높다 보니, 한 번 경험하면 계속 하게 되는 시장이기도 합니다. 문제는, 방법이 쉽고 수익이 큰 만큼 유혹도 많다는 점입니다. 앞서 말씀 드린 것처럼 전매제한이나 거주의무가 걸린 분양권은 건드리면 안 됩니다. 그런데도 현장에 가보면 "지금 미리 잡아놓고 나중에 넘기면 됩니다"라는 식의 이야기를 어렵지 않게 듣게 됩니다. 다운거래를 이야기하면서 "다 이렇게 합니다", "이 정도는 괜찮아요", "다 신고가 맞춰서 거래합니다"라는 말도 자연스럽게 나오고요. 하지만 분명히 말씀드립니다. 이런 거래는 단순한 편법이 아니라 그냥 무조건 불법입니다. 적발되면 세금 추징과 가산세는 기본이고, 상황에 따라 형사 처벌까지 이어질 수 있습니다. "모든 투자 판단과 책임은 투자자 본인에게 있습니다."라는 말을 들어 보셨을겁니다. 절박함과 조급함을 핑계로 유혹에 넘어가지 마세요. 유혹에 넘어가 불법 거래를 했다가 문제가 생기면, 그 누구도 책임져 주지 않습니다. 결국 모든 책임은 본인이 감당해야 합니다.

라. 외우기만 하면 돈이 보인다

분양권을 거래하기 위해서는 무조건 현장에 가는 것이 좋다고 말씀드렸습니다. 그렇다면 현장에 간다고 해서 바로 분양권을 살 수 있을까요? 아마 아닐 겁니다. 현장에 가서 귀동냥을 한다고 해도, 오히려 더 헷갈릴 가능성이 높습니다. 왜냐하면 현장에서는 우리가 평소에 쓰지 않는 분양권 시장만의 용어들이 계속 오가기 때문입니다. 귀동냥을 하고 있는데 떴다방 사장님들이 "초피 얼마냐", "완피냐", "지금 누르는 중이다", "이거 가뒀다", "내가 찍었다", "출발 되냐" 등 분양권 시장에서만 쓰는 용어들로 대화를 하고 있다면 일반인들이 알아들을 수 있을까요? 들어도 무슨 말인지 모르고, 결국 판단을 못 하게 됩니다. 알아듣지 못하기 때문에 기회도 잡을 수 없게 됩니다. 실제로 많은 구독자들이 제 말을 듣고 분양권을 사러 갔다가 용어들 때문에 그냥 돌아오는 분들이 많았습니다. 용어를 이해해야 흐름이 보이고, 흐름이 보여야 선택을 할 수 있습니다. 지금부터 분양권 시장에서 실제로 사용되는 용어들을 하나씩 알아보면서, 현장에서 무슨 일이 벌어지고 있는지 이해할 수 있도록 설명해 드리겠습니다.

1. 프리미엄 (P)

분양가 외에 추가로 붙는 웃돈입니다. 예를 들어 분양가 5억에 프리미엄이 1,000만 원이면,

총 거래 금액은 5억 1,000만 원이 아니라 프리미엄 1,000만 원을 의미합니다.

2. 마피

분양가보다 가격이 떨어졌을 때 사용하는 단어입니다. 예를 들어 분양가 5억에 마피 1,000만 원이라면 거래 금액은 4억 9,000만 원입니다.

3. 무피

프리미엄이 전혀 붙지 않은 상태를 의미합니다. 즉 분양가 그대로 거래되는 상태입니다.

4. 줄피

선착순 분양 시 모델하우스 입장을 위한 줄이 생기는데, 그 앞 순번에 붙는 프리미엄을 의미합니다.

5. 초피

당첨자 발표 직후부터 정당계약 전까지 형성되는 프리미엄입니다. 또한 계약금을 준비하지 못한 당첨자들의 매물이 시장에

나오면서 붙는 프리미엄을 의미하기도 합니다.

6. 손피

실제 거래 가격이 아니라, 세금을 제외하고 매도자가 실제로 손에 쥐는 프리미엄을 의미합니다. 예를 들어 프리미엄이 1억 원이고 단기 양도세가 77% 적용된다면, 세금 7,700만 원을 제외한 약 2,300만 원이 손피가 됩니다.

7. 동전피

프리미엄이 1,000만 원 이하로 형성될 때 사용하는 용어입니다. 보통 100만 원부터 900만 원 사이의 프리미엄을 동전피라고 합니다.

8. 완피

프리미엄을 나눠서 지급하지 않고, 계약 시점에 전액을 한 번에 지급하는 방식을 의미합니다.

예를 들어 프리미엄이 1,000만 원일 때, 일반적으로는 200~500만 원만 먼저 지급하고 나머지는 정당계약일이나 명의변경일에 지급하기도 합니다. 하지만 이런 분할 지급 없이, 처음 계약할 때 1,000만 원 전액을 모두 지급하는 것을 '완피'라고 합니다.

9. 찍기

적은 금액으로 가계약을 걸어두고, 시세가 오르면 되파는 방식입니다. 예를 들어 프리미엄이 1,000만 원일 때 200~500만원 정도만 먼저 넣어 '찍어놓고', 이후 시세가 상승하면 더 높은 가격에 되파는 구조입니다. 예를 들어 200만 원으로 찍어놓고 1,500만 원에 되팔면, 차익을 통해 수익을 내는 방식입니다.

10. 가두기

매도자가 다른 곳에 팔지 못하도록 매물을 묶어두는 기술입니다. 매도자가 분양권을 팔기 위해 문의를 하면, 시세보다 500만 원에서 많게는 수천만 원까지 더 높게 불러 "이 가격에 팔아주겠다"고 하며 기대감을 심어줍니다. 이렇게 되면 매도자는 다른 곳에 문의하지 않고 해당 중개업자만 믿고 기다리게 됩니다. 이후 지속적인 통화로 친밀감을 형성한 뒤, 시간이 지나면 "시장 분위기가 안 좋아졌다", "가격이 빠지고 있다"는 식으로 설득하며 결국 시세보다 낮은 가격에 매수하는 방식입니다.

11. 누르기

매도자가 원하는 가격을 낮추도록 만드는 설득 기술입니다. 매도자는 누구나 가장 높은 가격에 팔고 싶어 하기 때문에, 시세보다 훨씬 높은 금액을 부르는 경우가 많습니다. 이때 떴다방이나 중개업소는 현재 시장 분위기, 거래 흐름, 매물 상황 등을 이야기하며 "지금은 이 가격에 팔기 어렵다"고 설득합니다. 결국 매도자가 원하는 가격을 포기하게 만들고, 시장가 혹은 그 이하로 가격을 낮추게 만드는 방식입니다.

12. 조으기

매수자가 빠르게 결정하도록 압박하는 설득 기술입니다. 분양권을 오래 해본 투자자들은 현장에서 귀동냥을 통해 시세와 RRR을 파악한 뒤, 좋은 매물이 적당한 가격에 나오면 바로 매수합니다. 하지만 초보 투자자들은 시세도 모르고, 어떤 타입이 좋은지도 모르기 때문에 결정을 쉽게 내리지 못합니다. 이때 떴다방이나 중개업소는 현재 시장 흐름, 매물 상황, 가격 상승 가능성 등을 이야기하며 "지금 아니면 못 산다"는 분위기를 만듭니다. 결국 매수자가 고민할 시간을 줄이고, 빠르게 계약하도록 유도하는 방식입니다.

13. 다운계약

실제 거래 금액보다 낮은 금액으로 계약서를 작성해 실거래가를 신고하는 방식입니다. 주로 세금을 줄이기 위해 사용되며, 분양권 시장에서 흔하게 발생하는 대표적인 불법 거래입니다.

14.당발

당첨자 발표날의 줄임말입니다.

15. 출발비

명의변경 직전에 매도자의 마음이 바뀌지 않도록 지급하는 돈입니다. 명의 변경은 정당계약 이후 짧게는 한 달 길게는 두 달 뒤에 이루어지는데, 이 기간동안 프리미엄이 많이 상승할 경우 매도자의 마음이 변해 거래를 취소해달라고 요청하는 경우가 종종 생깁니다. 이때 명의변경을 시키기 위해 '출발하게 만드는 비용'을 출발비라고 합니다.

16.모하

모델하우스의 줄임말입니다.

17. 대파, 쪽파, 실파

단속을 피하기 위해 프리미엄 금액을 숨기려고 사용하는 은어입니다. 대파는 억, 쪽파는 천만 원, 실파는 백만 원 단위를 의미합니다. 예를 들어 "쪽파 2단, 실파 3단"이라고 하면 프리미엄이 2,300만 원이라는 뜻입니다.

18.예당

예비당첨자의 줄임말입니다.

19. 물딱지

동·호수 추첨 전 상태의 분양권을 의미하는 용어입니다. 기관 추천 당첨자의 분양권이나, 당첨 확률이 높은 예비당첨자의 순번 자체를 거래할 때 사용됩니다. 초피가 많이 붙은 현장에서는 동·호수와 상관없이 예비당첨자의 순번 자체가 거래되기도 하는데, 이때 앞 순번일수록 프리미엄이 높게 형성됩니다. 이후 잔여세대 공급 시 예비당첨자가 추첨을 하게 되면, 물딱지를 매수한 떴다방이나 중개업소는 동·호수와 상관없이 해당 순번으로 물건을 가져가는 구조입니다.

20. 원장정리

명의변경이 아닌, 매수자 이름으로 계약서를 다시 발행하는 방식입니다. 일반적인 분양권 거래는 최초 당첨자(원매)의 이름으로 계약을 진행한 뒤, 명의변경일에 매수자에게 소유권을 이전합니다. 하지만 원장정리는 이 과정을 거치지 않고, 처음부터 매수자의 이름으로 계약서를 새로 발행해주는 방식입니다. 주로 민간임대 아파트 분양 현장에서 드물게 발생하는 방식입니다.

21. 원매

분양권의 최초 당첨자를 의미합니다.

22. 원출

여러 중개인이 개입하지 않은 분양권을 의미합니다. 즉, 원매의 분양권을 한 명의 중개인이 단독으로 관리하는 상태를 말합니다.

23. 더블

중개인이 두 명 이상 붙어 있는 분양권을 의미합니다. 원출과 반대로 여러 중개인이 개입된 매물이며, 그만큼 수수료가 더 붙을 수 있는 구조입니다.

24. RRR

로얄동, 로얄층, 로얄라인을 뜻합니다.

25. 데두리

실제 매도 금액보다 더 높은 가격으로 거래를 성사시키고, 그 차액을 떴다방이나 중개인이 가져가는 방식을 의미합니다. 즉, 매도자와 매수자 사이에서 발생한 가격 차이를 중간에서 가져가는 구조입니다.

26. 야장

당첨자 발표 시간이 오후 4시 이후일 때 사용하는 용어입니다. 당첨자 발표 이후 밤에 분양권 거래가 활발하게 이루어지면서 야시장처럼 시장이 열린다고 해 '야장'이라고 부릅니다.

27. 마귀

당첨자 발표 직후 초피 구간에서 찍기로 분양권을 대량으로 쓸어 담은 뒤, 시장에 한 번에 풀지 않고 하나씩 나눠서 매물을 풀며 가격을 조절하는 사람들을 뜻합니다. 쉽게 말해, 초반에 물량을 독점한 뒤 공급을 조절하면서 프리미엄을 끌어올리는 투자자입니다. 이들은 시장의 흐름을 읽고 매물을 한 번에 던지지 않고 타이밍을 나눠서 풀기 때문에 초피 이후 시세 형성에 큰 영향을 주는 경우가 많습니다.

28. 교통

매도자와 매수자를 연결해주는 역할을 하는 사람을 뜻합니다. 떴다방과 떴다방, 또는 중개인과 중개인을 이어주거나 매도자와 매수자를 중간에서 연결해주는 역할을 합니다. 이 과정을 '교통정리'한다고 표현하기 때문에 '교통'이라고 부릅니다. 거래가 성사될 때마다 이 연결 역할을 한 사람은 일정 수수료를 가져가며, 여러 명이 얽힐수록 교통 비용이 추가로 붙는 경우도 많습니다.

29. 명판

원래는 부동산 거래나 계약 관련 서류에 회사나 개인의 정보를 날인하기 위해 사용하는 도장을 의미합니다. 하지만 분양권 시장에서는 의미가 조금 다르게 쓰입니다. 실거래 신고를 대신 진행해주는 부동산을 '명판'이라고 부릅니다. 즉, 거래 당사자가 직접 신고하지 않고 중간에서 실거래 신고를 처리해주는 부동산을 지칭하는 용어입니다. 그래서 현장에서는 "명판 있냐", "명판비 얼마냐", "이거 실거래 신고 제대로 들어가야 해서 명판 구해야 한다" 라는 식으로, 실거래 신고 도장을 찍어줄 부동산을 찾을 때 사용하거나 어느 부동산을 통해 신고할지를 묻는 표현으로 사용되기도 합니다.

30. 빠꼼이

매도자 또는 매수자 중에서 이것저것 물어보기만 하고 실제 거래는 하지 않으며 시세만 확인하고 간을 보는 사람들을 뜻합니다. 현장에서는 이런 사람들을 두고 "빠꼼이다"라고 표현하며,
거래 의사가 없는 사람으로 판단해 정보를 제한적으로 주거나 상대를 잘 해주지 않는 경우도 많습니다.

31. 빠꾸

업자들이 매도자의 분양권을 가계약 형식으로 일정 금액만

주고 선점해둔 뒤, 시세가 상승하면 되파는 것을 '찍기'라고 합니다. 반대로 시세가 하락할 경우, 가계약으로 넣어둔 금액을 포기하고 해당 거래를 없던 일로 돌리는 것을 '빠꾸친다'라고 합니다. 즉, 소액으로 리스크를 감수하고 들어갔다가 상황이 좋지 않으면 손실을 감수하고 빠지는 전략을 의미합니다.

분양권 용어가 실제로 현장에서 어떻게 사용되는지 한 번 예를 들어보겠습니다. 처음 들으면 무슨 말인지 전혀 이해되지 않을 수 있지만, 앞서 배운 용어들을 떠올리며 읽어보시면 생각보다 쉽게 해석할 수 있을 것입니다.

첫 번째 문제

언니!, 이번에 오송 힐스테이트 당발 때 갈거야? 찍으면 돈 좀 될 거 같은데. 민임이라 세금없어서 다 손피라 잘 찍으면 돈 좀 될 거 같아. 내 생각엔 쪽파 2개정도? 무조건 초피로 2개 이상 찍자. 잘 안되면 빠꾸치지 뭐.

해석

언니, 오송 힐스테이트 당첨자 발표날 현장에 갈 건데 이거 가계약금 일부만 넣고 분양권 몇 개 사 놓으면 돈 좀 될 것 같아. 민간임대 아파트라 세금이 거의 없어서 벌면 번 만큼 그대로 가져갈 수 있고, 초반 프리미엄도 한 2,000만 원 정도는 형성될 것 같거든. 그러니까 당첨자 발표 직후에 형성되는 가격대에서 먼저 몇 개 잡아보자. 만약 생각보다 시세가 안 오르거나 상황이 별로면 그냥 가계약금 포기하고 빠지면 되니까 일단 들어가보자.

이처럼 현장에서 오가는 대화를 귀동냥만 하더라도 다음에 어떤 현장의 분양권이 괜찮은지 대략적으로 파악할 수 있습니다. 실제로 현장에서는 이러한 이야기들이 꽤 자주 오가며, 이를 이해하는 것만으로도 시장의 흐름을 읽는 데 큰 도움이 됩니다.

두 번째 문제

형, 여기 지금 야장 열렸는데 여기 장난 아니야. 당발하자마자 초피 쪽파 2단까지 올라갔었는데 물건 많이 풀리니까 초피 쪽파 1단까지 내려왔거든? 근데 업자들이 쪽파 1단까지 내려오니까 물량 다 쓸어담고 있어. 마귀 왔나봐. 지금 안 잡으면 금방 다시 올라갈 거 같은데? RRR은 이미 다 빠졌고 지금 남은 건 중층 라인인데 이거 지금 찍을까?

해석

형, 여기 당첨자 발표 시간이 저녁이라 방금 시장 열렸는데 분위기가 너무 좋아. 당첨자 발표 직후에는 초기 프리미엄이 2,000만 원까지 올라갔었는데, 매물이 많이 나오면서 지금은 1,000만 원까지 내려온 상태야. 그런데 지금 가격이 조금 내려오니까 업자들이 물량을 한 번에 쓸어담고 있어. 아마 시장을 주도하는 누군가가 들어온 것 같아. 이대로 가면 매물이 빠르게 줄어들고 가격이 다시 올라갈 가능성이 높거든? 좋은 동,층,라인은 이미 다 빠졌고 지금 남은 건 중간층 매물인데, 이거라도 지금 가계약으로 먼저 잡아 놓을까?

이 대화에서 중요한 포인트는 단순히 현재 가격이 아니라, 앞으로 시세가 어떻게 움직일지를 미리 알 수 있다는 점입니다. 매물이 쏟아지며 가격이 떨어졌다가 다시 특정 세력이 물량을 쓸어담으면서 공급이 줄어드는 흐름이 보인다면, 이후 가격 상승 가능성을 충분히 예측할 수 있습니다. 이런 흐름을 이해할 수 있다면 지금이 매수 타이밍인지, 아니면 더 기다려야 할지에 대한 판단이 가능해집니다.

아마 이 책을 읽고 있는 분양권 투자자, 떴다방, 그리고 부동산 사장님들은 이 챕터를 보고 누가 저렇게 얘기하냐며 크게 웃을 것이라고 생각합니다. 이해를 돕기 위해 용어를 과도하게 섞어 쓴 것이지, 실제 현장에서는 이렇게까지 이야기하지 않기 때문입니다. 투자자, 떴다방, 부동산 사장님들은 분양권 시장에서 같이 활동하며 거래를 하는 사람들입니다. 서로 얼굴이 익숙한 '구면'인 경우가 많기 때문에 만약 처음 보는 사람이 나타난다면 그 사람이 누군가의 매수자일수도 있고 매도자일수도 있어서, 본인이 생각없이 뱉은 말 한마디로 다른 사람의 거래가 파토날 수도 있기 때문에 아예 자리를 피해서 거래를 하거나, 자리를 피할 수 없다면 알아듣기 어려울 정도로 용어를 섞어가며 대화를 합니다. 외부 사람이 듣기에는 무슨 말인지 전혀 이해하지 못하도록 의도적으로 어렵게 말하는 것입니다. 참고로 자리를 피하기는 쉽지 않습니다. 말씀드린 것처럼 분양권 시장은 초피장이 열리면 처음에는 분,초 단위로 시세가 오르고 내리기를 반복해서, 시세가 완전히 자리 잡기 전까지는 현장을 지키며 흐름을 정확하게 파악해야 하기 때문입니다. 분양권 용어는 아는 만큼 '호구'당하는 일이 없고, 더 나아가 '기회'를 발견할 수 있습니다. 따라서 분양권 투자를 생각하고 있다면 반드시 용어부터 알고 시작해야 합니다.

마. 누가 분양권을 ━ 부동산에서 사?

지금까지는 분양권 시장이 어떻게 돌아가는지에 대해 설명했습니다. 왜 초피가 생기는지, 왜 당첨자 발표 직후에는 가격이 눌리는지, 왜 정당계약 이후에는 가격이 올라가는지까지 이해하셨을 겁니다. 이제부터는 다릅니다. 이 챕터에서는 실제로 분양권을 어디서 사야 하는지에 대해 이야기해보겠습니다. 많은 사람들이 분양권은 부동산에서 사야 한다고 알고 있습니다. 하지만 이것은 반은 맞고, 반은 틀린 말입니다. 당첨자 발표 직후부터 정당계약 전까지는 부동산이 아니라 모델하우스 주차장이나 주변 카페에서 떴다방을 통해 거래가 이루어집니다. 반대로 정당계약 이후부터는 계약서가 발급된 상태이기 때문에 그때부터는 '부동산'에서 거래가 이루어지게 됩니다. 그렇다면 여기서 중요한 질문이 하나 생깁니다. 모델하우스는 언제 가야 할까요? 그리고 현장에 가면 누구를 찾아야 분양권을 살 수 있을까요? 마지막으로 누가 매도자인지 어떻게 구분해야 할까요? 먼저 언제, 어디를 가야 하는지부터 말씀드리겠습니다. 정답은 단순합니다. 당첨자 발표 당일, 모델하우스 주차장으로 가는 것입니다. 여기서 중요한 포인트가 하나 있습니다. 당첨자 발표 시간에 맞춰서 가야 한다는 점입니다. 왜일까요? 분양권 거래는 반드시 모델하우스 주차장에서만 이루어지는 것은 아닙니다. 주차장에서 시작되는 경우가 많지만, 실제로는 떴다방 사장님들이 그곳에 먼저 모인 뒤 단속을 피하기 위해 주변의 큰 카페로 이동하는 경우가 많습니다. 그래서 만약 당첨자 발표날, 모델하우스 주차장에 도착했는데 이미 사람이 없다면 당황할 필요 없습니다. 주변 카페를 가보면 쉽게 찾을 수 있습니다.

그리고 당첨자 발표 시간에 맞춰 가야 하는 이유가 하나 더 있습니다. 바로 시장 상황을 가장 먼저 확인하기 위해서입니다. 당첨자 발표가 나자마자 매물이 쏟아지는 현장이 있습니다. 이 경우 단타 수요가 많이 들어온 현장일 가능성이 높고, 초피 가격이 빠르게 형성되면서 거래 역시 즉시 이루어집니다. 이때 가장 중요한 것은 "얼마에서 시작했는지"를 보는 것입니다. 초피가 얼마로 스타트를 끊었는지에 따라 이 현장이 얼마나 강한지, 그리고 앞으로 가격이 어떻게 움직일지 대략적인 방향을 잡을 수 있기 때문입니다. 그렇다면 이제 현장에 도착했을 때 무엇을 해야 할까요? 초보자 분들이 현장에 도착하자마자 가장 많이 하는 실수가 있습니다. 바로 "얼마예요?", "물건 있나요?" 같은 질문을 하며 거래를 시도하는 것입니다. 하지만 이 행동은 위험한 행동입니다. 왜냐하면 현장에 도착한 순간 여러분은 아무것도 모르는 상태이기 때문입니다. 여러분만 모를까요? 분양권 거래를 중개하는 떴다방, 부동산도 아무것도 모릅니다. 분양권 시장은 수요와 공급의 법칙이 가장 정확하게 이뤄지는 시장입니다. 사전에 청약 경쟁률을 통해 대략적으로 인기타입을 알 수는 있지만 확실하게 확인할 수는 없습니다. 따라서 시간이 지나며 시세가 정해지길 기다리고, 사람들이 가장 많이 찾는 타입이 뭔지, 선호하는 동과 라인은 어

단지부터 파악해야 합니다. 즉, 아무것도 하지 말고 일단 지켜보는 것이 가장 좋습니다. 아무것도 모르는 상태에서 바로 매물을 찾고 거래를 하게 되면 안 좋은 타입을 가장 비싸게 살수도 있으니 일단 적어도 1시간 정도는 조용히 관찰하는 것이 좋습니다. 처음에는 어색할 수 있습니다. 떴다방과 부동산(업자) 사이에 섞여서 가만히 서 있는 게 불편할 수도 있습니다. 하지만 이것은 업자들도 마찬가지입니다. 안면이 없는 사람이 그들의 말을 듣고 있다는 거 자체가 부담될테니까요. 그렇다면 어떤 걸 관찰해야 할까요? 어렵게 생각할 필요 없습니다. 분양권을 사러갔으니. 초피가 얼마에 시작하는지, 얼마에 거래가 되고있는지, 선호하는 타입과 라인은 어딘지 이정도만 파악하면 되는데 여기서 가장 중요한 건 가격보다 거래가 실제로 이루어지고 있는지입니다. 현장에서는 거래가 되면 "나갔다", "출발했다", "입금됐다"라는 단어들을 주로 사용하기 때문에 거래가 되었는지 확인하는 것은 어렵지 않을것입니다. 그 다음 확인해야 하는 것은 바로 물량입니다. 매물이 쏟아지기 시작하면 업자들이 들고 다니는 수첩이 매물 리스트로 가득 차게 됩니다. 수첩에 정리된 동.호수 중 괜찮은 것들은 바로바로 소진됩니다. 하지만 현실적으로 업자들의 수첩을 직접 확인하는 것은 어렵습니다. 그래서 이것 역시 귀동냥을 통해 상황을 유추해야 합니다. 그렇다면 어떻게 유추할 수 있을까요? 업자들은 동.호수를 직접 말하면서 거래하지 않습니다. 대신 서로 수

첩을 보여주면서 이런 식으로 이야기합니다. "이건 어때?", "이건 바로 출발 가능이야", "이건 어느 정도 조율 가능해" 이런 말들이 오가기 시작합니다. 업자들이 이런 이야기만 반복하고 있다면 매물이 거래되지 않고 쌓이고 있다는 걸 뜻합니다. 따라서 매물이 시장에 많이 풀리고 있다고 생각하면 됩니다. 반대로 매물이 부족한 경우에는 분위기가 완전히 달라집니다. "여기 중층 이상 있어?", "이 타입 있어?", "가진 거 몇 개나 있어?" 이런 질문이 많아지기 시작합니다. 이 말이 나온다는 것은 매물이 빠르게 소진되고 있거나, 아예 시장에 나오지 않고 있다는 뜻입니다. 결국 물량은 눈으로 보는 게 아니라, 대화의 방향으로 판단하는 것입니다. 하지만 절대로 눈으로 확인할 수 없는 것은 아닙니다. 일부 업자들은 수첩에 매물 리스트를 적지 않고, 모델하우스에서 나눠주는 팜플릿에 있는 동.호수 배치도에 체크를 하는 경우도 있기 때문입니다. 운이 좋다면 체

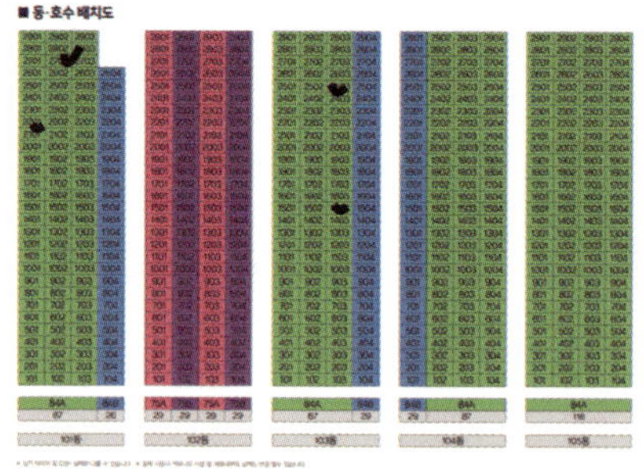

크해둔 배치도를 통해 어느 동, 어느 라인이 인기가 있는지, 어떤 타입이 거래가 됐는지 등 상황을 한눈에 파악할 수도 있습니다.

이 사진은 이해를 돕기 위한 예시입니다. 이처럼 생긴 팜플릿에 사진과 같이 선호하는 동과, 매물로 나온 분양권을 체크합니다. 그리고 거래가 완료된 매물은 동그라미를 치거나, 더 이상 거래가 불가능하다는 의미로 'X'를 표시하기도 합니다. 선호하는 동과 라인, 그리고 어떤 분양권이 거래되었는지까지 귀동냥과 어깨너머로 확인했다면 이미 현장에서 다른 매수자들보다 훨씬 앞서 있다고 봐도 됩니다. 왜냐하면 물량과 선호 분양권을 모두 파악한 상태니, 이제는 매수 타이밍만 보면 되는 단계이기 때문입니다. 그럼 이제 가장 중요한 타이밍에 대해 이야기해보겠습니다. 분양권 투자는 결국 언제 사느냐의 싸움입니다. 같은 물건이라도 누구는 수천만 원 싸게 사고, 누구는 수천만 원 비싸게 삽니다. 이 차이를 만드는 것이 바로 타이밍이라고 생각합니다. 그렇다면 언제 매수해야 할까요? 정답은 하나입니다. 매물이 한 번 쏟아지고, 가격이 눌린 직후입니다. 모든 현장이 당첨자 발표 시간이 다르고, 현장마다 공급되는 물량도 다릅니다. 그리고 조건도 다르죠. 그래서 매물이 언제 쏟아질지를 정확하게 예측하기란 불가능에 가깝습니다. 그러나 거의 모든 현장은 당첨자 발표날, 언젠가는 한 번 매물이 쏟아지는 구간이 생깁니다. 그 시간을 정확히 예측할 수 없을 뿐이지, 분양권은 구조적으로 쌓일 수밖에 없는 시장이기 때문입니다. 그렇다면 왜 쌓일 수밖에 없는 구조일까요? 이유는 간단합니다. 당첨자들이 욕심을 버리지 않기 때문입니다. 무자본 단타 청약 챕터에서 말씀드렸듯이, 계약금이 없는 당첨자라 하더라도 단 10만 원이라도 더 받기 위해 매수자가 있음에도 불구하고 거래를 거절하는 경우가 많습니다. 심한 경우 5번 이상 거래를 거절하며 가격을 올리는 당첨자들도 있습니다. "조금만 더 받을 수 있지 않을까?" 이 생각 때문에 버티는 것입니다. 하지만 이런 상황이 반복되면 어떻게 될까요? 거래는 이루어지지 않고, 매물은 계속 쌓이게 됩니다. 당첨자들의 심리를 업자들이 모를까요? 매 현장마다 반복되는 현상이기 때문에 당연히 알고 있습니다. 그래서 그걸 역으로 이용하기도 합니다. 그때 사용하는 기술이 바로 '가두기'입니다. 업자들은 이런 당첨자들에게 "내가 500만 원 더 받고 팔아줄게"라고 말하며 가두기 기술을 사용합니다. 당첨자들은 이 말을 믿을 수밖에 없습니다. 왜냐하면 처음에는 시세가 계속 상승하기 때문입니다. 이 말을 믿고 기다리는 당첨자들이 많아지기 시작하면 시장에서는 어떤 일이 벌어질까요? 거래는 멈추고, 매물은 빠르게 쌓이기 시작합니다. 한두 시간만 지나도 매물의 수가 매수자보다 많아지는 상황도 만들어집니다. 이렇게 되면 당연히 수요와 공급의 원리에 의해 시세는 내려갈 수밖에 없습니다. 하지만 당첨자들은 "500만 원 더 받고 팔아주겠다"는 말에 묶여 매물이 쌓이고 있는 상황조차 확인하지 않은 채 그 자리에 머물러 있게 됩니다. 여기서부터 재미있는 일이 생깁니다. 과연 당첨자들은 500만 원 더 받고 팔아준다는 업자들의 말을 끝까지 믿고 기다릴까요? 계약금이 없는 당첨자들에게는 가장 중요한 것이 하나 있습니다. 바로 시간입니다. 정당계약 전까지 매도하지 못하면 분양권은 취소되기 때문입니다. 그래서 거래가 2~3시간이 지나도 체결되지 않으면 당첨자들의 마음은 급격하게 흔들리기 시작합니다. 그러다 결국 처음 가두기를 했던 떴다방이나 부동산이 아닌 다른 루트를 통해 매도 문의를 하기 시작합니다. 재미있는 점은, 거의 모든 당첨자가 같은 행동을 한다는 것입니다. 조금 더 받고 싶어서 기다릴뿐, 모두가 시장 상황을 확인하지 않습니다. 그러다 시간이 지나서야 불안해하기 시작하고 결국 같은 타이밍에, 같은 방식으로 매도를 시도하죠. 그래서 모든 현장이 꼭 한 번은 매물이 쌓인다는 것입니다. 이때가 진짜 타이밍입니다. 시장에 매물이 쌓이기 시작하면 모든 업자들은 당첨자들에게 똑같은 말을 합니다. "이 가격에는 안 나가요.", "이것도 많이 쳐주는 거예요.", "지금 매물이 안 나가요.", "당첨자분보다 좋은 동.호수도 지금 안 나가고 있어요." 어떤 루트를 통해 알아보든, 결국 당첨자들은 이런 말만 계속 듣게 됩니다. 이 말을 반복해서 듣는 순간 당첨자들의 심리는 완전히 무너지기 시작합니다. 그리고 그때부터 행동이 바뀝니다. 조금이라도 더 받고 싶어서 버티던 사람들이 이제는 팔지 못할까봐 불안해지기 시작합니다. 결국 가지고 있던 분양권을 헐값에 시장에 다시 내놓거나, 처음에 가두기 기술을 사용했던 사장님에게 다시 전화해 가격을 낮춰서라도 팔아달라고 애원하게 됩니다. 이 시기가 오면, 적당한 가격이라고 판단되는 순간 분양권을 매수하면 됩니다. 다만 RRR은 항상 수요가 있기 때문에 가격이 크게 조정되는 경우는 많지 않습니다. 그래서 저는 중층 이상에서, 마음에 드는 가격이 나오면 매수하는 편입니다. 만약, 이 타이밍을 놓쳤다면 어떻게 해야 될까요? 실거주를 꼭 해야 하는 상황이라면 조금 골치 아플 수 있습니다. 하지만 투자자라면 전혀 문제 될 것이 없습니다. 분양권 투자는 한 번의 기회로 끝나는 시장이 아니기 때문입니다. 물론 예전보다 분양 물량이 줄어들긴 했지만, 지금도 한 달에 한 건 이상은 괜찮은 청약들이 꾸준히 나오고 있습니다. 즉, 시장은 계속 열린다는 얘기입니다. 따라서 이번에 못 샀다고 해서 아쉬워할 필요는 전혀 없습니다. 타이밍을 놓쳤다면 그냥 다음 기회를 보면 됩니다. 그래서 저는 분양권을 놓친 분들에게 항상 이렇게 말합니다. "기회는 또 옵니다."

자, 이제 분양권을 사봅시다. 분양권은 누구에게 사야 가장 저렴하게 살 수 있을까요? 모델하우스 주차장이나 인근 카페에는 업자들이 많습니다. 그렇다면 아무나 붙잡고 그냥 사면 될까요? 물론 그렇게 해도 거래는 가능합니다. 하지만 저는 조금 다른 방식으로 접근합니다. 저는 그날 아직 거래를 단 한 건도 성사시키지 못한 떳다방이나 부동산을 찾아서 거래를 합니다. 왜일까요? 분양권을 거래하는 사람들은 서로 이름은 몰라도 수년에서 수십 년 동안 함께 거래를 해온 사람들입니다. 즉, 서로가 서로를 알고 있는 같은 판에 있는 사람들입니다. 그렇기 때문에 그날 아직 거래를 못한 사람이 있다면 주변에서 매물을 찾아주거나, 매수자를 붙여주기도 합니다. 왜냐하면 동료이자 같이 먹고 사는 구조이기 때문입니다. 하지만 여기서 중요한 포인트가 있습니다. 거래를 한 건도 못한 사람은 그만큼 조급한 상태입니다. 그리고 조급한 사람은 어떻게든 거래를 성사시키기 위해 필요 이상으로 움직이게 됩니다. 매수자 편에 서서 거래 가격을 낮춰주거나, 자신이 챙겨야 할 수수료까지 깎아주면서 첫 코를 뚫기 위해 엄청난 노력을 합니다. 매수자 입장에서 이런 업자들은 가장 좋은 조건을 만들어주는 파트너라고 볼 수 있습니다. 그래서 저는 분양권을 매수할 때 거래를 단 한 건도 성사시키지 못한 사람을 찾아서 분양권을 삽니다. 그렇다면 이런 사람은 어떻게 찾아낼 수 있을까요? 의외로 어렵지 않습니다. 거래를 한 건도 못한 사람은 동료들에게 신세 한탄을 하며 도움을 요청하기 때문에 조금만 귀를 기울이면 쉽게 찾을 수 있습니다. 만약 신세 한탄을 하는 사람이 없다면 다른 특징을 보면 됩니다. 얼굴이 상기되어 있고 목소리가 크며 다른 떳다방이나 부동산과 계속 싸우는 사람, 이런 사람을 찾으면 됩니다. 물론 더블이 되거나 일이 꼬여서 화를 내는 경우도 있습니다. 하지만 대부분은 거래를 한 건도 성사시키지 못한 상태에서 오는 심리적인 압박이 쌓여 표출되는 경우가 많습니다.

바. 꾼들의 분양권 거래처

청약에 당첨된 사람들은 대부분 당첨이 처음인 사람들입니다. 그래서 분양권 거래도 당연히 해본 적이 있을 리가 없습니다. 따라서 당첨이 되면 가장 먼저 무엇을 해야 하는지조차 잘 모릅니다. 원래는 청약을 넣기 전에 해당 아파트가 어떤 현장인지, 입지는 어떤지, 가격은 적정한지, 프리미엄이 붙을 수 있는지부터 확인해야하지만 현실은 반대입니다. 많은 사람들이 청약을 넣고 당첨되고 나서야 계약해도 되는지를 알아보는데 이상하게 그 시점에는 보이는 것들이 전부 부정적인 것들이라 당첨자 대부분이 좋은 아파트에 당첨되고도 불안해하죠. "이 아파트 괜찮은 걸까?", "계약해도 되는 걸까?", "팔 수는 있을까?" 이런 생각이 들기 시작하면 사람들은 가장 먼저 네이버에 당첨된 아파트의 이름을 검색해서 블로그를 보거나 카페 글을 찾아보고 부동산 정보를 다루는 곳이라면 유튜브, 인스타그램 등 플랫폼을 가리지 않고 "이 아파트 어떻게 생각하세요?"와 같은 댓글을 달고 다닙니다. 그러다 부정적인 의견을 듣게 되면 마음이 크게 흔들리기 시작합니다. 직장 동료, 가족, 지인들까지 "지금 이 시기에 왜 청약을 했냐", "앞으로 더 떨어질 것 같다", "절대로 계약하지 마라"고 말하면 당첨자는 당첨됐을 때의 기쁨은 사라지고, 이걸 어떻게 해결해야 하는지만 생각하게 됩니다. 바로 이때 눈에 들어오는 것이 네이버 검색창 아래에 뜨는 블로그와 파워링크입니다. 당첨된 아파트를 검색했을 때 아파트 이름 뒤에 '분양권 삽니다.' '분양권 매도 문의'가 써져있으면 불안한 당첨자 입장에서는 거의 동아줄처럼 보입니다. 그래서 당첨자들은 그곳에 전화를 걸어 "혹시 이거 팔 수 있나요?"라고 물어보죠. 즉, 블로그와 파워링크를 통해 매도문의를 하게되는겁니다. 이런 사람들은 대부분 빠꼼이가 아니라 정말 순수하게 걱정하는 원매일 가능성이 높습니다. 그래서 진짜 꾼들은 원매를 가장 쉽게 찾을 수 있는 블로그를 개설하거나 파워링크에 광고를 띄워 분양권을 삽니다. 원매들의 분양권이 저렴한 이유는 단순합니다. 첫째, 시세를 모릅니다. 분양권 거래를 처음 해보는 사람들은 자신이 당첨된 물건이 얼마에 팔릴 수 있는지가 궁금한 게 아니라 그냥 단순하게 처분할 수 있는지를 궁금해하고, 현장에 가서 시세를 직접 확인하는 방법도 당연히 모를 수밖에 없으므로 블로그나 파워링크를 통해 연결된 업자들의 말을 100% 신뢰할 수밖에 없습니다. 업자들도 이 점을 당연히 잘 알고 있기에 이를 이용하죠. 분양권을 상담할때 단순히 '팔아줄게요.' '팔 수 있어요'라기보다는 하소연을 들어주는 것처럼 당첨자를 위로하고 희망을 주며 대화를 이어나가면서 당첨자가 다른 곳에 추가적으로 문의하는 것을 방지하고 자신과만 거래를 하도록 잘 유도합니다. 둘째, 당첨자 발표 직후 수많은 고민을 하고 이곳 저곳 돌아다니며 자문을 구합니다. 유튜브나 인스타그램에서 부동산 이야기를 하는 사람들에게 댓글도 달아보고 네이버에 당첨된 아파트를 검색해보거나 카페에 가입해서 당첨된 아파트에 대한 게시글도 전부 읽어봤죠. 즉, 블로그나 파워링크를 통해 문의를 할 정도면 당첨자 발표 후 시간이 어느정도 지나있다는 얘기가 됩니다. 고민이 긴 사람들의 경우는 당첨자 발표날부터 정당계약 날까지는 보통 일주일이라는 시간이 주어지는데 이 시간을 다 쓰고 정당계약 날 당일에 전화를 하는 사람도 생각보다 많습니다. 정당계약 날 매수자를 찾지 못하면 그냥 계약이 취소가 되기 때문에 이런 상황에 처한 당첨자들의 매물은 말도 안되는 헐값에 가지고 올 수 있습니다. 셋째, 원매는 중간에 낀 사람이 없는 경우가 많습니다. 이 말이 조금 이해가 안 되실텐데요, 업자들은 대부분 모델하우스 앞에서 당첨자를 찾습니다. 정약홈에 모집공고가 올라오고 청약 일정이 잡히면, 시행사는 예비 청약자들이 현장을 볼 수 있도록 모델하우스를 오픈합니다. 이 시기에는 예비 청약자들이 대거 몰리기 때문에, 떴다방 역시 이 타이밍을 놓치지 않습니다. 모델하우스 앞에서 예비 청약자들에게 접근해 이렇게 말합니다. "당첨되면 팔아드릴게요. 번호 하나 남겨주세요."

만약 예비 당첨자가 팔 수 있냐고 물어보면 "84A타입에 청약하세요. 매수자 많아요." 이렇게 타입까지 지정해주기도 합니다. 예비 청약자들은 대부분 깊게 생각하지 않고 업자들에게 번호를 남깁니다. 그리고 명함도 하나 받아오죠. 이렇게 수집한 번호와 뿌린 명함은 당첨자 발표날부터 위력을 발휘합니다. 업자들은 이미 확보해 둔 번호를 통해 당첨자들에게 연락을 돌리며 당첨됐는지 확인하기도 하고 업자들이 연락을 하지 않는다고 해도, 뿌린 명함을 통해 매물이 들어오기 때문입니다. 그래서 당첨자 발표 직후 매물이 업자들에게 들어오는 것입니다. 그리고 당첨자 발표날 역시 당첨자들의 매물을 찾기에 아주 좋은 날입니다. 대부분의 사람들은 모델하우스를 직접 보지 않고 청약을 합니다. 이들은 당첨자 발표 이후 처음으로 모델하우스를 방문하는 경우가 많습니다. 당첨자 발표날 당일부터는 모델하우스에서 당첨자만 입장할 수 있도록 당첨 내역을 확인하고, 당첨자로 확인되면 내부로 들여보내주는데요, 이게 포인트입니다. 당첨된 사람만 모델하우스로 들어갈 수 있기 때문에 업자들은 모델하우스를 관람하고 나오는 사람을 절대로 놓치지 않습니다. 그래서 모델하우스 입구와 주변에서 업자들이 대기하고 있다가, 당첨자가 나오면 동시에 달려들어 분양권을 팔라고 말을 겁니다. 지금은 질서가 생겼지만 과거에는 이 과정에서 업자들의 과도한 접근으로 민원이 자주 발생했고, 대부분의 현장에 모델하우스 관계자가 나와서 해산을 요구하거나 경찰까지 출동하는 경우도 잦았습니다. 그렇다면 지금은 어떻게 바뀌었을까요? 업자들이 모델하우스 입구에 줄을 서서 대기하다가, 당첨자가 나올 때마다 순서대로 접근해 번호를 물어봅니다. 이걸 현장에서는 '워킹'이라고 부릅니다. 중요한 건, 모델하우스 오픈 날이나 당첨자 발표날 모델하우스를 방문한 사람들이 업자들 중 한 곳에게만 번호를 줄까요? 당연히 아닙니다. 특히 당첨자 발표날 모델하우스를 방문한 사람들은 여러 업자들에게 번호를 남기고 이것저것 물어보기 때문에 나중에 분양권을 팔 때 대부분 업자들이 많이 낀 더블 거래가 발생합니다. 더블이 되면 중개하는 사람들끼리 중개 수수료를 나누어 가져야 하기 때문에 당연히 수익이 줄어들게 되죠. 이러한 이유들로 꾼들은 블로그와 파워링크를 통해 매도자를 구하는 것입니다. 그런데 여기서 한 가지 의문이 생깁니다. 블로그나 파워링크로 매도자를 구하면 분양권을 저렴하게 살 수 있는데 왜 모든 업자들이 이 방법을 쓰지 않는걸까요? 답은 의외로 단순합니다. 현장에서 분양권을 사고파는 업자들의 평균 연령은 대부분 50세 이상입니다. 이분들은 오랜 경험과 감각, 그리고 정보로 현장을 장악하고 있지만, 온라인 마케팅에는 익숙하지 않은 경우가 많습니다. 블로그 글 정도는 작성할 수 있지만, 파워링크를 세팅하고 광고를 운영하는 것까지는 쉽지 않습니다. 그래서 시장에 재미있는 현상이 나타납니다. 청약 현장에 대한 블로그 글은 넘쳐나는데, 정작 파

190

워링크는 많지 않죠. 만약 분양권을 매수하고 싶다면 블로그 보다는 파워링크를 하세요.

블로그와 파워링크가 어렵다면, 원매를 찾는 더 쉬운 방법이 있습니다. 바로 네이버 카페와 카카오톡 오픈채팅방을 활용하는 방법입니다. 먼저 네이버 카페를 활용하는 방법부터 알려드리겠습니다. 네이버 카페는 지역마다 대표 카페가 하나씩 존재합니다. 이런 지역 카페에서는 맛집 이야기부터 공동구매, 육아, 부동산, 청약까지 온갖 이야기가 올라옵니다. 겉으로보면 그냥 동네 커뮤니티 같지만 꾼의 입장에서 보면 원매가 가장 많이 모여 있는 공간입니다. 저는 그래서 네이버 카페를 이용해 원매를 찾습니다. 방법은 단순합니다. 예를 들어 천안에서 분양하는 아파트라면, 천안 지역 카페 중 가입자가 가장 많은 카페에 가입합니다. 그리고 내가 사고 싶은 단지의 당첨자 발표일에 맞춰 카페에서 해당 아파트 이름을 검색합니다. 그러면 생각보다 쉽게 이런 글들을 발견할 수 있습니다. "청약 당첨됐는데 고민입니다", "이거 계약해야 할까요?", "당첨됐는데 걱정되네요", "이거 팔 수 있나요?" 이런 글을 쓰는 사람들은 거의 확정적으로 흔들리고 있는 당첨자, 즉 원매입니다. 재미있는 건 사촌이 땅을 사도 배가 아픈데 모르는 사람이 청약에 당첨됐다고 하면 댓글들이 어떻게 달릴까요? 대부분 축하댓글이 아닌, 부정적인 댓글들이 달립니다. 흔들리고 있는 당첨자들에게 부정적인 댓글이 달린다면 우리에게는 아주 좋은 상황입니다. 이제 할 일은 간단합니다. 앞에서 언급한 글들을 작성한 사람들에게 전부 쪽지를 보내거나 댓글을 다는 것입니다. 여기서 중요한 건 멘트입니다. 업자처럼 보이면 안되기 때문에 "천안으로 이사 계획이 있어서 청약을 넣었는데 떨어졌습니다. 실거주 목적으로 꼭 들어가고 싶은데, 혹시 파실 생각 있으시면 연락 부탁드립니다. 010.."이렇게 자연스럽게 연락처만 남기면 됩니다. 연락이 안 올거 같다고요? 실거주 목적으로 청약한 사람들은 쪽지나 댓글을 무시할 수도 있습니다. 하지만 '당첨됐는데 고민이다','걱정된다'는 글을 쓴 사람들은 다릅니다. 이미 마음이 흔들린 상태라서 분양권을 사겠다고 쪽지와 댓글을 남기면 절대로 무시하지 못합니다. 오히려 연락이 너무 많이 옵니다. 왜냐하면 그 사람들에게 쪽지와 댓글을 남긴 사람들은 단순히 매수자가 아니라, 문제를 해결해주는 사람이기 때문입니다. 여기서 중요한 팁을 하나 더 드리겠습니다. 그냥 지역 카페 말고 지역맘 카페를 공략하세요! 남자들은 내 집 마련에 대해 생각보다 관심이 없는 경우가 많습니다. 그래서 청약 자체를 잘 모르는 경우가 많습니다. 반대로 여자들은 다릅니다. 여자들은 관심이 없었더라도 엄마들과의 모임, 어린이집 학부모 모임, 친구들과의 모임을 통해 자연스럽게 부동산 이야기를 접하게 됩니다. 즉, 정보를 검색해서 아는 것이 아니라, 사람을 통해 정보를 듣고 쌓는 경우가 많습니다."

누구는 어디 청약 넣었다더라", "누구는 분양받아서 얼마 벌었다더라", "개 저번에 입주한 데 엄청 좋다더라", "요즘 신축은 다르다더라" 이런 이야기를 반복적으로 듣다보면 처음에는 관심이 없던 사람도 점점 관심을 가지게 됩니다. 이걸 '귀동냥'이라고 가볍게 생각하면 안 됩니다. 이 과정에서 자연스럽게 자신의 상황을 남들과 비교하기 시작하고 "저 집은 신축인데 우리는 구축이네", "저 사람은 분양받아서 돈 벌었다는데 나는 뭐지", "아이 키우려면 신축이 더 좋지 않을까" 이런 생각이 쌓이기 시작하고 단순한 관심이 아니라 욕망으로 바뀌게 되죠. 특히 아이를 키우는 환경, 주거환경, 주변 인프라까지 비교하기 시작하면 '나도 신축 아파트로 가야겠다'는 결론에 도달하게 됩니다. 이때부터 청약은 선택이 아니라 당연히 해야 하는 행동이 됩니다. 그래서 여자들이 남자들보다 청약에 훨씬 적극적입니다. 이 과정에서 자연스럽게 이런 구조가 만들어집니다. 남편은 잘 모르고, 아내가 정보를 모아 청약을 넣습니다. 그리고 당첨된 뒤에야 문제가 시작됩니다. "이거 계약해야 돼?", "돈은 어떻게 해?", "남편한테 뭐라고 하지?" 청약을 넣을 때는 막연한 기대였지만, 당첨이 되면 현실이 됩니다. 남편에게 말하면 어떤 일이 생길까요? "왜 상의도 안 하고 청약을 넣었어?", "우리 형편에 무슨 7억이야", "너 돈 있어? 난 없어", "이거 우리 감당 안돼", "집 값 떨어지는데 그걸 왜 했어", 네, 맞습니다. 여러분 이야기입니다. 도움이 되는 말보다는 현실적인 이야기, 그리고 잔소리를 먼저하죠. 따지고보면 남자가 여자한테 절을 해야하는 상황인데 말입니다. 결국 부부는 당첨된 분양권을 포기하거나 차선책을 선택하는데, 거의 대부분은 이 시점에서 '포기'를 선택합니다. 하지만 커뮤니티를 이용하는 사람들은 다릅니다. 카페에 글을 올려 자문을 구하거나, 엄마들, 친구들, 어린이집 학부모들과 자신이 처한 상황을 계속 이야기합니다. "이거 계약해도 될까요?", "남편이 반대하는데 어떻게 해야 할까요?", "혹시 이거 팔 수 있나요?", 이렇게 고민을 밖으로 꺼내거나 글을 쓰는 순간, 꾼들의 사냥감이 되는거죠. 이 책을 읽는 지금 이 순간, 조금이라도 괜찮다고 생각했던 청약이 있다면 지금 바로 그 지역 카페나 지역 맘카페에 가입해 보세요. 그리고 해당 아파트 이름을 검색해 보세요. 생각보다 쉽게 이런 글들을 발견하게 될 겁니다. "당첨됐는데 고민입니다", "이거 계약해야 할까요?", "혹시 팔 수 있나요?" 이런 글이 올라와있다면 기회입니다.

마지막으로 카카오톡 오픈채팅방을 활용하여 원매를 찾아 분양권을 사는 방법입니다. 네이버 카페가 '찾아보는 공간'이라면 카카오톡 오픈채팅방은 침투해 있는 공간입니다. 카페는 글을 쓰고, 댓글이 달리고, 시간이 조금 지나야 반응이 오지만 오픈채팅방은 다릅니다. 실시간으로 채팅이 올라오고 즉각적인 반응을 합니다. 여기서 중요한 한가지 포인트가 하나 있습니다. 오픈채팅방에는 한 번에 많은 사람들이 들어와 있다는 것입니다. 그래서 상황만 잘 맞으면 오픈채팅방을 통해 여러 개의 분양권을 동시에 원매 상태로 확보하는 것도 가능합니다. 그래서 생각보다 많은 꾼들이 오픈채팅방에서 분양권을 구합니다. 겉으로는 그냥 일반 참여자인 척하면서, 속으로는 기회를 엿보고 있는 겁니다. 그렇다면 이런 오픈채팅방은 어떻게 찾을까요? 이것도 어렵지 않습니다. 사람들은 청약을 하기 전에 궁금한 걸 해결하려고 여기저기 검색합니다. 그러다 보면 자연스럽게 "○○○ 청약 예정자 오픈채팅방"을 발견하게 됩니다. 그리고 별 생각 없이 입장합니다. 이런 입주 예정자 오픈채팅방은 누가 만드는 것일까요? 원래 이런 오픈채팅방은 기관추천이나 다자녀 특별공급처럼 당첨 가능성이 높은 사람들이, 정당계약 이후 계약자들을 빠르게 모아 입주자 협의회를 구성하기 위해 청약 예정자들을 한 곳에 모으려고 만든 방입니다. 질문에 답변도 해주고, 사람들끼리 친해지면서 정보도 공유하고, 경우에 따라 청약 전에 만나 식사를 하거나 술자리를 가지기도 합니다. 그렇게 자연스럽게 같은 단지를 보고, 같은 방향으로 청약을 넣게 되는 구조입니다. 하지만 당첨자 발표가 끝나는 순간, 이 방의 성격은 완전히 바뀝니다. 당첨된 사람은 축하를 받고, 떨어진 사람은 위로를 받으며 일부는 방을 나가고 일부는 남게 됩니다. 그리고 정당계약이 진행되면서 실제로 계약을 한 사람들끼리만 따로 입주자 방이 만들어지고, 계약한 사람들은 전부 그쪽으로 이동합니다. 이 방에서 어떻게 분양권을 얻을 수 있을까요? 입주예정자 방을 입장해보면 바로 알 수 있습니다. 입장하면 보이는 장면은 거의 똑같습니다. "이 단지 괜찮나요?", "신혼부부 11점인데 당첨 컷 높을까요?", "현금 7천 있는데 59타입 가능할까요?", "이 아파트 많이 오르겠죠?" 질문은 달라도, 본질은 하나입니다. "나 이거 해도 되나요?" 사람들은 입주예정자 오픈채팅방에서 정보를 찾고 있는 게 아닙니다. 청약을 해도 되는지 확신을 찾고 있는 것입니다. 그래서 계속 비슷한 질문들이 올라오고, 같은 답변이 달려도 또 물어봅니다. 왜일까요? 확신을 주는 사람이 없기 때문입니다. 이런 입주 예정자 오픈채팅방은 누군가 청약을 리딩하려고 만든 방이 아니기 때문에, 구조적으로 전문적인 답변이나 미래 가치에 대해 확신을 줄 수 있는 사람이 존재하기 어렵습니다. 즉, 질문은 넘쳐나지만 확답을 줄 수 있는 사람이 없습니다. 그래서 늘 질문이 쌓이고, 분위기가 쉽게 흔들리거나 바뀝니다. 그리고 바로 이 구조 때문에 분양권을 얻기가 훨씬 쉬워집니다. 확신을 줄 수 있는 사람이 없기 때문에, 당첨자 발표날 당첨이 되더라도 누군가 부정적인 이야기를 하기 시작하면 그 부정은 빠르게 전염됩니다. 축하로 가득해야 할 분위기가 순식간에 불안과 의심으로 바뀌게 되는 것입니다. 이때부터 꾼들이 움직이기 시작합니다. 꾼들은 보통 여러 개의 계정으로 오픈채팅방에 침투해 있습니다. 그리고 당첨자 발표날이 되면, 마치 기다렸다는 듯이 이런 글들을 올립니다. "당첨되긴 했는데 저는 자금이 부족해서 포기해야 할 것 같아요.", "저는 청약을 잘못 넣어서 원하던 타입이 아니네요." 왜 이런 말을 할까요? 사실 부정을 전염시키는 시작점은 대부분 꾼들입니다. 부정을 전염시키는 동시에, 자신과 같은 상황에 놓인 사람들을 찾아내기 위해 이런 말을 던지는 것입니다. 이런 말은 한두 개의 계정만 던져도 충분합니다. 같은 상황에 있는 사람들이 "저도요…", "저도 고민 중이에요"라며 자연스럽게 반응을 보이기 시작하기 때문입니다. 이렇게 분위기가 확산되기 시작하면 꾼들은 슬슬 먹잇감에게 미끼를 던집니다. "포기하실 거면 저한테 넘기세요. 저는 꼭 입주해야 해서요. 가격만 맞으면 제가 살게요.", "저는 떨어졌는데, 가능하기만 하면 제가 님 물건 사고 싶네요" 이렇게 말을 던지면 더 이상 설명이 필요 없습니다. 청약을 할 때부터 확신이 없던 당첨자들은 이 말을 보는 순간 프로필을 눌러 개인 대화를 시도하게 됩니다. 그리고 그 순간, 거래의 주도권은 꾼에게 넘어갑니다. 결국 이런 구조 속에서 당첨자는 스스로 꾼을 찾아가게 되고, 분양권은 자연스럽게 꾼에게 넘어가게 됩니다. 실제로 저는, 괜찮은 지역에 곧 분양이 시작된다는 정보를 들으면, 직접 입주 예정자 오픈채팅방을 만들어 운영하기도 했습니다. 그렇게 방을 운영하면서, 그 안에서 상당히 많은 분양권을 손에 넣을 수 있었습니다. 하지만 이 방법도 오래하지는 못했습니다. 몇 번 반복하다 보니, 저처럼 같은 목적을 가진 꾼들이 점점 많이 유입되기 시작했고, 결국 경쟁이 심해지면서 이 방식은 투자하는 시간 대비 효율이 낮아졌고 결국 방을 운영하는 것을 그만두게 되었습니다.

모델하우스 주차장이든, 블로그든, 파워링크든, 카페든, 오픈 채팅방이든 분양권을 살 수 있는 방법은 계속 바뀌고 진화합니다. 하지만 변하지 않는 것이 하나 있습니다. 바로 사람입니다. 사람들은 늘 불안해하고, 쉽게 결정하지 못하며, 확신을 가지지 못합니다. 이런 사람들의 심리만 제대로 이해하고 활용할 수 있다면, 어떤 방법을 쓰더라도 분양권은 충분히 손에 넣을 수 있습니다. 이런 이야기를 하는 저를 나쁘게 생각할 수도 있습니다. 하지만 그렇게 생각해도 상관없습니다. 자본주의 시장은 원래 이렇게 돌아가니까요. 정신 차리셔야 합니다. 그래야 자본주의 시장에서 살아남을 수 있습니다.

사. 좋다고 막 사면 ― 깜빵 간다

지금까지는 어떻게 싸게 사고, 어떻게 기회를 잡는지에 대해 이야기했습니다. 어떤 타이밍에 들어가야 하는지, 어디서 매물을 찾아야 하는지, 누구에게 접근해야 하는지도 어느 정도 감이 잡히셨을 겁니다. 근데 여기서 반드시 짚고 넘어가야 할 게 있습니다. 이 시장에는 아무리 좋아 보여도, 아무리 싸 보여도 절대로 건드리면 안 되는 물건이 있습니다. 바로 전매제한이나 거주의무가 걸린 분양권입니다. 이건 어렵게 생각할 필요 없습니다. 현장에서는 기준이 아주 단순합니다. 전매제한 6개월, 1년짜리? 정상적으로 하는 업자들은 애초에 절대 안 건드립니다. 왜냐하면 이건 수익 문제가 아니라 리스크 문제이기 때문입니다. 근데 가끔 이런 물건을 건드리는 사람들이 있습니다. 보면 대부분 비슷합니다. 개인 간 직거래로 하거나, 분양권 투자를 배운 지 얼마 안 된 사람들입니다. 처음에는 다 이렇게 생각합니다. "이거 싸게 잡으면 무조건 먹는 거 아니야?" "이 정도는 괜찮겠지?" 근데 이 시장은 그렇게 흘러가지 않습니다. 이런 거래에 들어간 사람들, 결말이 어떻게 되는지 현장에서는 다 알고 있습니다. 겉으로는 조용하지만 뒤에서는 문제 터지는 경우가 대부분입니다. 돈이 묶이거나, 거래가 꼬이거나, 사람이 바뀌거나, 연락이 끊기거나. 이게 한 번 시작되면 단순히 돈 문제로 끝나는 게 아니라 시간, 감정, 관계까지 전부 엮이면서 일이 커집니다. 그래서 오래 한 사람들은 아예 기준을 정해놓습니다.

"이건 안 건드린다." 수익이 아무리 좋아 보여도 선 넘는 순간 그건 투자가 아니라 리스크라는 걸 알기 때문입니다. 문제는, 한 번 수익을 경험하면 사람 욕심이 커진다는 겁니다. 처음에는 안전하게 하다가 조금 더, 조금만 더 하다가 결국 안 건드려야 할 것까지 보게 됩니다. 그리고 그때부터 방향이 틀어집니다. 그래서 다시 한 번 분명하게 말합니다. 이 책은 돈 버는 방법을 알려주는 책이지만, 그 전에 "뭘 하면 안 되는지"도 알려주는 책입니다. 이 시장에서 오래 가고 싶으면 잘 사는 것보다 먼저 안 건드릴 걸 확실히 정해야 합니다. 전매제한이 걸린 분양권? 기본적으로 안 보는 게 맞습니다. 그거 건드리는 순간 이미 게임 방식이 달라진 겁니다. 돈 때문에 굳이 인생을 걸 필요는 없습니다.

아. 얼마면 돼!

이제 여러분이 가장 궁금해하실, 가장 현실적인 이야기를 해보겠습니다. 그래서 분양권을 사려면 도대체 얼마가 필요할까요? 많은 사람들이 분양권은 돈이 많이 들어갈 것 같다고 생각하지만 실제 구조를 뜯어보면 생각보다 훨씬 적게 들어갑니다. 예를 들어 분양가격이 7억인 아파트라고 가정해보겠습니다. 가장 먼저 생각해야 할 돈은 바로 계약금입니다. 보통 계약금은 분양가의 10% 구조이기 때문에 7억이면 약 7천만 원이 필요합니다. 이 7천만 원은 기본적으로 있어야 하는 비용이라고 생각하시면 됩니다.

많은 사람들이 여기서 이미 부담을 느끼는데, 여기서 부담을 느낀다면 어떠한 부동산도 취득할 수 없습니다. 다음은 프리미엄입니다. 이미 말씀드린 것처럼 분양권은 분양가 외에 웃돈을 주고 사는 구조이기 때문에 프리미엄이 3천만 원이 붙어 있다면 이 3천만 원은 별도로 지급해야 합니다. 즉, 분양가와는 별개의 돈이고, 이 금액이 바로 시장에서 형성된 가격이라고 보시면 됩니다. 여기서 중요한 부분이 하나 있습니다. 프리미엄은 반드시 한 번에 전부 지급해야 하는 돈이 아니라는 점입니다. 앞서 말씀드린 것처럼 업자들은 분양권을 가계약금만 넣고 찍어두고 시세가 상승하면 되파는 방식으로 수익을 만들어냅니다. 이 구조가 시장에 퍼지면서 일반인들도 같은 방식으로 거래를 하는 경우가 많아졌습니다. 그래서 실제 현장에서는 프리미엄을 처음부터 전액 지급하는 경우보다 일부만 먼저 지급하고 물건을 확보하는 경우가 훨씬 많습니다. 당첨자 발표날에는 가계약금 형식으로 프리미엄의 일부만 지급하고, 정당계약 날 전까지 나머지 금액을 준비한 뒤 정당계약 날에 잔금을 지급하는 방식으로 거래가 이루어집니다. 이게 왜 중요하냐면, 프리미엄이 부담스럽다고 해서 거래를 아예 포기할 필요가 없기 때문입니다. 예를 들어 프리미엄이 3천만 원인데 당장 3천만 원이 없다면, 가계약금으로 일부만 먼저 넣고 물건을 확보한 뒤 정당계약 전까지 자금을 마련하는 것도 충분히 가능한 방법입니다. 실제로 현장에서는 대부분 이런 방식으로 거래가 이루어집니다. 따라서 현금이 부족하다고 해서 포기해야 할 것이 아닙니다. 그 다음은 옵션입니다. 발코니 확장, 시스템 에어컨, 펜트리 등 필수로 선택해야 하는 옵션들이 존재합니다. 이 옵션들만 선택해도 청약 현장에 따라 다르지만 보통 2천만 원에서 3천만 원 정도의 추가금액이 발생합니다. 그래서 분양권을 살 때는 이 금액도 반드시 고려하고 들어가야 합니다. 하지만 여기서도 많은 사람들이 오해를 합니다. 옵션 비용을 한 번에 전부 지급해야 하는 줄 알고 부담을 느끼는 경우가 많은데, 실제 구조는 그렇지 않습니다. 분양계약서를 작성하고 나서 약 1개월에서 2개월 뒤에 옵션 선택 기간이 따로 주어지는데, 이때도 옵션 비용 전액이 아니라 총 금액의 약 10%만 먼저 납부하면 됩니다. 따라서 옵션 비용이 3천만 원이라면 실제로 당장 필요한 금액은 약 300만 원 정도입니다. 이 구조를 이해하면 분양권을 살 때 필요한 초기 자금이 생각보다 크지 않다는 것을 알 수 있습니다. 많은 사람들이 막연하게 "몇 억이 있어야 하는 거 아니야?"라고 생각하지만 실제로는 계약금, 프리미엄 일부, 옵션 계약금 정도만 준비하면 충분히 진입이 가능한 구조입니다. 그렇다면 왜 옵션 선택은 정당계약 이후에 진행될까요? 청약 현장마다 차이는 있지만 선택할 수 있는 옵션의 종류가 상당히 많기 때문입니다. 모집공고에도 옵션에 대한 내용이 나와 있지만 실제로 입주할 때 가전제품이 어떤 모델이 들어가는지, 어떤 브랜드가 들어가는지, 어떤 구성이 되는지는 글로만 봐서는 정확하게 알 수 없습니다. 그래서 모델하우스에서 직접 보고 선택할 수 있도록 별도의 기간을 주는 것입니다. 여기서 반드시 주의해야 할 부분이 있습니다. 이건 실전에서 굉장히 중요한 내용입니다. 만약 분양권을 매수했는데 명의 변경 시점이 정당계약일로부터 두 달 뒤이고, 옵션 선택은 한 달 뒤라면 매도자와 옵션 선택에 대한 내용을 반드시 사전에 협의해야 합니다. 이 과정을 생략하면 문제가 발생합니다.

매도자가 사전에 매수자와 옵션에 대한 협의 없이 혼자 모델하우스에 들어가서 옵션을 선택하게 되면, 옵션을 매도자 기준으로 선택을 하게 됩니다. 보통은 거래를 도와준 업자들이 이 부분을 컨트롤하지만, 업자가 초보이거나 바빠서 신경을 쓰지 못한 경우 그대로 방치되는 경우도 많습니다. 실제로 매도자가 혼자 들어가 풀옵션으로 계약을 해버린 사례도 상당히 많습니다. 필수 옵션만 선택했을 경우 약 3천만 원 정도가 발생하지만, 풀옵션으로 계약을 하게 되면 가전까지 포함되면서 옵션 비용이 1억 가까이 나오는 경우도 있습니다. 이렇게 되면 단순히 비용이 늘어나는 문제가 아니라 분양권 자체의 경쟁력이 떨어지게 됩니다. 분양권 시장에서는 옵션이 많다고 무조건 좋은 것이 아닙니다. 오히려 과도한 옵션이 들어간 물건은 초기 투자금이 커지고, 불필요한 비용이 붙기 때문에 매수하려는 사람 입장에서 부담이 커집니다. 그 결과 같은 동, 같은 층, 같은 라인, 같은 타입이라도 옵션에 따라 프리미엄이 적게는 수백만 원에서 많게는 수천만 원까지 차이가 나는 경우도 많이 발생합니다. 그래서 옵션은 "많이 넣는 것"이 중요한 것이 아니라 "적절하게 넣는 것"이 중요합니다. 분양권은 실거주뿐만 아니라 투자를 전제로도 거래를 하기 때문에, 내가 쓰기 좋은 옵션이 아니라 다른 사람이 사기 좋은 구조를 만들어야 합니다.

마지막으로 중도금 대출입니다. 사실상 중도금 대출은 명의변경 이후에 진행되고, 신용상의 특별한 문제가 없다면 대부분 대출이 실행되기 때문에 크게 신경 쓰지 않아도 되는 부분입니다. 대출 역시 모델하우스에서 지정해준 날짜에 맞춰 은행 지점이나 모델하우스로 방문해 필수 서류만 제출하면 은행에서 심사를 진행하고, 이후 지정된 일정에 따라 자동으로 실행되기 때문에 추가적으로 현금을 준비할 필요는 없습니다. 하지만 여기서 반드시 알고 가야 할 부분이 있습니다. 바로 선납할인입니다. 중도금 대출은 보통 6회차까지 진행되며, 총 분양금액의 약 60%를 대출받게 됩니다. 이 대출은 실행 시점부터 이자가 발생하는 구조이기 때문에 일부 사람들은 이자를 줄이기 위해 중도금을 미리 납부하는 '선납'을 선택합니다. 특히 이자가 많이 발생하는 초반 회차인 1회차와 2회차를 선납하는 경우가 많습니다. 여기에 더해 중도금을 선납하면 일부 금액에 대해 할인까지 적용되기 때문에 겉으로 보면 굉장히 합리적인 선택처럼 보입니다. 그래서 실제로 현금 여유가 있는 사람들 중 상당수가 중도금 선납을 선택합니다. 하지만 저는 선납할인을 받는 것을 절대적으로 반대합니다. 이유는 간단합니다. 저는 투자자이기 때문입니다. 옵션 선택 때와 마찬가지로 중도금을 선납하게 되면 나중에 분양권을 처분해야 하는 상황에서 문제가 발생합니다. 중도금을 선납하지 않은 경우에는 분양권을 매도할 때 매수자가 중도금 대출을 그대로 승계하면 되기 때문에 거래가 비교적 수월하게 이루어집니다. 하지만 선납을 해버린 경우에는 이야기가 완전히 달라집니다. 매수자가 이미 선납된 중도금 금액을 그대로 현금으로 준비해야 해서 초기 진입 부담이 커지게 때문입니다. 이 말은 결국 무엇이냐면, 같은 조건의 분양권이라도 초기 부담이 큰 물건은 시장에서는 선호도가 떨어진다는 것입니다. 결국 거래가 잘 되지 않거나, 시세보다 낮은 가격에 거래되는 상황이 발생하게 됩니다. 앞서 말씀드린 것처럼 분양권 시장에서는 초기 투자금이 커질수록 불리합니다. 그래서 중도금 선납은 하지 않는 것이 맞습니다. 실거주를 생각하는 분들도 마찬가지입니다. "어차피 내가 들어가서 살 거니까 선납해도 되지 않나요?" 이렇게 생각하실 수 있습니다. 하지만 이 또한 좋은 선택이 아닙니다. 실거주를 할 생각이라면 중도금을 선납한 분양권을 사는 것이 맞지, 직접 선납을 하는 것은 비효율적인 선택이기 때문입니다. 그리고 한 가지 더 말씀드리겠습니다. 인생은 한 치 앞도 모릅니다. 실거주를 목적으로 분양권을 샀다고 해도 중간에 상황이 바뀔 수 있고, 더 좋은 분양권이 나와 갈아타기를 해야 하는 상황이 생길 수도 있습니다. 또 이런 일은 흔하지는 않지만, 시행사나 건설사가 부도가 나는 경우도 있습니다. 이 경우 계약금은 HUG 보증으로 보호를 받을 수 있지만 선납한 중도금에 대해서는 보호를 받지 못합니다. 즉, 선납한 돈은 그대로 리스크가 되는 구조라는 얘기입니다. 변수는 항상 존재합니다. 그래서 투자는 '확정'이 아니라 '대응'의 영역입니다. 중도금 대출을 받을 때 상담사가 선납할인에 대해 아무리 좋게 설명해도 선납은 하지 마세요. 자, 이제 정리해보겠습니다. 분양가격이 7억인 아파트를 기준으로 보면 가장 먼저 계약금으로 약 7천만 원이 필요합니다. 여기에 프리미엄이 3천만 원 붙어 있다면 이 금액 역시 별도로 준비해야 합니다. 옵션 비용은 보통 2천만 원에서 3천만 원 정도 발생하지만, 정당계약 이후 옵션 선택 시점에는 전체 금액이 아니라 약 10%만 납부하기 때문에 실제로 당장 필요한 금액은 약 300만 원 정도입니다. 그리고 수수료는 현장과 프리미엄에 따라 다르지만 보통 200만 원에서 500만 원 사이에서 형성됩니다. 이를 모두 합쳐보면 계약금 7천만 원, 프리미엄 3천만 원, 옵션 계약금 약 300만 원, 수수료 최대 500만 원으로 총 약 1억 800만 원 정도면 7억짜리 분양권을 가져올 수 있는 구조입니다. 이 금액을 보고 부담스럽다고 생각할 수도 있습니다. 하지만 반대로 생각해 보면 앞으로 1억에서 2억이 오를 아파트를 청약 없이 1억 초반의 자금으로 선점할 수 있는 구조입니다. 계약금이 포함되어 초기 자본이 커 보일 수 있지만, 실제로 기회를 사는 비용만 따져보면 프리미엄과 수수료 정도입니다. 즉, 계약금을 제외하고 2천만 원에서 4천만 원, 많아야 몇 천만 원의 추가 비용으로 수억 원의 상승 여력이 있는 물건을 가져온다는 얘기입니다. 그래도 큰돈이기 때문에 망설이실 수 있습니다. 하지만 이 이야기를 들으면 생각이 달라지실 겁니다. 제가 아는 지인도 마찬가지였습니다. 프리미엄을 주고 분양권을 사는 것보다, 그냥 다음에 나오는 아파트에 청약을 넣겠다고 하더라고요. 이유를 물어보니 돈을 더 주고 사는 게 아깝고, 청약에 당첨되면 더 싸게 살 수 있을 것 같다는 생각 때문이었습니다. 이러한 이유로 지인에게 아산 탕정 인피니티시티 1차를 초피 2천만 원에 매수하라고 권유했지만 지인은 끝까지 분양권 매수를 선택하지 않았고, 대신 2차 청약에 도전했습니다. 결과는 어떻게 되었을까요. 2차도 떨어졌고, 다시 3차까지 도전했지만 결국 모두 떨어졌습니다. 그 사이 1차 분양권의 프리미엄은 계속 상승했고, 현재는 1억 이상까지 올라간 상태입니다. 결국 선택의 차이였습니다. 처음에 초피 2천만 원을 주고 가져왔으면 되었던 물건을, '조금이라도 싸게 사겠다'는 생각 때문에 놓친 것입니다. 시장은 가만히 있지 않습니다. 분양가는 계속 올라갑니다. 하지만 사람들은 분양가가 올라가는 건 인정해도 프리미엄을 주고 사는 것은 인정하지 않습니다. 그래서 청약에 떨어지면 분양권을 사지 않고 다음 청약을 기다립니다. 당첨될 확률이 낮은데 청약에만 도전하는 것입니다. 이게 과연 합리적인 선택일까요? 시장에 나와 있는 기회를 외면하고, 될지 안 될지도 모르는 기회를 계속 기다리는 건 멍청한 생각입니다. 생각을 바꿔야 합니다.

자. 살 거야? 팔 거야?

이제 이론은 충분합니다. 그렇다면 실제로 분양권을 어떻게 사고, 어떻게 팔 수 있을까요? 많은 분들이 여기까지 읽고 나면 머리로는 이해를 하셨을 겁니다. 하지만 막상 행동하려고 하면 막막해집니다. 사실 앞서 말씀드린 것처럼 귀동냥과 어깨너머로 시세를 파악하고, 사람들이 선호하는 타입을 이해한 뒤 업자들에게 접근하면 분양권을 매수하는 것 자체는 어렵지 않습니다. 하지만 문제는 '처음'입니다. 처음 현장에 나가면 무엇을 어떻게 시작해야 할지 몰라서 머뭇거리게 됩니다. 어떤식으로 말을 걸어야 하는지, 감이 잡히지 않기 때문입니다. 특히 업자가 아니라 원매자를 직접 만나게 되는 경우에는 상황이 더 복잡해집니다. 거래 구조를 정확히 이해하지 못한 상태에서 대화를 시작하면 오히려 불리한 조건으로 거래를 하게 될 수도 있기 때문입니다. 그래서 지금부터는 실제 현장에서 분양권이 어떻게 거래되는지, 그리고 여러분이 어떤 순서로 움직여야 하는지를 하나씩 설명드리겠습니다. 먼저 가장 일반적인 방식인, 업자를 통해 분양권을 매수하는 경우부터 말씀드리겠습니다.

첫 번째. 확실하게 얘기하자

분양권 거래는 모델하우스 주변이나 현장 인근에서 업자를 통해 이루어진다고 말씀드렸습니다. 업자들은 짧게는 수년, 길게는 수십 년 동안 분양권 거래를 해온 베테랑들입니다. 그렇기 때문에 어설프게 얘기하거나 확실하지 않게 접근하면 그들의 화술에 주도권을 쉽게 빼앗기게 됩니다. 실제로 현장에 가보시면 바로 느끼실 겁니다. 업자분들은 목소리도 크고, 말투도 거친 편입니다. 분위기 자체가 압도적입니다. 이 분위기에 휘말리게 되면 자칫 잘못해서 산책 나온 강아지처럼 주도권을 완전히 빼앗긴 채 끌려다니다가 원하지 않는 분양권을 사게 될 수도 있습니다. 그래서 처음부터 방향을 확실하게 잡고 들어가셔야 합니다. 어깨너머로 확인한 인기 타입과 귀동냥으로 들은 시세를 기반으로 내가 원하는 조건을 명확하게 전달해야 합니다. 어떤 동, 어떤 타입, 어느 정도 가격대를 보고 있는지 확실하게 말해야 합니다. 예를 들어 이렇게 접근하시면 됩니다. "안녕하세요. 저는 업자는 아니고, 여기 오면 분양권을 살 수 있다고 해서 왔습니다. 보니까 102동 중층 이상 84A 타입이 인기 있어 보이던데, 시세가 3천 정도라고 들었습니다. 혹시 가지고 계신 물건 있으신가요?" 이 정도로만 말씀하셔도 충분합니다. 이렇게 이야기하면 대부분의 업자들은 "있다, 없다"로 바로 답하지 않습니다. 다른 이야기를 먼저 꺼내면서 여러분이 어떤 사람인지 파악하려고 합니다. 특히 사복경찰인지 아닌지부터 확인하려는 경우도 많습니다. 만약 "있다"고 하면서 시세보다 크게 부르지 않는다면, 조건이 맞는지 판단한 뒤 바로 매수를 진행하시면 됩니다. 반대로 "없다"고 한다면 "혹시 물건 나오면 연락 주실 수 있을까요?"라고 말씀하시고 연락처를 남긴 뒤 다른 업자에게 이동하시면 됩니다. 한편, 물건이 있다고 하면서도 바로 거래 이야기를 하지 않고 이것저것 질문을 던지며 대화를 이어가는 업자들도 많습니다. 이는 일종의 아이스브레이킹 과정입니다. 이 과정에서 왜 쓸데없는 이야기를 하는지 답답해하거나 긴장하실 필요 없습니다. 자연스럽게 대화에 응하시면 됩니다. 중요한 것은 처음에 말씀드린 것처럼 "내가 원하는 조건"을 흔들리지 않고 유지하는 것입니다. 그리고 어느 정도 대화가 이어지면서 서로 긴장이 풀렸다고 느껴지는 순간이 옵니다. 그때부터가 실제 거래가 시작되는 시점입니다. 이 시점에서는 다시 한 번 내가 찾는 조건을 정리해서 명확하게 말씀하셔야 합니다.

"저는 102동 84A, 중층 이상으로 보고 있고, 3천 전후면 바로 진행할 생각입니다." 업자들이 아이스브레이킹을 하는 이유는 단순히 분위기를 풀기 위함만은 아닙니다. 여러분이 사복경찰인지 확인하려는 의도도 있지만, 그 이면에는 자신들에게 유리한 환경을 만들기 위한 목적도 있습니다. 즉, 매물이 없어서 다른매물을 소개하려고 아이스브레이킹을 했을 가능성도 있다는 얘기입니다. 아이스브레이킹이 어느정도 끝났다고 생각되면 다시 한 번 조건을 명확하게 이야기해야 합니다. 그래야 업자도 여러분을 흔들기가 어려운 사람이라고 판단해서, 빙빙 둘러가며 다른 물건을 소개 하지 않습니다. 그리고 이때 중요한 변화가 하나 생깁니다. 업자 입장에서 여러분이 '지금 당장 거래가 가능한 사람'으로 보이기 시작합니다. 이렇게 판단이 되면, 당장 가지고 있는 물건이 없더라도 다른 업자나 매도자에게 연락을 돌려서라도 물건을 찾아오기 시작합니다. 업자가 매물을 괜찮은 가격에 찾아오면 그냥 거래를 하면 끝일까요? 아닙니다. 이제부터가 진짜 시작입니다.

두 번째. 유리한 조건으로 계약하자

많은 분들이 이 지점에서 실수를 합니다. 좋은 물건이 나왔다고 생각하는 순간 바로 계약으로 넘어가 버립니다. 하지만 이 단계에서는 반드시 한 번 더 조건을 다듬어야 합니다. 업자들도 결국은 거래를 성사시키는 것이 목적이기 때문에, 이 시점에서는 어느 정도 협상이 가능합니다. 이때는 업자들이 현장에서 사용하는 용어들을 활용해서 조금이라도 조건을 유리하게 만들어야 합니다. 대표적으로 "교통비", "명판"과 같은 표현들이 있습니다. 이런 단어들은 업자들 사이에서 자연스럽게 사용되는 용어이기 때문에, 이 용어를 알고 있다는 것만으로도 업자는 여러분을 쉽게 보지 않습니다. 예를 들어 이렇게 이야기할 수 있습니다. "바로 진행할 수 있는데, 교통비 너무 많이 챙기신 건 아니죠? 조금만 더 깎아주세요.", "명판비용은 따로인가요? 아니죠? 다 포함된거죠?" 이렇게 이야기하면 단순히 "깎아주세요"라고 말하는 것보다 훨씬 효과적으로 협상이 이루어집니다. 보통 이렇게 이야기하면 업자들은 "다 포함된 가격입니다"라고 말합니다. 실제로 대부분의 경우 교통비나 명판 비용은 이미 가격에 포함되어 있는 경우가 많기 때문에 이렇게 이야기만 하고 조금만 더 깎아달라고 말하면 업자들이 알겠다고 말하며 적게는 몇십만 원에서 크게는 백만 원까지 깎아줍니다. 반면 그렇지 않은 업자들도 있습니다. 일부 업자들은 "아니다. 명판 비용은 따로 200만 원 들어간다." 혹은 더 나아가 "실거래 신고까지 해주는 건 이 가격에 어렵다." 이렇게 조건을 나누거나 추가 비용을 요구하는 경우도 있습니다. 이럴 때는 고민하실 필요 없습니다. 단호하게 말씀하시면 됩니다. "그럼 저는 다른 곳에서 진행하겠습니다." 이 한 마디면 충분합니다. 이 시장에서 업자들이 가장 싫어하는 상황은 '거래가 깨지는 것'입니다. 그렇기 때문에 조건이 크게 무리한 수준이 아니라면 대부분은 다시 맞춰주려고 합니다. 실제로 이렇게 말씀드리면 "그럼 맞춰드리겠습니다"라고 하면서 조건을 다시 조정해주는 경우가 많습니다. 중요한 것은 눈치를 보지 않는 것입니다. 여러분이 끌려가는 순간 조건은 계속 불리해집니다. 반대로 주도권을 잡고 명확하게 의사를 표현하면, 생각보다 훨씬 유리한 조건으로 거래를 진행할 수 있습니다. 분양권 거래는 가격만의 싸움이 아닙니다. 결국은 누가 주도권을 가지고 있느냐의 싸움입니다. 그리고 여기서 끝이 아닙니다. 가장 중요한 것이 남았습니다. 반드시 사후관리까지 약속을 받아야 합니다. 분양권 거래는 단순히 사고 끝나는 거래가 아닙니다. 정당계약, 옵션 선택, 명의변경 등 이후에도 계속해서 절차가 이어집니다. 이 과정에서 문제가 생기면 개인이 해결하기 쉽지 않습니다. 그래서 거래를 도와준 업자가 끝까지 책임지고 도와줄 수 있도록 미리 약속을 받아야 합니다. "사장님이 정당계약부터 명의변경, 실거래 신고까지 끝까지 같이 봐주시는 거죠?" 이 한 마디는 반드시 하셔야 합니다. 업자 입장에서도 거래가 성사되면 수수료를 받기 때문에, 이 정도 요청은 충분히 받아들입니다. 오히려 이런 부분을 확실하게 짚고 넘어가는 사람이 더 신뢰를 받는 경우도 많습니다. 결국 이 단계에서 중요한 것은 두 가지입니다. 가격을 조금이라도 유리하게 만드는 것, 그리고 거래 이후까지 책임질 사람을 확보하는 것입니다. 이

두 가지를 놓치지 않으면 분양권 거래의 절반은 성공한 것이라고 보셔도 됩니다.

이번엔 업자가 아닌 원매, 즉 당첨자들로부터 직접 분양권을 매수하는 방법에 대해 알아보도록 하겠습니다. 업자를 통해 거래하는 것과는 달리, 원매자와의 거래는 조금 더 신중하게 접근해야 합니다. 우선 현실적으로 말씀드리겠습니다. 현장에서 원매자를 직접 만나서 거래할 수 있는 확률은 거의 없다고 보셔야 합니다. 왜냐하면 업자들과 경쟁을 해야 하기 때문입니다. 업자들은 현장에서 하루 종일 대기하며 매도자와 연결을 만들고, 물건을 확보하는 데 익숙한 사람들입니다. 반면 일반 개인이 그들과 같은 속도와 방식으로 경쟁하는 것은 사실상 불가능합니다. 따라서 여러분이 원매자를 찾을 수 있는 방법은 블로그, 파워링크, 네이버 카페, 카카오톡 오픈채팅방 정도로 한정됩니다. 이러한 플랫폼을 통해 원매자와 연결이 되었을 때 반드시 기억하셔야 할 것이 있습니다. 절대로 업자처럼 행동하시면 안 됩니다. 원매자는 기본적으로 업자에 대한 경계심이 매우 강합니다. 이미 여러 업자들에게 연락을 받아본 상태일 가능성이 높고, 가격을 후려치거나 조건을 불리하게 만드는 경험을 했을 수도 있기 때문입니다. 이러한 상황을 배제한 채 접근하는 순간 업자처럼 보이기 때문에 대화 자체가 끊길 가능성이 높습니다. 그래서 저는 같은 청약자의 입장에서 대화를 시작합니다. "저도 이 단지 청약 넣었는데 떨어졌습니다. 혹시 어떤 타입이신지 여쭤봐도 될까요?", "분양권은 왜 매도하시려고 하시는 건가요? 저는 직장이 근처라 이쪽으로 이사를 와야 해서 보고 있습니다.", "계약금은 있으신 상태인가요? 없으셔도 괜찮습니다. 어차피 제가 매수하게 되면 제가 드리는 거라 미리 드릴 수도 있습니다.", "청약은 어떤 이유로 넣으셨던 건가요?", "힘들게 당첨되셨을 텐데 아쉬우시겠네요. 그런데도 매도하려고 하시는 이유가 있으신 거죠?" 이런 식으로 질문을 던지면서 동시에 본인의 상황도 자연스럽게 섞어서 이야기합니다. 핵심은 단순합니다. "나는 이런 상황이다. 당신은 어떤 상황인가?" 그리고 더 나아가 "당신이 원하는 조건을 맞춰줄 수 있다"는 신호를 주는 것입니다. 이렇게 접근하면 상대방의 긴장이 빠르게 풀립니다. 그리고 자연스럽게 사적인 이야기까지 이어지게 됩니다. 이때 나오는 사소한 이야기들 속에 반드시 파악해야 할 정보들이 있습니다. 첫 번째는 계약금 여부입니다. 두 번째는 소득 수준입니다. 세 번째는 매도하려는 이유입니다. 이 세 가지는 거래의 방향을 결정짓는 핵심 정보입니다. 먼저 계약금이 있는 경우입니다. 계약금이 있는 상태라면 매도자는 심리적으로 불안하지 않습니다. 그래서 당장 급하게 처분할 필요가 없기 때문에 거래를 급하게 하지않고 차분하게 알아봅니다. 조금만 더 알아보면 정당계약 이후에 파는 것이 더 이득이라는 것을 알 수 있기 때문에, 초피로 매도할 가능성이 낮아집니다. 즉, 매수자 입장에서는 불리한 상황입니다. 매수자 입장에서는 계약금이 없는 당첨자가 최고입니다. 두 번째는 소득 수준입니다. 연봉이 높은 경우 역시 협상이 어려워집니다. 보통은 "나는 연봉이 얼마인데 알아보니 잔금 대출이 안 나올 수도 있다"는 식으로 나의 정보를 통해 상대방의 불안 요소를 자극해 매도를 유도할 수 있는데, 소득이 충분한 경우에는 이 전략이 통하지 않기 때문입니다. 마지막으로 가장 중요한 것은 매도하려는 이유입니다. 이것을 알아야 하는 이유는 단순합니다. 상대방이 팔까 말까 고민하는 순간, 그 사람이 스스로 말했던 이유를 계속 상기시켜줘야 하기 때문입니다. 즉, 이 대화 방식의 핵심은 내가 왜 사야 하는지를 설득하는 것이 아니라, 상대방이 왜 팔아야 하는지를 스스로 말하게 만드는 것입니다. 이 차이가 결과를 만듭니다. 대화를 이어가다 보면 자연스럽게 원매자가 원하는 가격대를 알 수 있습니다. 이때 중요한 것은 가격을 두고 밀고 당기는 것이 아니라, 오히려 솔직하게 접근하는 것입니다. 만약 상대방이 가격을 너무 높게 이야기했다면 이렇게 말씀하시면 됩니다. "사실 저는 실거주를 꼭 해야 하는 상황이라 여기저기 많이 알아봤습니다. 그래서 시세는 어느 정도 정확하게 알고 있는데, 말씀해주신 금액이면 제가 진행하기는 어려울 것 같습니다. 제가 정말 고민했던 물건 중에, 매도자님보다 층도 더 좋은데 오히려 더 저렴한 것도 있었거든요." 이렇게 이야기하면 감정적인 충돌 없이 자연스럽게 가격을 낮출 수 있는 여지를 만들 수 있습니다. 반대로 가격을 너무 낮게 이야기하는 경우도 있습니다. 이때는 많은 분들이 바로 거래를 하려고 합니다. 하지만 저는 오히려 이 상황에서 바로 거래를 하기보다 "이 가격이면 너무 낮은 것 같아서요. 저도 저렴하게 사면 좋긴 한데, 제가 절박해서 계속 알아보다 보니까 시세가 이 정도는 형성되어 있더라고요. 말씀하신 금액보다는 제가 조금 더 맞춰드리는 게 맞는 것 같습니다." 이렇게 접근하는 것이 거래가 성사될 가능성이 더 높습니다."왜 굳이 돈을 더 주면서 사야 하나요?"라고 생각하실 수 있습니다. 이유는 단순합니다. 100명 중 90명은 거래를 하기로 마음먹었다가도 "이 가격에 파는게 맞나?"라는 생각이 드는 순간 다른 곳을 알아보기 시작합니다. 쿠팡에서 물건 하나를 사더라도 가격 비교를 하는 것이 당연한 것처럼, 분양권 역시 마찬가지입니다. 상대방은 무조건 다른곳을 통해 시세를 알아볼 것입니다. 그래서 덥석 무는 것보다, 시세를 솔직하게 오픈하고 내가 실거주자라는 점을 분명하게 전달하면서 가격을 조율하는 것이 훨씬 좋은 결과를 만듭니다. 상대방과의 대화가 잘 마무리되어 거래를 하기로 결정했다면, 이제부터는 전문가의 도움을 받아야 합니다. 개인 간 거래는 가능하지만, 어떻게 진행하느냐에 따라 결과가 크게 달라집니다. 특히 법적인 부분을 정확하게 이해하지 못한 상태에서 거래를 진행하게 되면, 계약이 성사되었다가도 쉽게 깨지는 경우가 많습니다. 문제가 되는 상황은 계약이 깨졌을 때입니다. 이때 전문가의 도움 없이 진행한 거래는 배액배상을 받기 어려운 경우가 많고, 결국 단순히 원금만 돌려받고 거래가 종료되는 경우가 대부분입니다. 그래서 반드시 거래를 도와줄 업자를 끼고 진행하셔야 합니다. 업자를 찾는 것은 어렵지 않습니다. 이미 현장에서 활동하고 있는 업자들은 이미 많은 거래를 진행했기 때문에, 새로운 거래를 추가로 도와주는 것에 큰 부담이 없습니다. 방법은 간단합니다. 현장에 있는 업자에게 가서 이렇게 말씀하시면 됩니다. "지인 거래로 진행하려고 하는데, 계약 진행만 도와주실 수 있을까요? 수고비는 따로 드리겠습니다." 이 정도로 말씀하시면 대부분의 업자들은 흔쾌히 도와줍니다. 수고비는 보통 100만 원 정도 선에서 협의가 이루어지는 경우가 많습니다. 이렇게 진행하게 되면, 업자가 계약 과정에서 필요한 모든 절차를 도와줍니다. 매도자와 매수자가 주고받아야 하는 문자 내용부터 시작해서 계약 진행, 일정 조율, 이후 절차까지 전반적인 과정을 관리해줍니다. 결국 이 단계에서 중요한 것은 단순히 거래를 성사시키는 것이 아니라, 문제 없이 끝까지 안전하게 마무리하는 것입니다.

반대로, 이제 매도자의 입장에서 분양권을 한 번 팔아보겠습니다. 사실 당첨된 분양권을 초피에 파는 것 자체는 손해라고 보서도 됩니다. 초피장에는 분양권이 한 번에 시장에 쏟아져 나오기 때문에 매물 간 경쟁이 발생하고, 그로 인해 가격 자체가 낮게 형성됩니다. 그래서 저는 계약금을 납부할 수 있는 상황이라면 초피에 급하게 매도하기보다는 정당계약 날 계약금을 납부하고 계약서를 발급받은 뒤, 매물이 줄어들기 시작하는 시점을 기다리는 것을 추천드립니다. 이 시점부터는 시장에 나오는 물량이 줄어들면서 자연스럽게 시세가 상승하는 흐름이 나오기 때문입니다. 하지만 모든 사람이 같은 선택을 할 수 있는 것은 아닙니다. 만약 계약금을 납부할 여유가 없는 상황이라면 이야기가 달라집니다. 이 경우에는 초피 구간에서 매도를 진행해야 하기 때문에, 같은 초피라 하더라도 최대한 높은 가격을 받는 것이 중요합니다. 그래서 지금부터는 같은 분양권이라도 더 높은 가격에 팔 수 있는 방법에 대해 말씀드리겠습니다. 먼저 계약금이 없는 경우부터 알아보도록 하겠습니다.

첫 번째. 제발 집에서 인터넷으로 분양권 검색하고 업자한테 전화해서 여기저기에 당첨된 동.호수를 뿌리지 마세요

분양권이 당첨되면 기쁜 마음에, 혹은 빨리 팔아야겠다는 생각에 여러 업자들에게 동시에 동·호수를 공유하는 경우가 많습니다. 하지만 이 행동은 스스로 당첨된 분양권의 가격을 낮추는 가장 빠른 방법입니다. 이유는 단순합니다. 같은 물건이 여러 업자에게 동시에 풀리는 순간, 그 물건의 희소성이 사라지기 때문입니다. 업자들 입장에서 보면, 어차피 이 물건을 가지고 있는 업자들이 많기 때문에 '더블'이 발생할 가능성이 높습니다. 더블이란 하나의 거래에 여러 업자가 개입되어 수수료를 나눠 가져야 하는 상황을 의미합니다. 이 상황은 업자들에게 매우 불리합니다. 예를 들어 매수자를 찾아 거래를 성사시켜 100만 원의 수고비를 받는다고 가정해보겠습니다. 그런데 다른 업자가 나타나 "이 매도자 내가 알고 있다. 원래 내 손님이다. 해결 안 되면 거래가 깨지게 하겠다."며 거래를 중간에 끼어들고 수수료를 나눠 가지자고 한다면 어떨까요. 일은 혼자 다 했는데 돈은 나눠 가져야 하는 상황이 됩니다. 이런 상황이 반복되기 때문에 업자들은 여러 곳에 동시에 풀린 물건을 적극적으로 거래하려고 하지 않습니다. 오히려 리스크가 있다고 판단하고 피하는 경우가 많습니다. 결국 어떻게 될까요. 아무도 적극적으로 붙지 않는 물건은 자연스럽게 가격이 내려갑니다. 그래서 동.호수는 절대 함부로 공유하시면 안 됩니다. 만약 본인의 물건 시세를 파악하고 싶다면, 본인의 휴대폰이 아닌 다른 사람의 휴대폰을 이용해 업자들에게 전화해서 "102동 84A 타입 중층 이상입니다."라고 물어보세요. 이 정도로만 이야기해도 충분히 시세를 파악할 수 있습니다. 업자들은 동.호수를 정확히 몰라도 타입과 층만으로도 어느 정도 가격대를 바로 판단할 수 있기 때문입니다. 오히려 동.호수를 구체적으로 공개하는 순간, 그 물건은 시장에 풀린 것과 다름없습니다. 그렇기 때문에 당첨된 아파트의 동.호수를 대략적으로 유추할 수 있을 정도까지만 공유하고, 시세만 확인하는 것이 좋습니다. 그렇다면 왜 당첨자의 휴대폰이 아닌 다른 사람의 휴대폰으로 전화해야 할까요? 이유는 단순합니다. 매도자는 한 곳에만 문의하지 않습니다. 여러 업자에게 동시에 연락을 하기 때문에, 자칫 잘못하면 해당 번호가 '빠꼼이' 번호로 낙인찍힐 수 있기 때문입니다. 업자들은 '빠꼼이'나 '진상'으로 판단되는 경우, 휴대폰 뒷번호를 서로 공유하는 경우가 많습니다. 한 번 찍히게 되면 현장에서 외면당하거나, 제대로 된 가격을 듣지 못하는 상황이 발생할 수 있습니다. 그래서 시세를 확인할 때는 반드시 다른 사람의 휴대폰을 활용하는 것이 좋습니다. 만약 현장에 직접 갈 수 없는 상황이라 어쩔 수 없이 전화로만 문의를 해야 한다면, 이 방법을 활용해 업자들에게 시세를 파악하고, 마음에 드는 가격이 형성되어 있다면 그때 거래를 진행하시면 됩니다. 여기서 한 가지 더 중요한 팁을 드리겠습니다. 반드시 매수자 역할로도 전화를 해보셔야 합니다. 매도자 입장에서 전화를 했을 때와, 매수자 입장에서 전화를 했을 때 들을 수 있는 가격은 생각보다 큰 차이가 납니다. 그렇다면 왜 이런 차이가 발생할까요? 이유는 단순합니다. 매도자와 매수자가 듣는 가격의 차이만큼, 업자들이 수수료를 가져가기 때문입니다. 즉, 매도가와 매수가의 차이가 클수록 업자의 수수료도 커지는 구조입니다. 반대로 말하면, 이 차이를 얼마나 잘 조율하느냐에 따라 매도자가 가져갈 수 있는 금액도 달라집니다. 그렇다면 적정 수수료는 어느 정도일까요? 분양권 거래에서 명판이 포함되는 경우, 기본적으로 약 200만 원 정도를 생각해야 합니다. 이는 거의 기본 비용이라고 보시면 됩니다.

그리고 일반적인 부동산 수수료와는 다르게, 분양권 거래는 대부분 정액제로 진행됩니다. 프리미엄이 커질수록 수수료도 함께 올라가는 구조입니다. 예를 들어 프리미엄이 3천만 원 이상 붙은 경우라면, 수수료는 보통 500만 원 이상 형성되는 경우가 많습니다. 물론 현장마다 차이가 있기 때문에 정확한 금액을 단정할 수는 없지만, 이 정도 수준을 기준으로 생각하시면 무리가 없습니다. 정리해보겠습니다. 프리미엄이 1천만 원 이하인 '동전피' 구간에서는 매도가와 매수가의 차이가 약 200만 원 정도라면 적정 수수료라고 보시면 됩니다. 반대로 프리미엄이 3천만 원 이상인 경우에는 매도가와 매수가의 차이가 약 500만 원 수준이라면 적정 수수료 범위입니다. 이 정도 차이라면 수수료를 줄이려고 하기보다는, 그 구조를 이해하고 거래를 진행하는 것이 맞습니다.

두 번째. 현장에 가서 팔아라

당첨자 발표 당일과 같이 어쩔 수 없는 상황을 제외하고는, 모델하우스나 모델하우스 인근 카페에서 업자들을 직접 만나 분양권을 매도하는 것이 가장 좋습니다. 하지만 많은 사람들이 그저 귀찮다는 이유로, 혹은 시간이 없다는 핑계로 전화나 메시지만으로 거래를 진행하려고 합니다. 물론 그렇게도 거래는 가능합니다. 하지만 그렇게 접근하려면 앞에서 말씀드린 것처럼 더 많은 준비와 계산이 필요합니다. 반면 현장에 나가면 상황이 완전히 달라집니다. 현장에 있는 업자들과 직접 소통할 수 있고, 전화로는 절대로 들을 수 없었던 이야기들을 들을 수 있습니다. 예를 들어 이 현장이 얼마나 좋은지, 업자들이 얼마나 많이 물건을 확보하고 있는지, 지금 매수자들의 움직임은 어떤지, 심지어 다음으로 뜰 가능성이 있는 현장이 어디인지까지 자연스럽게 알게 됩니다. 즉, 단순히 물건을 파는 것이 아니라 시장을 배우게 됩니다. 이처럼 현장에 가면 전화로는 절대로 얻을 수 없는 '경험'을 하게 됩니다. 저는 이 경험은 돈을 주고도 살 수 없는 것이라고 생각합니다. 그래서 분양권을 매도해야 하는 상황이라면, 반드시 한 번은 현장에 나가 직접 팔아보시라고 말씀드립니다. 참고로 현장에서는 더블이 발생할 가능성이 거의 없습니다. 매도자 본인이 현장에 있기 때문에, 업자들끼리 중간에서 끼어들어 수수료를 나누는 구조가 만들어지기 어렵습니다. 또한 매도자가 직접 가격을 확인하고 있기 때문에 수수료를 과도하게 부르는 것도 쉽지 않습니다. 즉, 거래 구조 자체가 투명해집니다. 이런 환경에서는 매도자가 훨씬 유리한 위치에서 거래를 진행할 수 있습니다. 그래서 특별한 사정이 없다면, 분양권을 매도할 때는 반드시 현장에 나가서 직접 거래를 진행하는 것을 추천드립니다.

　지금까지는 계약금이 없는 상황에서의 매도 전략을 말씀드렸습니다. 하지만 반대로 계약금을 납부한 상태라면 이야기는 완전히 달라집니다. 이 경우에는 더 이상 '빨리 파는 것'이 목적이 아니라 '언제 파느냐'가 중요해집니다. 계약금이 있다는 것은 계약금을 납부할 수 있다는 얘기이고, 시간적으로 여유가 있다는 것을 의미합니다. 즉, 급하게 팔 필요가 없는 상태이기 때문에 시장 상황을 지켜보면서 타이밍을 선택할 수 있습니다. 초피가 가장 저렴하니까 정당계약을 하고 바로 팔면 되는 것 아닌가라고 생각하실 수도 있습니다. 하지만 프리미엄이 붙었다고 해서 정당계약 이후에도 반드시 상승하는 것은 아닙니다. 상승할 가능성이 높은 것일 뿐, 시장 상황에 따라 얼마든지 정체되거나 오히려 떨어질 수도 있습니다. 그래서 계약금이 있는 상황에서는 단순히 "지금 팔까, 말까"가 아니라 "지금 파는 게 맞는지, 기다리는 게 맞는지"를 판단해야 합니다. 어떻게 판단해야 할까요? 생각보다 간단합니다. 시장에 매물이 줄어들면서 시세가 계속 올라가고 있는지, 아니면 매물이 늘어나면서 시세가 내려가고 있는지만 보면 됩니다. 이게 가장 기본적인 판단 공식입니다. 하지만 실제 현장에서는 이 공식이 그대로 적용되지 않는 경우도 있습니다. 매물이 줄어들고 있는데도 시세가 하락하는 경우가 있고, 반대로 매물이 늘어나고 있는데도 시세가 상승하는 경우도 있습니다. 이럴 때는 조금 더 깊게 해석해야 합니다. 먼저 매물이 줄어들고 있음에도 불구하고 시세가 하락하고 있다면, 이는 정당계약 이후에도 가격이 크게 상승하지 않을 가능성이 높다는 신호입니다. 단순히 물량이 줄어드는 것만으로는 가격을 끌어올릴 만큼의 수요가 받쳐주지 못하고 있다는 의미이기 때문입니다. 이런 경우에는 욕심을 부리지 않는 것이 중요합니다. 정당계약 전날까지 시장 상황을 지켜보면서 시세가 더 이상 상승하지 않는다고 판단되면 그 시점에서 매도하는 것이 가장 안전한 선택입니다. 반대로 매물이 늘어나고 있는데도 시세가 상승하고 있다면 이야기는 완전히 달라집니다. 이는 시장에 나와 있는 물량보다 수요가 더 강하게 받쳐주고 있다는 의미입니다. 쉽게 말해, 물건은 많은데도 계속 팔리고 있다는 뜻입니다. 이런 흐름에서는 정당계약 이후 매물이 잠기기 시작하는 순간 시세가 크게 뛸 가능성이 높습니다. 그래서 이런 경우에는 정당계약을 진행한 이후 일정 기간을 보유하면서 흐름을 지켜보는 것이 좋습니다. 저는 이런 상황이라면 최소 1년 정도는 보유하는 것을 권합니다. 결국 핵심은 단순합니다. 매물의 수만 보는 것이 아니라, 그 매물이 시장에서 어떻게 소화되고 있는지를 함께 봐야 합니다. 이 차이를 이해하는 순간, 같은 분양권이라도 전혀 다른 가격에 팔 수 있게 됩니다.

마지막으로 출발비에 대해 말씀드리고 마무리하겠습니다. 출발비는 요구하지도, 받지도, 주지도 마십시오. 출발비란 분양권 시장에서 명의변경을 하러 가는 비용이라는 명목으로, 매도자가 매수자에게 프리미엄 외의 추가 금액을 요구할 때 쓰는 단어입니다. 보통 매도자가 "요즘 시세가 많이 올랐으니 떡값 정도는 더 받아야 명의변경을 해주겠다"는 식으로 말을 하면, 업자들이 매수자에게 전화해서 "출발비를 줘야 매도자가 움직인다"며 설득합니다. 누가 처음 만들었는지는 모르겠지만, 저는 이 단어를 처음 들었을 때부터 지금까지 단 한 번도 정상적인 거래 방식이라고 생각해본 적이 없습니다. 애초에 이런 사고방식을 가진 사람은 분양권 거래를 하면 안 된다고 생각합니다. 왜냐하면 이건 거래가 끝난 뒤에 시세가 올랐다는 이유만으로, 매도자가 이미 끝난 계약에 다시 손을 대는 행동이기 때문입니다. 결국 "내가 손해 본 것 같으니 명의변경을 하기 싫다. 명의변경을 원하면 돈을 더 내놔라"는 말과 다르지 않습니다. 겉으로는 출발비라는 이름을 붙여놓았지만, 본질은 시세가 오른 것에 대한 아쉬움을 매수자에게 떠넘기는 것입니다. 반대로 한 번 생각해보겠습니다. 매수자가 분양권을 샀는데 시세가 하락하면, 매도자가 하락한 만큼 다시 돌려줍니까? 당연히 아닙니다. "그건 시장 상황이 그런 것이니 어쩔 수 없다"고 말하고 끝납니다. 즉, 시세가 오르면 매도자가 추가 돈을 요구하고, 시세가 내리면 매수자가 혼자 손해를 감당하는 구조입니다. 이건 정상적인 거래라고 보기 어렵습니다. 저는 이런 행동이야말로 정말 지저분한 거래 방식이라고 생각합니다. 정상적인 거래라면 가격을 정하는 순간 끝나야 합니다. 그 이후 시세가 오르든 내리든, 그 책임과 결과는 거래를 체결한 시점부터 매수자와 매도자가 각자 감당해야 하는 것입니다. 매수자는 시세가 하락할 위험을 감수하고 샀고, 매도자는 시세가 더 오를 수도 있다는 가능성을 감수하고 판 것입니다. 그게 시장입니다. 그런데 시세가 오른 경우에만 매도자가 다시 돈을 요구한다면, 애초에 거래라는 개념 자체가 성립되지 않습니다. 더 큰 문제는 이런 출발비 문화가 시장을 굉장히 지저분하게 만든다는 점입니다. 처음에는 소액으로 시작합니다. "기름값 정도만 주세요", "왔다 갔다 하는 값은 받아야죠" 같은 식으로 말을 꺼냅니다. 하지만 그 기준은 전혀 명확하지 않습니다. 누군가는 50만 원을 말하고, 누군가는 100만 원을 말하며, 누군가는 시세가 많이 뛰었다며 몇 백만 원까지도 요구합니다. 결국 기준이 없는 돈이고, 분위기와 사람, 그리고 억지에 따라 금액이 정해집니다. 이런 구조를 받아주는 순간 거래는 계약이 아니라 흥정판이 되어버립니다. 그래서 저는 매수하기 전에 업자들에게 반드시 "출발비는 없다"는 조건을 명확하게 말하라고 합니다. 이 한 마디로 대부분의 불필요한 분쟁을 막을 수 있습니다. 정말 좋은 물건이고 구조상 어쩔 수 없이 진행해야 하는 상황이라면 모르겠지만, 대부분의 경우 출발비를 사전에 정리하지 않으면 명의변경 시점에서 다시 이야기가 나오는 경우가 많습니다. 실거래신고나 서류 진행 과정에서 괜한 기싸움이 생기기도 합니다. 한 번 선을 넘는 사람은 두 번, 세 번도 넘습니다. 매도자 입장에서도 마찬가지입니다. 출발비를 요구하지 마십시오. 거래는 깔끔해야 합니다. 팔기로 한 가격이 있으면 그 가격으로 끝나야 하고, 사기로 한 조건이 있으면 그 조건으로 마무리되어야 합니다. 시세가 오른 뒤에 아쉬운 마음이 드는 것은 이해할 수 있습니다. 하지만 그것은 계약 전에 끝냈어야 할 고민이지, 계약이 끝난 뒤에 매수자에게 청구할 이유가 되지는 않습니다. 다시 한 번 말씀드립니다. 출발비는 요구하지도, 받지도, 주지도 마십시오. 그 돈은 정당한 돈이 아니라 거래를 지저분하게 만드는 돈입니다. 그리고 그런 돈이 분양권 시장을 더럽힙니다.

이 책을 보고도 분양권을 초피로 사지 못하는 경우가 분명히 생길 수 있습니다. 하지만 그렇다고 해서 포기하실 필요는 없습니다. 초피를 놓쳤다고 해서 기회가 사라지는 것이 아니라, 단지 더 싸게 살 수 있는 다른 구간을 놓친 것뿐입니다. 시장에는 항상 다음 기회가 존재합니다. 중요한 것은 그 구간을 알고 있느냐, 모르느냐의 차이입니다. 그래서 저는 이 파트에서 분양권을 비교적 저렴하게 가져올 수 있는 구간들을 말씀드리려고 합니다. 이 구간들만 제대로 이해하고 있어도 초피를 놓쳤다고 해서 기회를 완전히 놓치는 일은 없을 것입니다. 분양권은 아무 때나 싸게 살 수 있는 것이 아닙니다. 가격이 내려오는 순간이 분명히 존재하고, 그 순간마다 이유가 있습니다. 그 흐름을 이해하고 접근하면 같은 물건이라도 훨씬 유리한 가격에 가져올 수 있습니다. 대표적으로 초피 구간을 제외하고 분양권이 저렴해지는 구간은 다음과 같습니다. 첫 번째, 명의 변경 구간입니다, 두 번째, 중도금 대출 신청 구간입니다, 세 번째 입주하는 구간입니다. 앞서 초피 구간이 가장 저렴한 구간이라고 말씀드렸습니다. 따라서 지금 말씀드린 이 세 구간은 시기마다 가격이 눌리는 구간일 뿐, 초피보다 더 저렴해지는 경우는 거의 없습니다. 적어도 제가 이 시장에 참여해온 시간 동안은 그런 경우를 보지 못했습니다. 하지만 그렇다고 해서 이 구간들을 무시하면 안 됩니다. 이 세 구간은 초피를 놓친 이후에 가장 현실적으로 접근할 수 있는 '두 번째 기회'라고 보셔야 합니다. 부동산은 결국 저렴하게 살 수 있을 때 사는 것이 가장 중요합니다. 분양권 투자 역시 마찬가지입니다. 그래서 분양권 투자를 생각하고 있다면 이 구간들은 반드시 알고 있어야 합니다.

첫 번째, 명의변경 구간

이 구간은 분양권 시장에서 매물이 가장 많이 쏟아지는 시기 중 하나입니다. 많은 사람들이 이 시기를 겉으로만 보고 시세가 하락해서 분양권을 내놓는 구간이라고 생각하고 시세가 더 떨어지길 기대하고 무시합니다. 하지만 실제로는 그렇지 않습니다. 이 구간에서 쏟아지는 이유는 시세가 하락해서 분양권을 저렴하게 던지는 게 아니라 매물의 대부분이 업자들이 찍어놓은 물건들이기 때문입니다. 분양권은 과거에는 1주택자가 최대 2개까지 보유할 수 있었지만, 현재는 정책이 바뀌면서 기존 주택을 처분해야만 매수한 분양권을 자신의 명의로 가져올 수 있습니다. 이 구조 때문에 1주택자이거나 명의가 없는 사람들이 잡아둔 분양권을 자신들의 명의로 가지고 올 수 없어서 명의변경 구간에 많이 쏟아져 나옵니다. 당연히 매물이 쏟아지면 수요와 공급에 의해 시세가 한 번 조정을 받습니다. 문제는 여기서 일반 투자자들의 반응입니다. 이런 구조를 모르는 상태에서 겉으로 보기에 매물이 많아지고 가격이 내려가는 것처럼 보이기 때문에, 불안감에 물건을 던지는 경우도 종종 발생합니다.

여기서 재미있는 상황이 생깁니다, 업자들이 찍어놓은 물건이기 때문에 대부분은 업자들을 따라다니는 매수자들이 이 물건들을 받아갑니다. 매수자가 없는 업자들은 선택지가 없습니다. 명의변경 구간은 정당계약 이후 보통 한 달에서 두 달 사이에 진행되기 때문에, 이 기간 안에 매수자를 찾지 못하면 결국 시세보다 저렴하게라도 인근 부동산에 물건을 내놓죠. 이때 급매가 나오기 시작하는데. 일반 투자자도 이걸 보고 매물을 내놓는다는겁니다. 그래서 매물이 부동산에서 또 한 번의 경쟁을 시작하게 되는 재

230

미있는 상황이 벌어지죠. 아무튼 여기서 한 가지 의문이 생길 수 있습니다. 초피 거래 구간에는 없어서 못 팔던 분양권인데 왜 매수자가 없어서 가격 경쟁을 하고 시세가 하락할까요? 이유는 가격이 비싸서가 아닙니다. 투자자들은 초피 거래 구간이 끝난 분양권은 관심 목록에서 제외시키는 경우가 많습니다. 어차피 다음 청약에서 기회를 잡을 수 있다고 생각하기 때문입니다. 여기에 하나가 더 겹칩니다. 실거래가 공개 시스템입니다. 명의변경 구간에는 분양권 거래 내역이 한 번에 많이 찍히는데, 이때 상당수의 거래가 실제 가격보다 낮은 금액으로 신고되는 경우가 많습니다. 이른바 다운거래입니다. 이 데이터를 그대로 보는 일반 매수자들은 "시세가 이 정도인가 보다"라고 판단하게 되고, 실제 시장 가격과 괴리가 발생합니다. 그 결과 매수 결정이 더 어려워지고, 시장은 한 번 더 눌리게 됩니다. 결국 이 모든 구조가 겹치면서 명의변경 구간은 가격이 눌릴 수밖에 없는 구간이 됩니다. 그래서 저는 이 구간을 초피 다음으로 가장 저렴하게 분양권을 가져올 수 있는 구간이라고 생각합니다. 실제로 대부분의 현장에서 명의변경 구간에는 분양권 가격이 일시적으로 조정을 받습니다. 명의변경 구간에는 모델하우스에서 명의변경이 진행되기 때문에, 모델하우스에서도 분양권 거래가 이루어지기도 합니다. 하지만 저는 모델하우스에서 분양권을 찾는 것은 추천하지 않습니다. 이유는 간단합니다. 모델하우스에는 이미 명의변경이 가능한 사람들만 모여 있기 때문입니다. 그래서 저는 명의변경 구간 직전에 모델하우스 인근이나, 모델하우스가 아닌 실제 현장 인근에서 분양권을 전문적으로 거래하는 부동산을 찾아가서 물건을 찾는 것을 추천합니다.

두 번째, 중도금 대출 신청 구간

이 구간은 명의변경 구간처럼 매물이 많이 쏟아지는 시기는 아닙니다. 보통 중도금 대출 신청은 정당계약 이후 약 6개월 뒤에 진행되는데, 이 시점에서는 이미 한 번 정리가 된 상태이기 때문에 시장에 나오는 매물의 수는 많지 않습니다. 하지만 그렇다고 해서 기회가 없는 구간은 아닙니다. 이 시기에는 다른 이유로 매물이 나오기 시작합니다. 첫 번째는 중도금 대출이 나오지 않는 경우입니다. 서류 심사에 통과하지 못하거나 개인의 신용 문제로 인해 대출이 막히는 경우, 중도금 대출을 현금으로 납부해야 하기 때문에 더 이상 분양권을 유지하기 어려워 어쩔 수 없이 매도를 선택하게 됩니다. 두 번째는 이미 다른 분양권을 추가로 투자한 경우입니다. 6개월이라는 시간 동안 추가 투자를 진행한 사람들 중 일부는 자금 부담을 줄이기 위해 기존 물건을 정리하기도 합니다. 갈아타기 매물인거죠. 이 두 가지 이유로 인해 이 구간에서도 매물이 나오기는 하지만, 명의변경 구간처럼 대량으로 쏟아지는 구조는 아닙니다. 여기서 재미있는 포인트가 하나 있습니다. 바로 옵션입니다. 이 시기에는 옵션 선택을 잘못한 사람들의 매물이 나오기도 합니다. 풀옵션으로 계약을 했거나, 필요 이상으로 옵션을 많이 넣은 경우 매수자들 입장에서 초기 부담이 커지기 때문에 이런 분양권은 상대적으로 그렇지 않은 분양권보다 시세가 저렴하게 나오는 경우가 많습니다. 이런 분양권을 사는 것은 투자 관점에서는 불리할 수 있습니다. 옵션이 과도하게 들어간 물건은 나중에 되팔 때도 나중에 사는 매수자 입장에서 부담이 크기 때문에 프리미엄이 잘 붙지 않거나, 나중에 팔 때 가격이 눌릴 수 있기 때문입니다. 하지만 실거주를 생각하고 있다면 이야기는 달라집니다. 어차피 직접 사용할 옵션이라면, 이미 설치된 상태로 저렴하게 가져오는 것도 충분히 좋은 선택이 될 수 있습니다. 결국 이 구간의 핵심은 단순합니다. "많이 나오는 구간이 아니라, 틈을 노리는 구간"입니다.

물건이 많지는 않지만, 타이밍과 조건만 맞으면 의외로 괜찮은 가격에 가져올 수 있는 구간입니다.

세 번째, 입주장

이 구간은 말 그대로 입주가 시작되는 시점, 혹은 입주가 진행되고 있는 구간을 의미합니다. 그렇다면 이 시기에 왜 기회가 생길까요? 이유는 단순합니다. 매물이 한꺼번에 쏟아지기 때문입니다. 입주가 시작되면 잔금을 치러야 하는 사람들이 한 번에 몰립니다. 그중에는 실거주를 목적으로 들어온 사람도 있고, 투자 목적으로 들어온 사람도 있습니다. 문제는 이 시점에서 현금이 부족하거나, 대출이 막히거나, 개인 사정이 생기는 사람들이 반드시 나온다는 점입니다. 여기에 경제 상황까지 좋지 않게 흘러간다면 이 구간은 말 그대로 기회가 몰리는 타이밍이 됩니다. 그래서 입주장에서는 시장 가격보다 낮은 급매가 실제로 많이 등장합니다. 특히 대단지이거나 1차, 2차, 3차로 나눠서 분양이 진행된 곳이라면 매물이 연달아 나오면서 가격이 흔들리는 경우가 더 자주 발생합니다. 앞에서 설명했던 구간들이 정보 싸움, 속도 싸움이었다면 입주장 구간은 현금과 판단력 싸움입니다. 좋은 물건은 분명히 나옵니다. 하지만 문제는 그걸 잡을 준비가 되어 있느냐입니다. 입주장도 초피장과 마찬가지로 하루에도 시세가 여러 번 바뀝니다. 어제까지 프리미엄이 5천이던 물건이 오늘은 4천이 될 수도 있고, 다음 날 다시 6천이 될 수도 있습니다. 따라서 이 구간에서는 머리로 계속 계산만 하고 있으면 기회를 잡기 어렵습니다. 같은 단지 안에서도 동, 층, 향, 타입에 따라 가격 차이가 크게 벌어지기 때문에 단순히 가격만 보고 판단하면 놓치는 경우가 많습니다. 그래서 이 구간에서는 시세를 완벽하게 계산하려 하기보다 내가 미리 정해둔 조건의 물건이 나왔을 때 그걸 잡을 수 있는 준비가 되어 있는지가 더 중요합니다.

차. 최고가에 시집보내기

지금까지는 분양권을 어떻게 사야 하는지에 대해 주로 이야기 했습니다. 이번에는 어떤 분양권을 사야 나중에 비싸게 팔 수 있는지, 그리고 당첨됐을 때 어떻게 계약해야 나중에 팔 때 최고가를 받을 수 있는지에 대해 알아보겠습니다. 앞에서 말씀드린 매도 타이밍과는 조금 다른 이야기입니다. 앞에서는 언제 파는 것이 좋은지에 대해 이야기했다면, 지금부터는 어떤 물건이 잘 팔리는지, 그리고 같은 물건이라도 어떻게 준비하고 어떻게 내놓느냐에 따라 가격이 얼마나 달라질 수 있는지에 대해 조금 더 깊게 말씀드리겠습니다.

첫 번째. 옵션의 중요성

아파트 분양권에 당첨되면 옵션에 대해 고민을 하지 않을 수 없습니다. 발코니 확장부터 시스템 에어컨, 시스템 선반, 아일랜드 식탁, 맞춤 냉장고까지 선택할 수 있는 옵션들이 상당히 많기 때문입니다. 특히 모델하우스를 보면 대부분 풀옵션이 적용되어 있기 때문에, 처음 방문한 분들은 자연스럽게 "이 정도는 다 해야 하지 않을까?"라는 생각을 하게 됩니다. 하지만 여기서 반드시 기준을 잡고 가셔야 합니다. 옵션은 '내가 만족하기 위한 선택'이 아니라, '나중에 팔 때 유리한 선택'이어야 합니다. 이 기준 하나만 기억하시면 됩니다. 구조를 바꾸는 옵션은 선택하고 (발코니 확장, 알파룸), 나중에 사설로 할 수 있는 옵션은 모두 제외하세요. 발코니 확장이 대표적인 구조 옵션입니다. 이건 단순한 선택이 아니라 선호도의 문제이기 때문에 반드시 진행하는 것이 좋습니다. 발코니 확장이 되어 있지 않은 세대는 매수자 입장에서 아예 고려 대상에서 제외되는 경우가 많기 때문입니다. 반대로 시스템 에어컨, 붙박이장, 시스템 선반, 인덕션, 각종 가전기기와 같은 옵션들은 모두 입주 이후에도 충분히 시공이 가능합니다. 비용도 더 합리적이고, 원하는 스타일로 선택할 수 있습니다. 결국 이런 옵션들은 분양가만 높일 뿐, 매도할 때 그만큼의 가치를 인정받지 못하는 경우가 대부분입니다. 분양권을 매수하는 사람들은 옵션을 보고 사지 않습니다. 구조와 가격을 보고 결정합니다. 그래서 옵션은 많이 넣는 것이 중요한 것이 아니라, 불필요한 것을 빼는 것이 더 중요합니다. 분양권을 샀다가 다시 되팔아 수익을 얻고 싶은 경우도 마찬가지입니다. 구조가 변경된 분양권, 즉 발코니 확장이나 알파룸이 적용된 물건은 매수자 선호도가 높기 때문에 유리합니다. 반대로 각종 옵션이 과하게 포함된 분양권은 오히려 가격 부담만 높아져 매도 시 불리하게 작용할 수 있습니다. 그래서 옵션이 많이 들어간 물건일수록 좋은 물건이 아니라, 오히려 걸러야 할 물건입니다.

두 번째. 중도금 대출의 중요성

앞서 말씀드린 것처럼 중도금 대출은 모집공고에 나온 조건대로 다 받는 것이 좋습니다. 아무리 할인을 많이 해준다고 해도 선납할인은 절대로 하시면 안 됩니다. 선납할인을 받게 되면 매도시 불리하게 적용되기 때문입니다. 이유는 단순합니다. 선납한 중도금은 거래 시 매수자가 현금으로 매도자에게 지급해야 해서, 초기 자금 부담이 크게 늘어나기 때문입니다. 예를 들어보겠습니다. 분양가가 7억 원이고 프리미엄이 3천만 원, 중도금 대출은 60%라고 가정해보겠습니다. 선납을 하지 않은 경우, 매수자는 계약금 7천만 원과 프리미엄 3천만 원, 총 1억 원 정도만 준비하면 됩니다. 하지만 선납을 한 경우는 이야이가 달라집니다. 계약금 7천만 원, 프리미엄 3천만 원에 더해, 선납된 중도금 7천만 원까지 매수자가 현금으로 지급해야 합니다. 즉 매수자는 선납한 분양권을 사려면 총 1억 7천만 원이 필요하게 됩니다. 같은 물건임에도 불구하고, 단순히 선납 여부 때문에 매수자의 초기 자금 부담이 7천만 원이나 더 커지는 구조가 되는 것입니다. 그렇다면 프리미엄은 얼마나 차이가 날까요? 앞서 프리미엄을 3천만 원이라고 가정했습니다. 하지만 중도금 대출을 선납한 분양권의 경우, 프리미엄은 약 1,000만 원 수준으로 크게 낮아지는 경우가 많습니다. 여기서 중요한 포인트는 이것입니다. 중도금 대출을 선납하면 약 100만 원에서 200만 원 정도의 이자 할인을 받을 수 있습니다. 하지만 그 대가로, 분양권을 매도할 때 약 2,000만 원의 프리미엄을 포기하게 되는 구조가 만들어집니다. 즉, 작은 할인을 받기 위해 더 큰 수익을 스스로 줄여버리는 선택이 되는 것입니다.

선납할인을 받는 것은 매수자에게 프리미엄을 깎아주는 것과 같습니다.

세 번째. 매도 타이밍

매도 타이밍은 이미 정해져 있습니다. 초피 거래 구간, 명의변경 구간, 중도금 대출 신청 구간. 이 세 구간에서는 매물이 집중적으로 쏟아지기 때문에 가격이 눌리는 경우가 많습니다. 즉, 이 구간에서 매도하게 되면 좋은 가격을 받기 어렵습니다. 그래서 이 세 구간을 건너뛰는 것이 중요합니다.

이 세 가지만 기억하면 분양권을 최고가에 매도하는 데 큰 어려움은 없을 것입니다. 단순하지만 가장 확실한 방법입니다. 결국 시장에서 사람들이 사고 싶어 하는 것은 '저렴한 물건'입니다. 더 정확하게 말하자면 초기 자금이 적게 들어가는 '분양권'입니다. 옵션을 줄여 분양가를 낮추고 중도금 선납할인을 하지 않아 추가 비용을 만들지 않은 상태에서, 매물이 많이 쌓이는 구간들만 피하면 분양권을 최고가에 시집보낼 수 있을 것입니다.

카. 평생 리딩해 주는 고마운 떴다방 사장님

저는 2013년 5월까지는 울산 현대중공업에서 용접을 하던 용접사였습니다. 그런데 1년 뒤인 2014년 5월, 저는 용접사가 아닌 떴다방이 되어 있었습니다. 갑자기 저는 왜 떴다방이 되었을까요? 용접일은 생각보다 힘들고 고됩니다. 무거운 쇠를 들고 다니고, 깎고, 붙이는 일인데 특히 용접을 할 때 대부분은 차가운 바닥에 오래 쭈그리고 앉아있어야 하기 때문에 일이 끝나고 숙소에 가는 시간이 되면, 무릎이고 팔이고 안 쑤시는 곳이 없죠. 당시 조선업이 호황인지 불황인지는 잘 기억이 안 나지만 평균적으로 하루 4만 명?이 출퇴근을 한다고 했었고, 늘 잔업이 있었습니다. 이

책에 언급하지는 못하지만 저는 이십대 초반에 한 사건으로 인해 큰 빚이 있었는데, 그 빚을 갚기 위해 잔업을 한 번도 빠지지 않고 참여할 수밖에 없었습니다. 그래서일까요? 치질이라는 아주 무서운 병에 걸리게 됩니다. 항문외과 의사선생님은 제 치질은

수술까지는 하지 않아도 된다고 했지만, 전 어렸고 일을 너무 쉬고 싶어서 수술을 해달라고 했습니다. 그렇게 저는 수술로 인해 사실상 병원신세지만 일주일이라는 휴가를 얻게 됩니다. 병원에 입원해보신 분들은 다 공감하실거예요. 할게 너무 없죠. 그리고 사람은 아프면 참 이상해집니다. 괜히 누군가에게 하소연을 하고 싶어지고, 내 상황을 알아주는 사람이 있었으면 좋겠다는 생각도 들죠. 저도 마찬가지였습니다. 너무 심심했고, 그저 누군가와 이야기하고 싶어서 이곳저곳 전화를 걸기 시작했습니다. 그렇게 몇 통의 전화를 돌리던 중, 아는 형과 통화를 하게 되었고, 그 형에게서 한 가지 흥미로운 이야기를 듣게 됩니다. "요즘 블로그로 쉽게 돈 버는 방법이 있어. 힘들게 조선소에서 일 하지 말고 이거 알려줄테니까 배워" 형은 별일 아니라는 듯 가볍게 말했지만, 조선소에서 하루 종일 몸을 쓰고 잔업까지 다 해도 13만 원을 받던 저에게는 아주 솔깃한 이야기였습니다. 그래서 저는 퇴원을 하자마자 울산에서 인천으로 올라가게 됩니다. 형을 만나서 직접 하는 것을 눈으로 봤을 때 처음 드는 생각은 "이게 된다고?" 였습니다. 어떤 방법이었길래 제가 이런 생각을 했을까요? 울산에서 인천으로 가면서 한 걱정들이 전부 의미가 없을 정도로 방법은 단순했습니다. 대표번호 하나를 만들고, 네이버 블로그에 미분양 난 아파트 정보를 올립니다. 그리고 그 글에 만들어둔 대표번호를 남겨 전화상담을 유도만 하면 되는거였죠. 미분양 아파트에 관심이 있는 사람들이 그 번호로 전화를 하면 제가 전화를 받아 내용을 간단히 설명한 뒤, 해당 현장에서 근무하고 있는 분양상담사에게 고객 번호를 넘겨주고 상담사가 계약을 성사시키면 분양수수료의 절반을 받아 수익을 얻는 방식입니다. 말로는 뭐든 쉽죠? 방법은 간단했지만, 실제로 해보니 상당히 어렵더라고요. 당시에는 2기 신도시 입주물량으로 인해 지금은 높은 경쟁률을 기록하고 완판되는 파주, 검단, 동탄신도시도 온통 미분양 밭이었기 때문에 네이버 블로그에 올릴 현장들이 많았지만, 앞서 말씀드렸듯 올린다고 해서 바로 돈을 벌 수 있는 것이 아니라, 사람들에게 노출이 되어야 전화가 오고, 전화가 와야 상담사에게 번호를 넘길 수 있었어요. 여기서 끝나는 게 아니라 전화를 건 사람이 상담사와 대화 후 계약을 체결해야 돈을 벌수 있는 구조이기 때문에 제가 올린 블로그 게시글이 노출이 안 된다면, 아무 의미 없는 것이었죠. 당연히 블로그를 처음 시작했기 때문에 제 글은 노출이 안됐고, 두 달 동안 전화한통을 받지 못했습니다. 하지만 빚이 많았기 때문에 포기할 수 없었고, 다른 방법을 찾았습니다. 일단, 블로그를 최적화 시켜보자는 마음으로 미분양 아파트만 올리는 게 아니라 누구나 관심을 가질 수밖에 없는 청약도 한 번 올려보고, 부동산 뿐만 아니라 맛집, 일상 생활 꿀팁에 대해서도 포스팅 하기 시작했는데, 누구나 관심을 가질 수밖에 없는 청약에서 효과가 즉각적으로 나타나기 시작했습니다. 청약은 모집공고가 올라오고 보통 일주일 뒤에 청약을 진행하기 때문에 일주일동안 수많은 사람들이 제 블로그를 방문해주었고 단숨에 대한민국 상위 1%블로거가 될 수 있었습니다.

블로그 지수가 좋아지다 보니 노출이 잘 되었고, 두 달 동안 한 통도 오지 않던 전화가 하루에 적게는 100통, 많게는 300통까지 걸려오기 시작했습니다. 상황이 변하니 혼자서 미분양 정보를 블로그에 포스팅하기 어려울 정도가 돼서 지금은 제 아내가 된 당시 여자친구에게 전화를 받는 아르바이트를 시키기도 했습니다. 수입이 괜찮아지니 빚도 다 갚고 해외여행도 다니게 되었는데, 문제가 하나 생겼습니다. 청약 정보를 올릴 때는 미분양 상품이 아니기 때문에 대표번호를 함께 올리지 않았었습니다. 그런데 청약 정보를 보려고 들어온 사람들이 블로그에 있는 다른 게시글의 대표번호를 보고 그 번호로 전화를 걸기 시작한 것입니다. "이 청약 괜찮은가요?", "당첨되면 어떻게 해야 하나요?", 이런 식의 전화가 점점 늘어나기 시작했는데 이게 왜 문제였냐면, 미분양 아파트 포스팅은 구조가 간단합니다. 전화가 오면 대략적으

로 통화하고 분양상담사에게 넘기면 끝입니다. 하지만 청약은 달랐습니다. 넘겨줄 분양상담사가 있는 것도 아니었기 때문입니다. 모델 하우스 대표번호를 알려주면 됐지만, 모든 청약현장의 대표번호를 제가 외우고 있는 게 아니기 때문에 전화가 걸려올 때마다 일일이 확인해서 알려줘야 했죠. 블로그 지수가 좋아져서 제가 올리는 포스팅마다 높은 조회수를 기록하여 안그래도 미분양 아파트 문의 전화만으로도 감당하기 힘든 상황이었는데, 여기에 청약 관련 전화까지 겹치면서 시간이 계속 잡아 먹히기 시작했습니다. 특히 당첨자 발표날이 되면 전화는 거의 폭주 수준이었습니다. "당첨됐는데 어떻게 해야 하나요?", "계약 하는게 맞을까요?" 솔직히 말하면 이런 전화는 굳이 제가 상담해 줄 필요가 없었습니다. 그냥 모른다고 하고 끊어버려도 되는 전화였죠. 하지만 제가 올린 정보를 보고 전화한 사람들이었고, 제가 알고 있는 내용도 있었기 때문에 그냥 모른 척하기가 쉽지 않았습니다. 그래서 하나하나 답변을 해주다보니 전화가 많이 올수록, 하루에 10개씩 올리던 미분양 게시글을 8개로 줄이게 되고, 또 5개로 줄이고, 3개로 줄이고, 결국 1개까지 줄이게 돼버렸습니다. 포스팅을 많이 올리면 올릴수록 전화가 많이 들어오기 때문에 포스팅을 하루에 얼마나 하느냐가 중요한데 전화 상담으로 인해 블로그에 미분양 포스팅을 올리지 못하니까 수익 구조가 무너지기 시작했습니다. 지금 생각해보면 참 웃깁니다. 전문가도 아닌 제가 전화를 받아서 "부적격입니다.", "당첨될 것 같은데요?" 이런 얘기를 하고 있었으니까요. 그래서 이 문제를 해결하기 위해 '사이드'를 알려준 형에게 전화를 했습니다. 저는 정말 고민돼서 전화를 한 것인데 상황을 들은 형은 오히려 저에게 화를 냈습니다. "야, 그게 왜 문제야! 그런 전화도 넘길 수 있는 사람들이 있어. 너 떴다방이라고 알지?!" 떴다방이 무엇인지 알고 있었기 때문에 그 말을 듣는 순간 머리를 한 대 맞은 것 같았습니다. 그래서 저는 제가 올린 괜찮은 청약 현장의 당첨자 발표날 모델하우스 앞으로 찾아갔고, 그곳에서 떴다방 사장님을 한 분을 만나게 됩니다. 그때부터 제 블로그의 방향성이 완전히 바뀌게 됩니다. 기존에는 미분양 아파트를 홍보하던 블로그였다면 이제는 괜찮은 청약 정보만 올리는 블로그로 바뀌게 된거죠. 둘 다 하면 되는 것 아니냐고요? 저도 처음에는 그렇게 생각했습니다. 하지만 둘의 구조는 완전히 달라서 방향을 바꿀 수밖에 없던 것이었습니다. 미분양 아파트는 전화 10통을 받아도 10통 중 1건이 계약될까 말까였지만, 괜찮은 청약은 당첨자 10명에게 전화가 오면 5명 이상이 거래로 이어졌습니다. 즉, 수익이 더 괜찮았고. 그리고 더 중요한 이유가 하나 더 있었습니다. 미분양 아파트는 거래가 이루어지면 제가 돈을 벌지만, 제 정보를 보고 미분양 아파트를 계약하는 사람은 손해를 볼 수 있는 구조였습니다. 반면 청약은 달랐습니다. 저의 정보로 인해 저도 돈을 벌고 상대방 또한 돈을 버는 구조였기 때문에 방향을 바꾸는데 고민한 시간이 생각보다 짧았습니다. 한 두어달 괜찮은 청약현장만 포스팅하다가 저는 또 하나의 결심을 하게 됩니다. 이렇게 거래가 잘 되는 구조라면, 굳이 떴다방에게 당첨자들의 연락처를 넘길 필요가 있을까? 내가 직접 해보면 더 큰 수익을 볼 수 있지 않을까? "내가 직접 해보자!" 그렇게 저는 용접사에서 1년 만에 떴다방이 됐습니다. 그것도 단순한 떴다방이 아니라, 현장에서 모든 떴다방이 찾는 떴다방이 됩니다. 당시에도 지금의 분양권 시장과 크게 다르지 않았습니다. 떴다방을 하시는 분들의 평균 연령대는 가장 젊은 사람이 50대 초반이었고, 이분들이 매도자를 찾는 방법도 지금과 마찬가지로 오직 현장뿐이었죠. 스마트폰도 막 보급되던 시기였기 때문에 가지고 있다고 해도 스마트폰을 제대로 활용하는 떴다방도 없었고, 대부분 폴더폰을 사용하며 전화와 문자만 하는 수준이었습니다. 그리고 블로그는커녕 카페 활동이 무엇인지도 모르는 분들이 대부분이었습니다. 하지만 저는 달랐습니다. 아이폰 4gs를 사용하고 있었고, 블로그를 운영할 줄 알며, 모든 지역카페에 가입을 한 상황이었습니다. 집에서 써둔 포스팅을 아이폰을 활용해 지역 카페나 맘카페에 공유하고, 당첨자들에게 쪽지를 보내면서 당첨자들을 빠르게 많이 확보했습니다. 분양권 시장에서 가장 중요한 사람은 당첨자이기 때문에 당첨자를 가장 많이 확보한 사람이 당연히 현장을 주도할 수밖에 없었기에 자연스럽게 떴다방 사장님들이 저를 따라다니기 시작했습니다. 그때부터 저는 현장에서 '피리부는 사나이'가 됩니다. 재미있는 건 현장에서 살다시피 하다보니 부동산에 대한 인사이트가 빠르게 쌓이기 시작했습니다. 직업 만족도가 상당히 높았던 시기였죠. 그런데, 늘 가슴 한쪽에는 이 생각이 있었습니다. "떴다방을 거치지 않고 내가 직접 거래를 해보고 싶다." 따지고 보면 제가 하던 일은 단순했습니다. 당첨자를 찾아서 떴다방 사장님들에게 번호를 넘겨주는 역할이었기 때문입니다. 몸은 편했습니다. 하지만 그만큼 수익은 줄어들 수밖에 없는 구조였습니다. 제가 번호만 넘겨줄 때는 매도 떴다방, 매수 떴다방, 그리고 저까지 총 세 명이 수익을 나누는 구조였습니다. 하지만 만약 제가 직접 당첨자와 상담을 하고 매도 떴다방의 역할까지 맡게 된다면 둘이서 수익을 나눌 수 있는 구조가 됩니다. 즉, 같은 거래를 하더라도 가져가는 돈이 달라지는 것이었습니다. 그래서 저는 더 큰 수익을 위해 당첨자와 직접 상담을 해보기로 결정합니다. 결과가 어땠을까요? 당연히 처참했습니다. 당첨자 10명을 찾아서 떴다방 사장님들에게 번호만 넘겼을 때는 5건 이상이 거래가 되었지만, 제가 직접 전화 상담을 해보니 단 한 명도 거래를 하지 않았습니다. 하지만 그렇다고 해서 포기할 수는 없었습니다. 언제까지 남들이 먹여주는 밥만 먹을 수는 없었기 때문입니다. 그래서 저는 혼자서 하기보다 누군가를 통해 제대로 배워야겠다고 생각했습니다. 그래서 당첨자 발표날 모델하우스 앞에서 처음 만났던 그 떴다방 사장님에게 전화를 걸었습니다. "당첨자는 사장님께만 드릴 테니, 저한테 어떻게 파는 건지 방법을 좀 알려주세요" 사장님은 망설임 없이 흔쾌히 알겠다고 말씀하셨고 그렇게 저는 사장님에게 당첨자 번호를 넘기고, 대신 사장님은 당첨자와 어떻게 통화를 해야 하는지 하나하나 알려주기 시작했습니다. 처음에는 그냥 통화하는 걸 옆에서 듣고만 있었습니다. 그런데 몇 통 듣다 보니까 이상한 점이 하나 보이기 시작했습니다. 사장님은 같은 분양권을 가지고 이야기하면서도 당첨자마다 전혀 다른 말을 하고 있었습니다. 어떤 사람에게는 "지금 파시는 게 맞습니다"라고 하고, 어떤 사람에게는 "당신은 절대 팔면 안됩니다"라고 하는것이었죠. 처음에는 이해가 되지 않았습니다. '그냥 다 팔면 되는 거 아닌가?', '왜 사람마다 다른말을 할까?'그런데 사장님이 사람마다 다르게 통화하는 이유를 설명해 주셨을 때, 저는 제가 왜 못팔았는지를 그제서야 알게 되었습니다. 저는 그저 '팔려고만'했기 때문에 못팔았던 것이었습니다. 사장님은 달랐습니다. 물건을 보고 판단하는 것이 아니라, 사람을 보고 판단하고 있었습니다. 지금 당장 돈이 필요한 사람인지, 버틸 수 있는 사람인지, 불안해서 파는 사람인지, 아니면 조금이라도 더 많이 받고 싶어 하는 사람인지. 같은 당첨자라도 상황에 따라 해야 할 말이 완전히 달랐던 것입니다. 저는 그저 시세를 말하고 팔라고 유도만 했다면 사장님은 팔라고 말하기보다 먼저 물었습니다. "왜 팔려고 하세요?"그 질문 하나로 대화의 방향이 완전히 달라지는거죠. 사장님은 통화가 끝날 때마다 저에게 통화 내용을 설명해 주셨습니다. "이 사람은 지금 돈이 급해서 팔 수밖에 없는 사람이다","이 사람은 버틸 수 있는데 나중에 가격이 떨어질까봐 겁먹은 사람이다.","이 사람은 10만 원이라도 더 받으려고 여기저기 전화를 돌리고 있는 빠꼼이다." 그때 처음 알았습니다. 단순히 물건을 사고 파는 시장이 아니라는 것을. 사장님은 거래를 하나 성사시킬 때마다 항상 같은 말을 하셨습니다. "오늘도 사람 하나 살렸다." 왜 이런 말을 하셨을까요? 정말 많은 상담을 했습니다. 대부분은 아무 생각없이 청약을 넣었다가 돈이 없어서 파는 사람들이었는데, 10명 중 한두 명은 완전히 다른 상황이었습니다. 그 사람들에게는 당첨된 분양권이 단순한 '투자','내 집 마련'이 아니라 진짜 동아줄이었죠. 가족이 아파서 당장 큰돈이 필요한 사람, 빚을 갚지 못하면 가게가 넘어가는 사람, 사기를 당해서 극단적인 선택까지 고민했던 사람, 사람마다 사연은 달랐지만 공통점이 있었습니다. 바로 다들 절박했다는 것입니다. 그런 상황에서 당첨된 분양권은 그 사람들에게 버틸 수 있게 해주는 마지막 기회였죠. 그래서 사장님은 무조건 팔라고만 하지 않으셨습니다. 당장 돈이 급하지 않은 사람에게는 "이건 계약하고 나중에 파세요. 그게 더 돈이 됩니다"라고 말씀하셨고, 반대로 지금 당장 버티기 어려운 사람에게는 "이건 끌고 갈 수 있는 상황이 아닙니다. 지금 파셔야 합니다"라고 단호하게 이야기 하셨습니다. 그리고 때로는 "이걸로 조금은 나아질 겁니다"라고 말하며 위로해주시기도 했습니다. 아마 이 글을 읽는 대부분의 분들은 '떴다방'이라는 직업에 대해 좋지 않은 인식을 가지고 계실 겁니다. 그럴 수밖에 없습니다. 시장에서 보이는 모습과 언론에서 말하는 것만 들으면 그렇게 생각하는 것이 당연합니다. 저 역시 처음에는 같은 생각을 했으니까요. 하지만 현장에서 수많은 사람들을 만나고, 수많은 거래를 지켜보면서 생각이 조금씩 바뀌게 되었습니다. 물론, 나쁜 사람들도 분명히 존재합니다. 하지만 마치 부모의 입장에서 진심으로 상담을 해주는 떴다방 사장님들도 역시 존재합니다. 이 글을 통해 떴다방의 이미지를 바꾸고 싶어서 이런 말을 하는 것은 아닙니다. 저 또한 처음에 다른 사람에게 떴다방을 배웠다면 지금과는 전혀 다른 삶을 살고 있었을 테니까요. 다만 한 가지 분명한 것은 좋은 사람들도 많이 존재하기에 지금의 제가 있는 것처럼, 이 시장이 결코 나쁜 사람들만으로만 이루어져 있지는 않다는 점입니다. 그래서 저는 떴다방이라는 존재를 무조건 부정적으로만 보지 않으셨으면 합니다. 오히려 한 번 가까이에서 지켜보고, 직접 경험해보셨으면 좋겠습니다. 왜냐하면 이 시장이 어떻게 돌아가는지, 돈이 어디에서 만들어지고 어떤 흐름으로 움직이는지를 가장 빠르고, 가장 정확하게 배울 수 있는 곳이기 때문입니다. 그동안 청약만 바라보느라 놓치고 있었던 기회들을 이 안에서는 쉽게 얻을 수 있습니다. 그리고 무엇보다 작은 금액으로 직접 참여해볼 수 있는 부동산 시장은 사실상 분양권 시장이 거의 유일합니다. 마지막으로, 떴다방 사장님들은 투자자 입장에서 보면 한 번 인연을 맺었을 때 생각보다 정말 큰 자산이 됩니다. 현장을 옮겨 다닐 때마다 돈이 될 만한 곳이 나오면 먼저 연락을 주기도 하고, 일반적으로는 쉽게 접할 수 없는 정보들을 아낌없이 공유해 주는 경우도 많기 때문입니다. 저 역시 지금까지 이분들에게 정말 많은 도움을 받아왔습니다. 가방 끈이 짧은 제가 청약 현장을 부동산 전문가 분들보다 비교적 정확하게 분석할 수 있던 이유도 결국은 현장에서 정보를 주는 떴다방 사장님들이 있었기 때문입니다. 이분들이 없었다면 지금의 저는 당연히 없었을 것입니다. 그래서 저는 '떴다방'이라는 직업에 대한 인식이 조금은 바뀌었으면 합니다. 생각보다 많은 떴다방 사장님들이 단순히 돈만 보는 것이 아니라 진심으로 사람을 상대하고, 도움을 주며 일하고 있습니다. 이 글을 읽고 계신 여러분들도 기회가 된다면 이분들을 너무 멀리서, 부정적으로만 바라보지 마시고, 한 번쯤은 가까이에서 함께하며 도움을 받아보셨으면 좋겠습니다.

타. 현장이 답이다

‘절박함’에 대해 이야기해보겠습니다. 청약 상담을 하다 보면 많은 사람들이 이렇게 말합니다. "정말 내 집 마련이 절박합니다." 그런데 저는 그 말을 쉽게 믿지 않습니다. 왜냐하면 정말 절박한 사람이라면 행동부터 다르기 때문입니다. 저의 어머니는 암으로 돌아가셨습니다. 그전까지 저는 현대 의학이 아닌 방법, 민간요법이나 한약, 공진단 같은 것들은 단 한 번도 생각해본 적이 없었습니다. 그런데 어머니가 시한부 선고를 받으시자마자 저는 완전히 다른 사람이 되어 있었습니다. TV에서 사기를 당하는 사람들을 보며 ‘왜 저런 걸 믿지?’라고 생각하던 제가 똑같은 행동을 하고 있었습니다. 암으로 유명하다는 강원도의 한약방을 찾아가 비싼 한약을 지어오기도 했고, 인천이 공진단으로 유명하다는 말을 듣고 어머니를 모시고 직접 찾아다니기도 했습니다. 그것만 했을까요. 알고 있는 모든 목사님들에게 심방 기도를 부탁드렸고, 호스피스에 입원하신 이후에는 의미가 없다는 것을 알면서도 맞을 수 있는 모든 영양제를 부탁했습니다. 시한부 선고를 받으신 그날부터 단 한순간도 어머니 곁을 떠난 적이 없었습니다. 기적을 바라는 마음으로 계속해서 기도하면서 말입니다. 그런 저를 보며 가족들은 오히려 제 건강을 걱정하기도 했고, 때로는 제가 어머니 곁에만 있다 보니 회사 일도, 가족의 일도 모두 뒷전이 되어버렸다며 서운함을 토로하기도 했습니다. 저는 이게 절박함이라고 생각합니다. 진짜 내 집 마련이 절박했다면 청약을 하고 결과만 기다리는 것이 아니라, 당첨자 발표날 모델하우스로 직접 뛰어가서 어떻게든 분양권을 사려고 움직여야 정상입니다. 기회를 기다리는 것이 아니라 기회를 찾아다니며 만들어야 하는 것, 그게 진짜 절박한 사람들이 보이는 행동입니다. 여러분께 묻겠습니다. 정말 절박하십니까? 집값이 너무 오르니까 그냥 뒤처지면 안 된다는 생각 아니신가요? 아니면 단순히 벼락거지가 되기 싫어서인 건 아니신가요? 남들 다 사니까 나도 사야 될 것 같아서 알아보고 있는 건 아니신가요? 부동산 공부를 하기 위해 오프라인, 온라인 할 거 없이 결제해서 강의를 듣고, 관련 서적을 읽는 것, 이런 것들을 통해 부동산에 대한 지식을 배울 수는 있습니다. 하지만 그건 어디까지나 '이해'의 영역일 뿐입니다. 돈이 되는 기회는 이해한다고 해서 잡을 수 있는 것이 아닙니다. 솔직히 말하면 의미도 없다고 생각합니다. 강의를 듣고 책을 읽어서 내 집 마련을 하셨다고요? 과연 강의를 듣고 책을 읽었기 때문에 내 집 마련을 하신 걸까요? 저는 그렇게 생각하지 않습니다. 강의를 듣고 책을 구매한 이유는 결국 부동산 시장의 흐름 때문이었을 것입니다. "지금 아니면 못 살 것 같다"라는 생각 때문에 조금이라도 더 좋은 선택을 하기 위해 강의와 책을 찾았던 것 아닐까요? 내 생각이 틀리지 않았다는 걸 인정받기 위해 결제를 한 건 아닐까요? 만약 부동산 시장이 횡보하거나 조정 국면이었다면 아마 같은 선택을 하지 않았을 가능성이 높습니다. 부동산을 알아보긴 커녕 생각조차 하지 않았을 겁니다. 결국 내 집 마련을 하기 위해 마음을 움직인 것은 강의도, 책도 아니었다는 이야기입니다. 만약 여러분이 부동산을 현장에서 배웠다면 얘기가 확실히 달라집니다. 정책이 먼저냐 데이터가 먼저냐를 두고 서로 맞다 틀리다 싸우는 사람들이 많은데, 저는 이걸로 싸울 필요가 없다고 생각합니다. 정책이 나오면 그 정책을 보고 앞으로 어떻게 될지 미리 예측하고 움직이면 됩니다. 데이터는 이미 일어난 일을 정리한 것에 불과하기 때문에 데이터를 보고 움직인다는 것은 이미 한 발 늦었다는 의미와 다르지 않습니다. 반대로 정책이 나왔을 때 부동산을 찾아가 보거나, 당첨자 발표날 모델하우스를 기웃거리기만 해도 데이터가 쌓이기 전의 흐름을 먼저 볼 수 있습니다. 매수자와 매도자 중 누가 먼저 움직이는지, 매물이 어떻게 나오는지, 가격이 어떻게 형성되는지 이런 것들은 현장에서 먼저 움직이기 때문입니다. 그래서 현장을 보면 앞으로의 방향이 보이기 때문에 저는 늘 데이터가 쌓이길 기다리지 말고 직접 현장에 가보라고 이야기합니다. 결국 답은 현장에 있습니다. 실제 사례를 하나 말씀드리겠습니다. 2022년 12월에 청약을 진행했던 올림픽 파크 포레온의 이야기입니다. 당시 부동산 시장은 하락을 넘어 폭락장에 가까운 분위기여서, 아무리 상품성과 입지, 가격이 좋다고 한들 사람들이 쉽게 움직이지 못하는 상황이었습니다. 실제로 본청약 당첨자뿐만 아니라 예비 당첨자들까지 계약을 포기하면서 무순위 청약까지 진행되었고, 언론과 SNS에서는 이를 근거로 "이 단지는 미분양이 날 것이다"라는 이야기가 계속해서 나오고 있었습니다. 하지만 제가 직접 본 현장은 완전히 달랐습니다. 거주의무가 2년이나 걸린 단지였음에도 불구하고 모델하우스 주변에는 매수자들이 계속해서 몰리고 있었고, 불법인데도 불구하고 실제로 거래를 하려는 움직임도 꾸준히 이어지고 있었습니다. 겉으로 보이는 데이터와 분위기는 부정적이었지만, 현장에서는 이미 수요가 형성되고 있었던 것입니다. 그 시기에 많은 전문가들이 미분양이냐 완판이냐를 두고 서로 설전을 벌이고 있었는데, 저는 그 모습이 웃기면서도 이해가 되지 않았습니다. 왜냐하면 현장을 경험한 저는 이미 프리미엄이 붙고 있다는 것을 알고 있었고, 이 단지는 단순히 완판을 넘어 높은 프리미엄까지 형성될 것이라는 걸 확신하고 있었기 때문입니다. 진짜 절박하다면 현장에 가세요. 답이 보이실 겁니다.

부동산 공부가
세상에서 제일 쉬웠어요

가. 이것만 챙겨봐도
━ 부동산 전문가 됩니다

돈이 없어서 부동산 투자를 못 한다고 말하는 사람들이 많습니다. 저는 이 말이 대체로 틀렸다고 생각합니다. 정확히는, 돈이 없어서 못 하는 것이 아니라 흐름을 보지 못해서 못 하는 경우가 훨씬 많다고 생각합니다. 부동산은 아는 만큼 보입니다. 그리고 보이는 만큼 기회가 생깁니다. 이 말을 하면 꼭 따라오는 반응이 있습니다. "부동산 공부는 너무 어려워요." 그런데 저는 솔직히 세상에서 부동산 공부가 가장 쉽다고 생각합니다. 왜냐하면 우리나라는 각 부처의 보도자료를 통해 앞으로 어디가 오를지, 어떤 부동산이 떠오를지, 어떤 정책이 누구에게 유리하게 작용할지를 계속해서 알려주는 나라기 때문입니다. 문제는 많은 사람들이 정작 그런 자료는 보지 않고 유튜브, 부동산 책, 혹은 전문가처럼 보이는 사람들의 말만 들으며 공부하려고 한다는 점입니다. 이렇게 배우면 당연히 어려울 수밖에 없습니다. 가짜 전문가를 보고 배우는데 공부가 쉬울 리가 없습니다. 유튜브에 나와 부동산 시장을 말하는 감정평가사, 부동산 사장님, 은행원, 작가, 강사들이 모두 진짜 전문가라고 생각하시면 안 됩니다. 그중에는 분명 현장을 많이 경험한 진짜도 있겠지만, 상당수는 결국 투자 몇 번 더 해본 사람, 혹은 업계에 발만 걸친 사람일 뿐입니다. 한마디로 말하면 진짜 전문가가 아니라 투자 경험이 조금 더 있는 옆집 아저씨, 아줌마일 때가 많습니다. 그래서 저는 부동산 책을 거의 읽지 않습니다. 부동산 책은 누군가가 잘 끓인 된장찌개 레시피를 보는 것과 비슷하기 때문입니다. 책을 읽고 따라 할 수는 있습니다. 하지만 그 레시피가 지금 내 상황과 같을 수는 없습니다. 그래서 과정은 비슷할 수 있어도 결과는 전혀 다르게 나오는 경우가 많습니다. 지방 아파트, 갭투자, 상가, 재건축, 재개발, 소액 투자 같은 키워드로 나온 책들을 보면 대부분 성공담으로 가득합니다. 그런데 그런 책들을 보고 따라했던 사람들이 모두 성공했을까요? 저는 오히려 실패한 사람이 더 많다고 생각합니다. 왜냐하면 책은 대부분 잘 된 사례만 중심으로 쓰이기 때문입니다. 여러분들이

256

지금 보고 있는 이 책도 결국 마찬가지입니다. 하지만 시장은 늘 바뀝니다. 지금 시대에 통하는 방식이 다음 시대에도 통할 것이라는 보장은 없습니다. 결국 중요한 것은 남의 사례를 외우는 것이 아니라 지금 시장이 어떤 상황인지, 그리고 앞으로 어디로 움직일지를 읽는 능력입니다. 그래서 저는 이 책에서 부동산 공부를 거창하게 말하지 않을 생각입니다. 부동산 공부는 좋은 아파트가 무엇인지, 어디에 있는지 찾는 공부가 아닙니다. 누구나 압니다. 역세권이 좋고, 초품아가 좋고, 일자리가 많은 곳이 좋다는 것 정도는요. 정말 중요한 것은 그 좋은 아파트를 언제 사야 하는지, 그리고 언제 팔아야 하는지를 아는 것입니다. 부동산 공부는 결국 타이밍의 공부입니다. 그리고 그 타이밍을 잡기 위해 반드시 봐야 하는 것들이 있습니다. 지금부터 말씀드릴 내용은 어렵지 않습니다. 하지만 이걸 아는 사람과 모르는 사람의 결과는 완전히 달라질거라고 생각합니다.

첫 번째. 아파트 인허가, 착공, 준공
보는 곳 [국토교통부 홈페이지 - 보도자료 - 주택 통계 발표]

부동산 시장을 예측하는 데 있어 가장 먼저 봐야 할 데이터는 의외로 단순합니다. 바로 아파트 인허가, 착공, 준공 물량입니다. 많은 사람들이 부동산 가격을 예측할 때 거래량이나 매매가격부터 보려고합니다. 하지만 그런 결과들은 이미 시장에 반영된 '결과'에 가까운 숫자입니다. 반면 인허가, 착공, 준공은 앞으로 시장에 나올 물량을 보여주는 미래의 데이터입니다. 그래서 저는 이 세 가지를 부동산 시장의 선행지표라고 생각합니다. 먼저 인허가입니다. 인허가는 말 그대로 "앞으로 이만큼 집을 짓겠습니다"라는 계획 단계의 데이터입니다. 이 숫자가 줄어든다는 것은 단순히 건설 경기가 나빠졌다는 의미를 넘어서 몇 년 뒤 시장에 나올 집의 수가 줄어든다는 뜻입니다. 부동산은 공급이 부족해지면 가격이 올라갈 수밖에 없는 구조를 가지고 있습니다. 그렇기 때문에 인허가가 줄어드는 시기는 당장은 아무 일도 일어나지 않는 것처럼 보이지만 시간이 지나면 공급 부족 → 가격 상승으로 이어질 가능성이 높습니다. 그다음은 착공입니다. 착공은 인허가를 받은 사업이 실제로 공사를 시작했다는 의미입니다. 여기서 중요한 것은 인허가와 착공 사이에는 생각보다 큰 간격이 존재한다는 점입니다. 금리가 높거나, 분양 시장이 좋지 않으면 건설사들은 인허가를 받아놓고도 착공을 미루는 경우가 많습니다. 즉, 인허가가 늘었다고 해서 반드시 공급이 늘어나는 것은 아니라는 뜻입니다. 그래서 저는 인허가보다 착공 데이터를 더 중요하게 보는 편입니다. 착공이 줄어들고 있다면 그건 이미 건설사들이 "지금은 시장이 좋지 않다"라고 판단하고 공급을 줄이고 있다는 신호이기 때문입니다. 이 역시 몇 년 뒤에는 공급 부족으로 이어질 가능성이 큽니다. 마지막은 준공입니다. 준공은 실제로 시장에 집이 공급되는 시점입니다. 즉, 우리가 체감하는 공급은 결국 이 준공 물량에서 결정됩니다. 준공이 많아지는 시기에는 전세 물량이 늘어나고, 매매 물량도 늘어나면서 가격이 눌리는 경우가 많습니다. 반대로 준공이 줄어드는 시기에는 전세가가 먼저 움직이고, 이후 매매가격이 따라 움직이는 경우가 많습니다. 그래서 저는 준공 데이터를 보면서 지금이 공급이 풀리는 구간인지, 아니면 조여지는 구간인지를 먼저 판단합니다. 이 세 가지를 한 번에 연결해서 보면 더 명확한 그림이 보입니다. 인허가 감소, 착공 감소, 준공 감소 예정. 이 흐름이 이어진다면 그 시장은 시간이 지나면서 공급 부족 국면으로 들어갈 가능성이 큽니다. 반대로 인허가 증가, 착공 증가, 준공 증가 이 흐름이라면 공급이 풀리면서 가격이 눌릴 가능성이 높습니다. 여기서 중요한 것은 이 데이터들이 즉시 가격에 반영되지 않는다는 점입니다. 보통 인허가에서 준공까지는 최소 2년에서 5년 정도의 시간이 걸립니다. 즉, 지금 보이는 데이터는 지금 시장이 아니라 2~3년 뒤 시장을 보여주는 숫자입니다. 그래서 대부분의 사람들은 이 데이터를 크게 신경쓰지 않는 경우가 많습니다. 왜냐하면 당장 변화가 없기 때문입니다. 하지만 이 데이터는 정말 중요합니다. 2~3년 뒤 공급이 부족할 예정이라면 내 집 마련과 투자를 할 때 '확신'을 줄 수 있고, 2~3년 뒤 공급이 넘칠 예정이라면 매도나 갈아타기 같은 전략을 세울 수 있기 때문입니다. "지금은 안 보이지만 앞으로 부족해질 것이다." 이 판단이 맞았던 시기에는 거의 예외 없이 가격이 움직였습니다. 그래서 저는 부동산을 처음 공부하는 분들에게도 항상 이 세 가지부터 보라고 말씀드립니다. 복잡한 분석보다 먼저, 앞으로 공급이 늘어나는지, 줄어드는지 이것만 제대로 봐도 시장 흐름의 절반은 읽을 수 있습니다. 계약을 했는데 앞으로 부동산 시장이 어떻게 될지 몰라서 걱정이 된다면 다른 것을 보기 전에 이 세 가지를 먼저 확인해 보시기 바랍니다. 앞으로의 부동산 시장이 불안한 것인지, 아니면 오히려 기회로 바뀔 수 있는 구간인지 그 방향성이 데이터 안에 담겨 있기 때문에 고민이 사라질겁니다. 참고로 주택 통계는 단순히 현재 수치만 보는 것보다 최소 2년치를 함께 보는 것이 좋습니다. 예를 들어 지금이 2026년이라면 2024년부터의 흐름을 같이 확인하는 것입니다. 이렇게 보는 이유는 단순합니다. 주택 통계를 통해 지난 2년 동안 시장이 실제로 어떻게 움직였는지를 확인해야 앞으로의 흐름도 보다 현실적으로 예측할 수 있기 때문입니다. 부동산 시장은 하루아침에 방향이 바뀌지 않습니다. 이미 시작된 흐름이 시간을 두고 이어지는 경우가 많습니다. 그래서 과거 2년의 흐름을 이해하면 앞으로의 2년 역시 대략적인 방향을 읽을 수 있게 됩니다. 이제 다음으로 보셔야 할 것은 돈의 흐름입니다. 공급이 줄어드는 것만으로는 가격이 오르지 않습니다. 그 공급을 받아줄 수 있는 자금이 함께 움직여야 하기 때문입니다.

그 흐름을 가장 잘 보여주는 데이터가 바로 가중 평균 금액, 즉 대출 신규 취급액입니다.

두 번째. 가중 평균 금액
보는 곳 [한국은행 홈페이지 - 커뮤니케이션 - 보도자료 - 가중평균금리]

돈의 흐름을 가장 직관적으로 보여주는 데이터가 바로 한국은행에서 발표하는 대출 신규 취급액과 가중 평균 금액입니다. 이 지표를 어렵게 생각하실 필요는 없습니다. 간단히 말하면 "지금 부동산 시장에 실제로 얼마나 많은 돈이 유입되고 있는가"를 보여주는 데이터입니다. 부동산은 대부분 대출을 기반으로 움직이는 시장입니다. 현금으로 집을 사는 사람보다 대출을 활용하는 사람이 훨씬 많습니다. 즉, 대출이 늘어난다는 것은 단순히 돈을 빌린다는 의미를 넘어서 실제로 돈이 부동산 시장에 유입되고 있다는 뜻입니다. 특히 대출 신규 취급액이 증가하고 있다면 시장은 이미 움직이고 있는 것입니다. 사람들이 적극적으로 자금을 조달해 자산을 매수하고 있다는 의미이기 때문입니다. 이 시기에는 거래량이 먼저 살아나고, 시간이 지나면서 가격이 따라 움직이는 경우가 많습니다. 반대로 대출 신규 취급액이 줄어들고 있다면 시장은 정반대의 상황입니다. 사람들이 돈을 빌리지 않는다는 것은 아예 매수를 하지 않고 있다는 의미이기 때문입니다. 이 때는 거래량이 먼저 줄어들고, 이후 가격이 조정을 받거나 상승이 멈추는 흐름이 나타납니다. 여기서 많은 분들이 놓치는 부분이 있습니다. 바로 금리와 대출의 차이입니다. 대부분은 금리만 보고 부동산 시장을 판단하려고 합니다. 물론 금리는 중요합니다. 하지만 시장을 실제로 움직이는 것은 금리가 아니라 대출이 실행되고 있는지 여부입니다.

금리가 높아도 대출이 증가하는 시기가 있습니다. 이건 사람들이 이자 부담을 감수하고서라도 지금 사야 한다고 판단하고 있다는 의미입니다. 반대로 금리가 낮아도 대출이 늘지 않는 시기가 있습니다. 이건 사람들이 아직 시장에 확신을 갖지 못하고 매수를 미루고 있다는 신호입니다. 정리하면 이렇게 보시면 됩니다. 금리는 환경이고, 대출은 행동입니다. 그리고 시장은 언제나 행동을 기준으로 움직입니다. 이 데이터를 조금 더 깊게 보면 타이밍을 읽는 데 매우 유용한 신호가 보입니다. 대출이 증가하기 시작하는 시점은 대개 시장이 바닥을 지나고 있을 때입니다. 아직 가격은 크게 움직이지 않았지만 먼저 움직이는 사람들이 조용히 매수를 시작하는 구간이죠. 그리고 이 흐름이 이어지면 거래량이 증가하고, 그 이후 가격이 상승하는 흐름으로 이어집니다. 반대로 대출이 줄어들기 시작하는 시점은 이미 시장이 어느 정도 올라온 이후인 경우가 많습니다. 매수 피로감이 쌓이고, 추가 수요가 줄어들면서 시장에 힘이 빠지기 시작하는 구간입니다. 결국 이 데이터가 말해주는 것은 단순합니다. 지금 시장에 돈이 들어오고 있는가, 아니면 빠지고 있는가. 이 한 가지만 제대로 봐도 가격의 방향성을 판단하는 데 큰 도움이 됩니다. 앞에서 말씀드린 공급 데이터와 이 대출 데이터를 함께 보면 시장 흐름은 훨씬 명확해집니다. 공급 감소 + 대출 증가 → 상승 가능성 확대. 공급 증가 + 대출 감소 → 하락 또는 정체 가능성. 이 두 가지 조합만 이해해도 시장 흐름의 큰 방향은 대부분 설명이 됩니다. 여기서 한 가지를 더 보신다면 조금 더 정교한 판단이 가능해집니다. 바로 고정금리와 변동금리 대출의 비중입니다. 대출을 받은 사람들이 어떤 금리 구조를 선택했는지를 보면 시장 참여자들이 앞으로의 금리 방향을 어떻게 예상하고 있는지 간접적으로 읽을 수 있습니다. 예를 들어 고정금리 비중이 높아지고 있다면 이는 사람들이 앞으로 금리가 상승할 가능성을 염두에 두고 금리를 미리 고정하려는 선택을 하고 있다는 의미입니다. 즉, 시장 참여자들이 금리 상승에 대비하고 있다는 신호로 해석할 수 있습니다. 반대로 변동금리 비중이 높아지고 있다면 이는 사람들이 앞으로 금리가 하락하거나 적어도 크게 오르지 않을 것이라고 보고 현재의 유리한 조건을 유지하려는 선택을 하고 있다는 의미입니다. 즉, 금리 하락에 대한 기대가 시장에 반영되고 있다고 볼 수 있습니다. 따라서 이 데이터만으로도 수요자들이 앞으로 주택담보대출 금리가 상승할 것이라고 보는지, 아니면 하락할 것이라고 보는지를 어느 정도 가늠할 수 있습니다. 여기서 중요한 포인트가 하나 더 있습니다. 만약 변동금리를 선택한 사람이 많은 상황에서 전쟁, 코로나와 같은 질병이 발생해서 예상과 다르게 금리가 상승하게 된다면 시장에는 생각보다 빠르게 부담이 전이됩니다. 이자 부담이 증가하면서 버티지 못하는 매물들이 나오기 시작하고, 그 과정에서 급매가 형성될 가능성이 높아집니다. 그리고 이러한 급매는 단순한 개별 거래로 끝나는 것이 아니라 주변 시세를 끌어내리는 하락 압력으로 이어질 수 있습니다. 결국 금리 자체보다 중요한 것은 사람들이 어떤 선택을 했고, 그 선택이 틀렸을 때 어떤 일이 벌어지는가입니다. 이 구조를 이해하면 단순히 "금리가 오른다, 내린다"를 넘어서 시장에 어떤 충격이 발생할 수 있는지까지 미리 예측할 수 있게 됩니다.

세 번째. 통화량 증가
보는 곳 – 네이버에 "대한민국 통화공급량" 검색

지금까지 우리는 공급이 어떻게 움직이는지, 그리고 시장에 돈이 실제로 들어오고 있는지를 봤습니다. 이제 한 단계 더 들어가 보겠습니다. 그렇다면 그 돈은 도대체 어디에서 오는 것일까요? 그 근본에 있는 것이 바로 통화량입니다. 통화량을 어렵게 생각하실 필요는 없습니다. 쉽게 말해 시중에 얼마나 많은 돈이 풀려 있는가를 보여주는 지표라고 이해하시면 됩니다. 부동산 시장에서 통화량은 굉장히 중요한 의미를 가집니다. 왜냐하면 자

264

산 가격은 결국 돈의 양에 의해 움직이기 때문입니다. 경제 규모가 커질수록 국가는 더 많은 돈을 시장에 공급합니다. 경기가 좋지 않을 때는 그 속도를 더 빠르게 가져갑니다. 이 과정에서 늘어난 유동성은 갈 곳을 찾기 시작합니다. 예금으로 머물기도 하고, 주식으로 이동하기도 하고, 그리고 일정 부분은 부동산 시장으로 흘러 들어오게 됩니다. 그래서 저는 통화량을 부동산 상승장의 '도화선'이라고 생각합니다. 당장 불이 붙지는 않지만, 불이 붙을 수 있는 환경을 만드는 요소이기 때문입니다. 실제로 시장을 보면 통화량이 빠르게 증가하는 시기는 대개 두 가지 상황에서 나타납니다. 하나는 경기 침체 구간이고, 다른 하나는 위기 상황입니다. 아이러니하게도 사람들이 가장 불안해하는 시기에 돈은 오히려 더 많이 풀리는 경우가 많습니다. 이때 대부분의 사람들은 공포 때문에 시장을 떠납니다. 하지만 시장의 큰 흐름은 그 공포 속에서 풀린 유동성이 어디로 이동하느냐에 따라 결정됩니다. 그래서 저는 늘 이렇게 말씀드립니다. 위기라는 단어만 보고 도망가지 말고, 그 안에서 돈이 어떻게 움직이고 있는지를 보시라고 말입니다. 여기서 한 가지 더 중요한 포인트가 있습니다. 통화량이 단순히 많고 적음을 보는 것보다 어떤 성격의 돈이 늘어나고 있는지를 함께 봐야 한다는 점입니다. 예를 들어 M2 같은 광의통화는 예금, 적금, 펀드 등 다양한 형태의 자금을 포함합니다. 하지만 이 중에는 당장 시장으로 움직이지 않는 돈도 많습니다. 반면 M1처럼 즉시 소비되거나 투자로 이어질 수 있는 유동성이 증가하는 시기에는 자산 시장으로 돈이 유입될 가능성이 훨씬 높아집니다. 즉, 단순히 통화량이 늘어났다는 사실보다 그 돈이 얼마나 빠르게 움직일 수 있는 상태인지가 더 중요합니다. 또 하나 기억하셔야 할 것이 있습니다. 통화량이 증가한다고 해서 바로 부동산 가격이 오르는 것은 아닙니다. 처음에는 그 돈이 금융시장에 머물거나 대기 자금 형태로 남아 있는 경우가 많습니다. 하지만 어느 순간 금리, 정책, 심리와 맞물리면서 그 유동성이 한 방향으로 움직이기 시작하면 그때부터 자산 가격은 빠르게 반응하기 시작합니다. 이 지점에서 많은 분들이 착각을 합니다. "돈이 많이 풀렸는데 왜 집값이 안 오르지?"라는 질문을 하시는데, 그 이유는 간단합니다. 돈이 아직 부동산으로 들어오지 않았기 때문입니다. 유동성은 항상 가장 먼저 움직이는 시장부터 반응합니다. 주식, 채권, 원자재 같은 금융자산에서 먼저 반응이 나타나고, 그 다음 단계에서 실물자산으로 이동하는 경우가 많습니다. 그래서 통화량이 증가했지만, 바로 부동산 가격이 움직이지 않는다고 해서 틀린 지표라고 판단하시면 안 됩니다. 중요한 것은 지금이 아니라 그 다음 단계입니다. 지금 풀린 돈이 앞으로 어디로 이동할 것인지를 보는 것이 훨씬 중요합니다. 또 하나 중요한 것은 통화량과 금리의 관계입니다. 돈이 많이 풀린다는 것은 결국 금리를 낮추거나, 최소한 금리를 올리지 못하는 환경이 만들어진다는 의미입니다. 반대로 통화량을 줄이기 시작하면 금리는 올라갈 가능성이 높아집니다. 이 두 가지는 서로 반대로 움직이는 경우가 많습니다. 그렇기 때문에 통화량을 볼 때는 반드시 금리와 함께 보셔야 합니다. 통화량이 늘고 있는데 금리가 낮거나 내려갈 가능성이 있다면, 그 환경은 자산 가격 상승에 유리한 조건이 됩니다. 반대로 통화량이 줄어들고 금리가 올라가는 구간이라면, 그때는 자산 시장 전체가 압박을 받는 구간으로 해석할 수 있습니다. 결국 부동산 시장은 공급, 대출, 금리, 정책, 심리 이 모든 요소가 얽혀 움직이지만, 그 밑바탕에는 항상 통화량이라는 '돈의 총량'이 깔려 있습니다. 그래서 저는 부동산 시장을 볼 때 지금 돈이 들어오고 있는지뿐만 아니라 앞으로 더 많은 돈이 들어올 수 있는 환경인지를 함께 확인합니다. 이걸 이해하게 되면 왜 어떤 시기에는 아무리 가격이 높아 보여도 계속 올라가고, 왜 어떤 시기에는 가격이 많이 떨어졌는데도 쉽게 반등하지 못하는지 그 이유가 보이기 시작합니다. 결국 가격은 단순히 비싸고 싸서 움직이는 것이 아니라, 그 가격을 받아줄 수 있는 돈이 있느냐 없느냐에 따라 결정되기 때문입니다. 그래서 부동산을 공부하실 때는 "지금 집값이 비싼가?"라는 질문보다 "지금 시장에 돈이 늘어나고 있는가, 아니면 줄어들고 있는가"를 먼저 보셔야 합니다. 그리고 그 돈이 실제로 움직일 준비가 되어 있는지까지 확인하셔야 합니다. 이 두 가지만 제대로 볼 수 있다면, 시장이 어디로 갈지에 대한 방향성은 생각보다 명확하게 보이기 시작합니다. 결국 부동산 시장에서 중요한 것은 가격이 아니라 흐름이고, 그 흐름을 만드는 가장 근본적인 요소가 바로 통화량이라는 점을 기억하시면 좋겠습니다.

네 번째. 소비자물가지수

이제 다음으로 보셔야 할 것은 소비자물가지수입니다. 저는 개인적으로 이 지표를 매우 중요하게 생각합니다. 이유는 단순합니다. 물가는 금리를 움직이고, 금리는 부동산을 움직이기 때문입니다. 결국 부동산 시장의 흐름을 결정하는 핵심 축 중 하나가 바로 이 물가라고 보셔도 무방합니다. 소비자물가지수는 우리가 일상에서 소비하는 상품과 서비스의 가격이 얼마나 변했는지를 보여주는 지표입니다. 쉽게 말해 "지금 돈의 가치가 얼마나 떨어지고 있는가"를 보여주는 숫자라고 이해하시면 됩니다. 물가가 오른다는 것은 같은 돈으로 살 수 있는 것이 줄어든다는 의미이고, 반대로 물가가 안정되거나 내려간다는 것은 돈의 가치가 상대적으로 유지되고 있다는 뜻입니다. 그렇다면 왜 이 물가가 부동산과 연결될까요. 그 이유는 중앙은행의 역할에 있습니다. 중앙은행은 물가 안정을 가장 중요한 목표로 두고 있습니다. 물가가 빠르게 상승하면 이를 잡기 위해 금리를 올리고, 물가가 안정되거나 떨어지면 경기를 살리기 위해 금리를 내리거나 동결하는 방향으로 움직입니다. 즉, 물가의 흐름을 보면 앞으로 금리가 어떻게 움직일지를 어느 정도 예측할 수 있고, 금리의 방향을 알 수 있다면 부동산 시장의 흐름 역시 상당 부분 읽을 수 있게 됩니다. 여기서 중요한 것은 단순한 물가 상승률이 아니라 '근원물가'입니다. 근원물가는 에너지나 식료품처럼 변동성이 큰 항목을 제외한 물가 지표로, 보다 구조적인 물가 흐름을 보여줍니다. 일시적인 요인이 아니라 경제 전반의 흐름을 반영하는 지표라고 보시면 됩니다. 그래서 부동산 투자자라면 단순 소비자물가지수보다 근원물가의 방향성을 함께 보시는 것이 훨씬 중요합니다. 실제로 근원물가 상승률이 안정적으로 내려오기 시작하면 시장에서는 금리 인하에 대한 기대가 형성되기 시작합니다. 그리고 그 기대가 쌓이는 순간부터 자산 시장은 미리 반응하기 시작합니다. 많은 분들이 이렇게 생각합니다. "물가가 오르면 소비가 줄고, 그러면 자연스럽게 물가도 잡히는 것 아닌가요?" 어느 정도는 맞는 이야기입니다. 하지만 현실은 그렇게 단순하지 않습니다. 특히 원자재 가격, 인건비, 생산 비용 같은 요소들은 소비가 줄어든다고 해서 바로 떨어지지 않습니다. 오히려 기업 입장에서는 비용이 올라간 만큼 가격을 유지하거나 더 올려야 하는 상황이 발생하기도 합니다. 그래서 물가는 생각보다 쉽게 내려오지 않습니다. 특히 우리나라처럼 수출 비중이 높은 경제에서는 글로벌 물가 흐름과 환율, 원자재 가격까지 함께 영향을 받기 때문에 물가의 움직임은 더욱 복합적으로 나타납니다. 이렇기 때문에 중앙은행은 물가를 매우 민감하게 바라봅니다. 물가가 예상보다 높게 유지되면 금리를 쉽게 내리지 못하고, 오히려 더 긴 시간 동안 높은 금리를 유지하려고 합니다. 반대로 물가가 빠르게 안정되면 금리 인하를 고려할 수 있는 여지가 생깁니다. 부동산 투자자 입장에서는 바로 이 지점을 보셔야 합니다. "지금 물가가 높다"가 중요한 것이 아니라 "앞으로 물가가 내려올 가능성이 있는가"를 보는 것이 핵심입니다. 왜냐하면 시장은 항상 미래를 먼저 반영하기 때문입니다. 실제로 시장을 보면 이런 흐름이 반복됩니다. 물가가 정점을 찍고 내려오기 시작하면, 아직 금리가 내려가지 않았음에도 불구하고 시장 분위기는 먼저 바뀌기 시작합니다. 금리 인하 기대가 형성되면서 대기하던 자금이 움직이기 시작하고, 그 과정에서 거래량이 서서히 살아나며 가격이 바닥을 다지는 구간이 나타납니다. 그리고 실제로 금리가 내려가는 시점이 오면, 이미 시장은 어느 정도 반응을 마친 상태인 경우가 많습니다. 그래서 저는 늘 금리 인하 시점보다 그 전에 나타나는 물가 흐름을 더 중요하게 봅니다. 또 하나 기억하셔야 할 것은 물가와 심리의 관계입니다. 물가는 단순한 숫자가 아니라 시장 참여자들의 기대와 불안을 동시에 반영하는 지표입니다. 물가가 계속 오른다는 것은 사람들의 체감 부담이 커진다는 의미이고, 이는 소비 위축과 투자 심리 위축으로 이어질 수 있습니다. 반대로 물가가 안정된다는 것은 미래에 대한 불확실성이 줄어든다는 의미이기도 합니다. 그래서 물가가 안정되는 구간에서는 단순히 금리 기대뿐만 아니라 심리적인 회복도 함께 나타나는 경우가 많습니다. 그리고 부동산 시장은 이러한 심리 변화에 매우 민감하게 반응하는 시장입니다. 결국 소비자물가지수는 단순히 생활비가 올랐는지를 보여주는 지표가 아닙니다. 금리의 방향을 결정하고, 시장의 유동성을 바꾸며, 투자 심리까지 움직이는 핵심적인 변수입니다. 그래서 부동산 투자자라면 이 지표를 단순히 뉴스로 소비하는 것이 아니라, 흐름으로 이해해야 합니다. 물가가 어디까지 올라왔는지, 지금 정점을 지나고 있는지, 아니면 아직 상승 압력이 남아 있는지, 그리고 그 변화가 금리에 어떤 영향을 줄지를 함께 보셔야 합니다. 이걸 이해하게 되면 시장이 왜 특정 시점에서 갑자기 살아나고, 왜 어떤 구간에서는 아무리 가격이 떨어져도 반응하지 않는지 그 이유가 보이기 시작합니다. 결국 부동산 시장의 타이밍은 금리가 아니라 그 금리를 움직이게 만드는 물가에서 시작된다는 점을 기억하시면 좋겠습니다.

다섯 번째. 기준금리
보는 곳 [한국은행 홈페이지]

다섯 번째는 기준금리입니다. 저는 기준금리를 부동산 시장의 '방향타'라고 생각합니다. 공급도 중요하고, 대출도 중요하고, 통화량과 물가도 모두 중요합니다. 하지만 이 모든 요소를 실제로 움직이게 만드는 가장 직접적인 힘은 결국 금리입니다. 금리는 단순한 숫자가 아니라 시장의 유동성과 심리를 동시에 조절하는 장치입니다. 그래서 금리를 이해하지 못하면 부동산 시장을 제대로 읽기 어렵습니다. 기준금리는 중앙은행이 설정하는 금리로, 시중금리의 기준이 되는 금리입니다. 이 기준금리가 오르면 은행의 대출금리도 함께 올라가고, 반대로 기준금리가 내려가면 대출금리 역시 내려가는 구조를 가지고 있습니다. 즉, 기준금리는 결국 사람들이 돈을 얼마나 쉽게 빌릴 수 있는지를 결정하는 핵심 변수입니다. 그리고 부동산 시장은 레버리지, 즉 대출을 기반으로 움직이는 시장이기 때문에 금리의 영향을 매우 크게 받습니다. 금리가 오르면 가장 먼저 나타나는 변화는 대출 부담의 증가입니다. 같은 금액을 빌리더라도 이자가 늘어나기 때문에 실질적인 구매력이 감소하게 됩니다. 이 과정에서 시장의 수요는 자연스럽게 줄어들고, 특히 대출 의존도가 높은 수요자부터 시장에서 이탈하기 시작합니다. 2022년 우리가 경험했던 시장 급락 역시 이 구조에서 시작되었습니다. 금리가 빠르게 올라가면서 대출 부담이 급격히 커졌고, 그 결과 거래량이 줄어들고 가격이 조정되는 흐름이 나타났습니다. 반대로 금리가 내려가거나, 최소한 더 이상 오르지 않을 것이라는 신호가 나오면 시장은 전혀 다른 반응을 보입니다. 대출 부담이 줄어들거나 안정된다는 인식이 형성되면서 다시 수요가 살아나기 시작합니다. 특히 금리 인하 기대가 형성되는 구간에서는 실제 금리가 내려가기 전부터 시장이 먼저 반응하는 경우가 많습니다. 이는 앞서 말씀드린 물가와도 연결되는 부분입니다. 물가가 안정되면 금리 인하 기대가 생기고, 그 기대가 쌓이면서 자산 시장은 선행적으로 움직이기 시작합니다. 여기서 중요한 것은 금리를 단순히 "올랐다, 내렸다"로 보는 것이 아니라, 지금 시장이 어떤 구간에 있는지를 함께 이해하는 것입니다. 금리는 경기순환과 함께 움직입니다. 경기가 확장되는 구간에서는 금리가 상대적으로 낮고, 경제가 과열되기 시작하면 인플레이션을 잡기 위해 금리를 올리게 됩니다. 이후 경기가 둔화되면 금리는 다시 동결되거나 인하되며, 저점에서는 다시 완화적인 정책이 이어집니다. 부동산 투자자라면 적어도 지금이 확장기인지, 정점인지, 아니면 후퇴기인지 정도는 판단할 수 있어야 합니다. 그래야 지금의 가격 조정이 기회인지, 아니면 추가 하락의 시작인지 구분할 수 있기 때문입니다. 또 하나 많은 분들이 놓치는 부분이 있습니다. 바로 금리의 '속도'입니다. 금리의 절대 수준도 중요하지만, 그보다 더 중요한 것은 얼마나 빠르게 움직이느냐입니다. 금리가 천천히 오르는 구간에서는 시장이 이를 어느 정도 흡수할 수 있습니다. 하지만 금리가 짧은 기간에 급격하게 올라가면 시장은 그 변화를 감당하지 못하고 급격하게 위축되는 모습을 보입니다. 반대로 금리가 빠르게 내려가는 구간에서는 자산 시장이 강하게 반등하는 경우가 많습니다. 결국 시장은 변화 자체보다 변화의 속도에 더 민감하게 반응합니다. 그리고 기준금리를 볼 때 반드시 함께 봐야 하는 것이 시장금리입니다. 특히 주택담보대출 금리는 기준금리만으로 결정되지 않습니다. 금융채 금리와 같은 시장금리가 함께 움직이며 실제 대출금리를 결정하게 됩니다. 그래서 기준금리가 동결되더라도 시장금리가 먼저 내려가면 대출금리는 이미 하락하기 시작할 수 있고, 반대로 기준금리가 내려가지 않았는데도 시장금리가 올라가면 대출금리는 오히려 상승할 수도 있습니다. 이 부분을 이해하지 못하면 "왜 금리는 안 올랐는데 대출이자가 오르지?" 같은 혼란이 생기게 됩니다. 결국 부동산 시장에서 금리는 단순한 변수 하나가 아니라, 모든 흐름을 연결하는 중심축이라고 보셔야 합니다. 공급이 줄어들고 있어도 금리가 높으면 시장은 쉽게 움직이지 않습니다. 반대로 공급이 늘어나고 있어도 금리가 낮고 유동성이 충분하면 가격이 쉽게 무너지지 않습니다. 그래서 저는 항상 금리를 볼 때 단독으로 보지 않고, 공급과 대출, 통화량, 물가와 함께 겹쳐서 봅니다. 이 네 가지가 같은 방향으로 움직일 때 시장은 가장 강하게 반응하기 때문입니다. 이걸 이해하게 되면 시장이 왜 특정 시점에서 급격하게 무너지고, 왜 어떤 시점에서는 아무리 악재가 있어도 버티는지 그 이유가 보이기 시작합니다. 결국 부동산 시장의 방향은 금리가 정하고, 그 금리를 움직이게 만드는 것은 물가와 통화량이며, 그 흐름 위에서 수요와 공급이 맞물리며 가격이 결정됩니다. 그래서 부동산을 공부하실 때는 금리를 단순히 뉴스로 확인하는 것이 아니라, 지금 금리가 어디를 향하고 있는지를 읽는 것이 훨씬 중요합니다. 그 방향을 읽을 수 있는 순간, 시장의 흐름 역시 함께 보이기 시작할 것입니다.

여섯 번째 - 청약 경쟁률
보는 곳 [청약홈]

여섯 번째는 청약 경쟁률입니다. 저는 이 지표를 시장의 '심리 온도계'라고 생각합니다. 앞에서 설명드린 공급, 대출, 통화량, 물가, 금리 같은 지표들이 시장의 구조를 보여주는 데이터라면, 청약 경쟁률은 지금 이 순간 시장에 참여하고 있는 사람들의 생각과 감정을 가장 직관적으로 보여주는 지표입니다. 다시 말해, 이론이 아니라 실제 돈이 움직이려는 의지를 확인할 수 있는 데이터라고 보시면 됩니다. 청약 경쟁률은 말 그대로 한 단지에 얼마나 많은 사람들이 몰렸는지를 보여주는 숫자입니다. 경쟁률이 높다는 것은 그만큼 많은 사람들이 해당 지역과 상품에 관심을 가지고 있다는 의미이고, 경쟁률이 낮다는 것은 반대로 시장의 관심이 줄어들었거나, 가격이나 조건이 매력적이지 않다고 판단하고 있다는 의미입니다. 하지만 이 숫자를 단순히 높고 낮음으로만 해석하시면 안 됩니다. 중요한 것은 그 안에 담긴 '심리의 방향성'입니다. 예를 들어 경쟁률이 계속해서 높아지고 있는 구간이라면 이는 시장 참여자들의 기대가 커지고 있다는 신호로 볼 수 있습니다. 특히 금리 인하 기대가 형성되거나, 공급 부족이 예상되는 시기에는 청약 경쟁률이 빠르게 올라가는 경우가 많습니다. 이때는 아직 가격이 본격적으로 움직이기 전일 가능성이 높습니다. 즉, 시장의 심리가 먼저 움직이고 있고, 그 뒤에 가격이 따라오는 구간일 수 있다는 의미입니다. 반대로 경쟁률이 급격하게 떨어지는 시기는 대부분 시장의 불안감이 커지고 있는 구간입니다. 금리가 급격히 상승하거나, 규제가 강화되거나, 시장 전반의 분위기가 위축될 때 청약 경쟁률은 빠르게 낮아집니다. 이때 많은 사람들은 "시장이 끝났다"고 생각하고 관망하기 시작합니다. 하지만 아이러니하게도 이런 시기에는 좋은 입지나 상품이 오히려 저평가된 상태로 나오는 경우가 많습니다. 즉, 경쟁률이 낮다는 이유만으로 무조건 나쁜 시장이라고 판단하는 것은 위험할 수 있습니다. 여기서 중요한 포인트는 경쟁률을 '절대값'이 아니라 '변화'로 보는 것입니다. 경쟁률이 100대 1이냐, 10대 1이냐가 중요한 것이 아니라, 이전보다 올라가고 있는지, 떨어지고 있는지를 보는 것이 훨씬 중요합니다. 왜냐하면 시장은 항상 변화하는 방향으로 움직이기 때문입니다. 경쟁률이 바닥에서 조금씩 올라오기 시작하는 구간은 시장이 바뀌고 있다는 신호일 수 있고, 반대로 높은 경쟁률이 유지되다가 꺾이기 시작하는 구간은 시장이 과열에서 식어가는 신호일 수 있습니다. 또 하나 보셔야 할 것은 지역별, 상품별 차이입니다. 같은 시기라도 모든 지역의 경쟁률이 동일하게 움직이지는 않습니다. 어떤 지역은 여전히 높은 경쟁률을 유지하는 반면, 다른 지역은 빠르게 식어갈 수 있습니다. 이는 시장이 무너지는 것이 아니라 '선별'되고 있다는 의미일 수 있습니다. 즉, 돈이 아무 곳으로나 흘러가는 것이 아니라, 더 좋은 입지와 더 확실한 상품으로 집중되고 있는 과정이라고 볼 수 있습니다. 이런 흐름을 읽을 수 있다면 단순히 시장이 좋다, 나쁘다를 넘어서 어디에 기회가 있는지까지 파악할 수 있게 됩니다. 청약 경쟁률을 볼 때 저는 항상 앞에서 설명드린 지표들과 함께 겹쳐서 봅니다. 예를 들어 공급이 줄어들고 있고, 대출이 늘어나고 있으며, 금리 인하 기대가 형성되는 상황에서 청약 경쟁률까지 올라가기 시작한다면, 그 시장은 상당히 강한 상승 흐름으로 이어질 가능성이 높습니다. 반대로 공급이 늘어나고 있고, 대출이 줄어들고 있으며, 금리가 높은 상태에서 경쟁률까지 떨어지고 있다면, 그 시장은 조정이 이어질 가능성이 높다고 볼 수 있습니다. 결국 청약 경쟁률은 시장의 결과이면서 동시에 신호입니다. 이미 시장에 참여하고 있는 사람들의 선택이 반영된 결과이기도 하고, 앞으로 시장이 어떻게 움직일지를 알려주는 신호이기도 합니다. 그래서 저는 청약 경쟁률을 단순히 참고용 데이터로 보지 않고, 실제 투자 판단에 활용할 수 있는 중요한 지표로 생각합니다. 이걸 이해하게 되면 "지금 사람들이 왜 여기로 몰리고 있는지", "왜

이 지역은 외면받고 있는지"가 보이기 시작합니다. 그리고 그 이유를 공급, 금리, 대출, 통화량과 연결해서 해석할 수 있게 되면, 단순히 따라가는 투자가 아니라 한 발 앞서 움직이는 투자가 가능해집니다. 결국 부동산 시장에서 중요한 것은 남들이 몰리는 곳을 뒤늦게 따라가는 것이 아니라, 사람들이 움직이기 직전의 흐름을 읽는 것입니다. 그리고 그 흐름을 가장 빠르게 보여주는 지표 중 하나가 바로 청약 경쟁률입니다.

나. 유튜브 보지 말고 ― 이걸 보세요

앞서 말씀드린 여섯 가지의 필수 데이터는 사실 일반인이 처음부터 혼자 분석하기에는 쉽지 않습니다. 지금 당장 자료를 찾아서 본다고 해도 그 숫자가 무엇을 의미하는지, 그리고 시장에서 어떻게 해석해야 하는지를 바로 이해하기는 어렵습니다. 그래서 저는 처음부터 모든 것을 직접 해석하려고 하기보다는, 이 데이터를 실제로 활용하는 사람들, 즉 전문가들이 어떤 시각으로 보고 있는지를 먼저 배우는 것이 훨씬 중요하다고 생각합니다. 많은 분들이 착각하는 부분이 있습니다. "전문가처럼 분석하려면 나도 저 데이터를 다 이해해야 한다"라고 생각하는데, 사실 그 순서가 아닙니다. 먼저 전문가들이 어떻게 해석하는지를 보고, 그 다음에 그 해석이 어떤 데이터에서 나왔는지를 거꾸로 따라가는 것이 훨씬 빠르고 효율적인 방법입니다. 쉽게 말해, 답을 먼저 보고 풀이 과정을 이해하는 방식이라고 보시면 됩니다. 왜냐하면 데이터는 그 자체로 의미를 말해주지 않기 때문입니다. 같은 숫자라도 어떤 사람은 위기로 해석하고, 어떤 사람은 기회로 해석합니다. 결국 중요한 것은 데이터가 아니라 그 데이터를 바라보는 관점입니다. 그래서 저는 처음 공부를 시작하는 분들에게 무조건 데이터를 파고들라고 말하지 않습니다. 오히려 "누가 이 데이터를 어떻게 해석하고 있는가"를 먼저 보라고 말씀드립니다. 여기서 말하는 전문가는 단순히 방송에 나오는 사람이나, 책을 쓴 사람을 의미하지 않습니다. 실제로 정책을 만들고, 경제를 분석하고, 금융 시장을 움직이는 사람들입니다. 이들은 개인 투자자보다 훨씬 많은 정보와 데이터를 기반으로 판단을 내립니다. 그리고 그 판단은 대부분 공식적인 자료나 보고서 형태로 공개됩니다. 문제는 많은 사람들이 이런 자료는 보지 않고, 누군가가 해석해 준 결과만 받아본다는 점입니다. 하지만 한 단계만 더 들어가보시면 완전히 다른 그림이 보이기 시작합니다. 전문가들의 생각을 직접 확인할 수 있는 자료를 보면, 지금 시장을 어떻게 보고 있는지, 무엇을 우려하고 있는지, 그리고 앞으로 어떤 방향으로 정책과 자금이 움직일지를 비교적 명확하게 읽을 수 있습니다. 그리고 이런 자료는 생각보다 어렵지 않게 접할 수 있습니다. 저는 개인적으로 부동산을 공부할 때 특정 유튜버나 강사의 의견보다, 한국은행의 통화정책 방향, 경제 전망 보고서, 통계청의 고용 및 물가 자료, 기획재정부의 경제 동향 자료 같은 공식 데이터를 먼저 봅니다. 여기에 KDI의 경제 동향과 금융위원회의 가계대출 흐름까지 함께 보면, 지금 경제가 어디쯤 와 있는지에 대한 큰 그림이 자연스럽게 잡히기 시작합니다. 중요한 것은 이 자료들을 완벽하게 이해하는 것이 아닙니다. 처음에는 단어도 어렵고 내용도 낯설게 느껴질 수 있습니다. 하지만 반복해서 보다 보면 공통적으로 반복되는 키워드가 보이기 시작합니다. 물가, 금리, 경기 둔화, 유동성, 가계부채 같은 단어들이 계속해서 등장합니다. 그리고 그 키워드들이 어떤 방향으로 바뀌고 있는지를 따라가기 시작하면, 시장의 흐름 역시 점점 더 선명하게 보이기 시작합니다. 결국 부동산 공부는 남의 말을 믿는 공부가 아니라, 데이터를 기반으로 한 '생각'을 배우는 과정입니다. 전문가들의 결론을 그대로 받아들이는 것이 아니라, 그들이 왜 그런 결론을 내렸는지를 이해하는 것이 중요합니다. 그 과정을 반복하다 보면 어느 순간부터는 다른 사람의 해석이 아니라, 스스로 시장을 읽을 수 있는 기준이 생기게 됩니다. 그래서 저는 이 파트에서 단순히 데이터를 설명하는 것이 아니라, 실제로 전문가들이 어떤 자료를 보고, 어떤 식으로 해석하는지를 하나씩 풀어보려고 합니다. 이 과정을 따라오시면 처음에는 어렵게 느껴졌던 지표들도 점점 익숙해지고, 결국에는 스스로 판단할 수 있는 수준까지 올라가게 될 것입니다. 그리고 그때부터는 시장이 두렵지 않게 되며, 오히려 기회가 보이기 시작할 것입니다.

그렇다면 이제 중요한 질문이 하나 남습니다. "그래서 어디서 보면 되느냐"입니다. 생각보다 어렵지 않습니다. 오히려 대부분의 사람들이 안 보고 있었을 뿐입니다. 부동산 시장의 흐름을 읽기 위해 제가 실제로 보는 곳은 몇 군데로 정리됩니다. 이 정도만 꾸준히 보셔도 시장의 큰 방향을 읽는 데는 전혀 부족함이 없습니다.

먼저 한국은행입니다. 한국은행은 기준금리와 통화정책을 결정하는 기관입니다. 그렇기 때문에 이곳에서 발표하는 자료는 시장의 방향성을 이해하는 데 있어 가장 핵심적인 자료라고 보셔도 됩니다. 특히 '통화정책방향', '경제전망', '금융안정 보고서'는 반드시 확인하셔야 합니다. 이 자료들 안에는 금리를 왜 올리는지, 왜 내리지 않는지, 그리고 앞으로 어떤 리스크를 보고 있는지가 그대로 담겨 있습니다. 금리를 이해하지 못하면 부동산 시장을 이해할 수 없기 때문에, 한국은행 자료는 선택이 아니라 필수라고 생각하셔야 합니다.

두 번째는 통계청입니다. 통계청에서는 고용, 물가, 산업활동과 같은 경제의 '현재 상태'를 보여주는 데이터를 발표합니다. 특히 '고용동향', '소비자물가동향', '산업활동동향'은 꼭 챙겨보셔야 합니다. 고용이 늘고 있는지, 소비가 살아나고 있는지, 물가가 어떻게 움직이고 있는지를 보면 지금 경제가 확장 구간인지, 아니면 둔화 구간인지 판단할 수 있습니다. 이 데이터는 금리와 연결되고, 결국 부동산 수요와 직결됩니다.

세 번째는 기획재정부(재정경제부)입니다. 기획재정부에서는 '최근 경제동향'이라는 자료를 매달 발표합니다. 흔히 '그린북'이라고 불리는 자료인데, 이 한 장만 제대로 봐도 정부가 현재 경제를 어떻게 판단하고 있는지 알 수 있습니다. 경기를 좋게 보고 있는지, 아니면 둔화로 보고 있는지, 그리고 어떤 부분을 가장 우려하고 있는지가 정리되어 있기 때문에 전체 흐름을 파악하는 데 매우 유용합니다.

네 번째는 국토교통부입니다. 이곳은 부동산과 가장 직접적으로 연결된 데이터를 제공합니다. 주택 인허가, 착공, 준공, 미분양, 거래량 등 우리가 앞에서 설명했던 공급과 관련된 모든 데이터가 이곳에서 나옵니다. 특히 주택 통계는 반드시 2년 이상 흐름으로 보셔야 합니다. 단순히 한 달, 두 달 숫자를 보는 것이 아니라, 그 흐름이 어떻게 이어지고 있는지를 보는 것이 중요합니다.

다섯 번째는 KDI입니다. KDI는 정부 산하 연구기관으로, 경제 전반에 대한 분석과 전망을 제공합니다. 'KDI 경제동향'과 '경제 전망' 자료를 보면 민간이 아닌 '분석 기관'의 시각에서 경제를 어떻게 보고 있는지를 확인할 수 있습니다. 정부와는 또 다른 관점에서 시장을 해석하기 때문에 함께 비교해서 보는 것이 좋습니다.

마지막으로 금융위원회와 금융감독원입니다. 이곳에서는 가계대출, 금융시장 안정성, 부채 구조와 관련된 데이터를 확인할 수 있습니다. 특히 가계대출 증가 속도와 구조는 부동산 시장과 매우 밀접하게 연결되어 있기 때문에 반드시 체크하셔야 합니다.

이렇게 보면 생각보다 복잡하지 않습니다. 결국 보는 곳은 정해져 있습니다. 한국은행, 통계청, 기획재정부, 국토교통부, KDI, 그리고 금융당국. 이 여섯 곳만 꾸준히 보셔도 시장에 대한 해석 수준은 완전히 달라집니다. 중요한 것은 이 자료를 한 번만 보는 것이 아니라 같은 자료를 반복해서 보는 것입니다. 처음에는 어렵고 낯설게 느껴질 수 있습니다. 하지만 같은 자료를 몇 번만 반복해서 보다 보면 어떤 부분이 중요한지, 어떤 문장이 핵심인지가 보이기 시작합니다. 그리고 그 순간부터는 누군가의 해석을 기다리지 않아도 되고 스스로 시장을 읽을 수 있게 됩니다. 결국 부동산 투자에서 중요한 것은 정보를 많이 아는 것이 아니라 정보를 해석할 수 있는 기준을 갖는 것입니다. 그리고 그 기준은 이미 공개되어 있는 이 자료들 안에 충분히 담겨 있습니다.

다. 정반꿀

마지막으로 말씀드리고 싶은 것은 부동산 정책입니다. 저는 개인적으로 부동산 시장을 움직이는 가장 강력한 변수 중 하나가 바로 부동산 정책이라고 생각합니다. 앞에서 말씀드린 공급, 대출, 통화량, 물가, 금리도 모두 중요하지만, 정책은 그 흐름을 더 빠르게 만들기도 하고, 반대로 억누르기도 하는 힘을 가지고 있습니다. 우리나라는 정말 부동산 정책을 많이 내놓는 나라입니다. 최근만 보더라도 정권이 바뀐 이후 얼마 되지 않았는데도 벌써 몇 건의 정책이 나왔는지 헷갈릴 정도로 다양한 부동산 대책이 발표되고 있습니다. 실제로 현장에서는 정책 변화 속도를 따라가지 못해 은행이나 부동산 중개업소에서도 거래를 멈추거나 관망하는 상황이 발생하기도 합니다. 여기서 중요한 것은 정책의 개수가 아닙니다. 정책이 나올 때마다 시장에 큰 영향을 준다는 점입니다. 규제가 강화되면 거래가 줄어들고 가격이 바로 하락한다고 생각하는 분들이 많습니다. 하지만 실제 시장은 그렇게 단순하게 움직이지 않습니다. 오히려 규제가 강화되는 시기에는 반대로 움직이는 경우도 자주 나타납니다. 규제가 더 강화될 수 있다는 불안감 때문에 사람들은 '지금이 마지막 기회일 수 있다'는 생각을 하게 되고, 그 과정에서 매수 타이밍을 앞당기게 됩니다. 이른바 포모(FOMO, 놓칠 것에 대한 두려움)가 시장에 작동하는 것입니다. 그래서 규제가 발표되거나 예고되는 시기에는 단기적으로 거래가 증가하고, 가격이 오히려 버티거나 상승하는 흐름이 나타나기도 합니다. 반대로 규제가 완화되면 시장이 바로 상승할 것이라고 기대하는 경우가 많지만, 실제로는 그렇지 않은 경우가 더 많습니다. 규제 완화는 이미 식어버린 시장을 다시 끌어올리기 위한 조치이기 때문에, 그 자체만으로 상승을 만들어내기보다는 하락 속도를 늦추는 역할을 하는 경우가 많습니다. 즉, 규제 완화는 부동산 시장을 상승시키는 '가속 장치'라기보다는, 급격하게 무너지는 시장을 완만하게 만드는 '완충 장치'에 가깝다고 보셔야 합니다. 흔히 말하는 경착륙을 연착륙으로 바꾸는 역할을 한다고 이해하시면 더 정확합니다. 그래서 정책을 해석할 때는 단순히 "규제가 강화됐으니 하락", "완화됐으니 상승"과 같은 이분법적인 접근을 하면 안 됩니다. 지금 시장이 상승 초입인지, 과열 구간인지, 아니면 이미 하락이 진행된 이후인지에 따라 같은 정책도 전혀 다른 결과를 만들어내기 때문입니다. 즉, 정책은 단순한 참고 요소가 아니라 시장의 방향을 바꾸는 직접적인 변수라고 보셔야 합니다. 이러한 흐름은 지금만의 이야기가 아닙니다. 과거를 보면 훨씬 더 명확하게 보입니다. 노무현 정부 시기부터 현재까지의 부동산 정책을 쭉 이어서 읽어보면, 정책의 형태는 달라 보일 수 있지만 그 흐름은 상당히 유사한 패턴을 반복하고 있습니다. 시장이 과열되면 규제가 나오고, 시장이 침체되면 완화 정책이 나옵니다. 그리고 그 정책의 흐름에 따라 가격 역시 상승과 하락을 반복해 왔습니다. 이걸 조금 더 단순하게 말씀드리면, 부동산 정책은 일종의 '오픈북'과 같습니다. 이미 답이 공개되어 있는 시험과 비슷하다고 보시면 됩니다. 과거 정책과 그 결과를 함께 보면 앞으로 어떤 상황에서 어떤 정책이 나올지, 그리고 그 정책이 시장에 어떤 영향을 줄지를 어느 정도 예측할 수 있기 때문입니다. 그래서 저는 정책을 단순히 한 번 보고 끝내지 않습니다. 반드시 흐름으로 봅니다. 그리고 이때 가장 많이 활용하는 것이 바로 '경제e정표'입니다. 이 사이트는 국토교통부, 기획재정부, 금융위원회 등 각 부처에서 발표하는 보도자료를 한 곳에서 확인할 수 있는 곳입니다. 하지만 이 사이트의 진짜 가치는 단순히 자료를 모아놓았다는 데 있지 않습니다. 시계열로 정리되어 있다는 점이 핵심입니다. 즉, 언제 어떤 정책이 나왔는지, 그 정책이 어떤 흐름 속에서 등장했는지를 시간 순서대로 확인할 수 있습니다. 예를 들어 특정 시기에 대출 규제가 강화되었는지, 세금 정책이 바뀌었는지, 공급 확대 정책이 발표되었는지를 이어서 보면 시장이 왜 그렇게 움직였는지가 자연스럽게 연결됩니다. 많은 분들이 "왜 그때 집값이 떨어졌지?", "왜 그 시기에 갑자기 올랐지?"라고 묻습니다. 그 답은 대부분 정책 안에 있습니다. 여기서 한 가지 더 중요한 포인트가 있습니다. 정책은 데이터가 쌓인 이후에 나오기 때문에 항상 뒤늦게 발표되는 것처럼 보입니다. 하지만 관점을 조금만 바꿔보면, 정책은 단순히 과거를 반영하는 결과물이 아니라 앞으로의 데이터를 만들어내는 시작점이기도 합니다. 즉, 정책은 결과이면서 동시에 다음 흐름을 만드는 신호입니다. 그래서 정책이 나왔다고 해서 무조건 따라가는 것이 아니라, 왜 이 정책이 지금 나왔는지를 먼저 생각해 보셔야 합니다. 그 이유를 이해하는 순간, 그 다음 방향까지 자연스럽게 보이기 시작합니다. 예를 들어 시장이 과열되었을 때 나오는 규제 정책은 단순히 상승을 억제하기 위한 조치가 아니라, 이미 시장에 과열 신호가 충분히 쌓였다는 결과이기도 합니다. 반대로 시장이 침체되었을 때 나오는 완화 정책 역시 단순한 지원책이 아니라, 시장이 충분히 식어 있다는 신호입니다. 이 흐름을 반복해서 보다 보면 어느 순간부터는 정책 발표 자체만으로도 지금 시장이 상승 초입인지, 과열 구간인지, 아니면 침체 구간인지 감이 잡히게 됩니다. 그래서 정책 역시 국토교통부의 공급 데이터와 마찬가지로 최소 2년 이상의 흐름으로 보셔야 합니다. 최근에 어떤 정책이 나왔고,

그 전에 어떤 정책이 있었는지, 그리고 그 사이에서 시장이 어떻게 반응했는지를 연결해서 보셔야 합니다. 단순히 한 번의 정책 발표를 보는 것이 아니라, 정책이 이어지는 흐름을 보는 것이 핵심입니다. 이 과정을 반복하다 보면 자연스럽게 보이기 시작합니다. 지금 정책이 무엇을 막으려는 것인지, 아니면 무엇을 살리려는 것인지 그 의도가 읽히고, 그 순간 시장의 다음 흐름까지 연결해서 볼 수 있게 됩니다. 결국 정책 분석이라는 것은 어렵지 않습니다. 과거를 보고, 현재를 이해하고, 그 흐름을 이어서 보는 것입니다. 이걸 할 수 있게 되면 더 이상 정책이 나올 때마다 불안해할 필요가 없습니다. 오히려 정책이 나오는 순간, 기회인지 아닌지를 판단할 수 있는 기준이 생기게 됩니다. 부동산 공부는 복잡한 이론을 외우는 것이 아닙니다. 공급을 보고, 돈의 흐름을 보고, 금리와 물가를 이해하고, 그 위에 정책을 겹쳐보는 것입니다. 이 네 가지를 함께 볼 수 있게 되면 시장은 생각보다 훨씬 단순하게 보이기 시작합니다. 그리고 그 단순함 속에서 기회가 만들어집니다. 저는 늘 같은 말을 합니다. 부동산은 어렵지 않습니다. 다만, 보는 순서가 잘못되어 있었을 뿐입니다. 남의 의견을 먼저 보고 데이터를 나중에 보니 항상 늦을 수밖에 없었던 것입니다. 이제는 순서를 바꾸셔야 합니다. 데이터를 먼저 보고, 그 다음에 해석을 보십시오. 그리고 정책으로 확인하십시오. 그렇게 반복하다 보면 어느 순간부터는 지금이 기회인지, 아니면 기다려야 할 때인지 스스로 판단할 수 있게 됩니다. 그리고 그때부터는 더 이상 남의 의견에 흔들리지 않게 됩니다.

　지금까지 우리는 부동산 시장을 이해하기 위해 반드시 봐야 하는 여섯 가지 데이터를 살펴봤습니다. 공급, 대출, 통화량, 선행지수, 물가, 금리. 그리고 마지막으로 정책까지 이어서 봤습니다. 이제 중요한 것은 이 각각의 요소를 따로 보는 것이 아니라, 하나의 흐름으로 연결해서 보는 것입니다. 부동산 시장은 단 하나의 변수로 움직이지 않습니다. 공급이 줄어든다고 해서 반드시 가격이 오르는 것도 아니고, 금리가 내려간다고 해서 무조건 상승장이 시작되는 것도 아닙니다. 중요한 것은 이 모든 요소가 같은 방향을 바라보고 있는지입니다. 예를 들어 공급이 줄어들고 있고, 대출이 증가하며, 통화량이 늘어나고 있고, 금리 인하 기대가 형성되며, 심리까지 살아나고 있다면 이때는 시장이 움직일 준비가 되어 있는 상태라고 보셔야 합니다. 이 경우에는 가격이 이미 올랐는지 여부보다, 앞으로 더 움직일 가능성에 초점을 맞춰야 합니다. 반대로 공급이 늘어나고 있고, 대출이 줄어들며, 금리가 높게 유지되고 있고, 통화량이 축소되거나 묶여 있으며, 심리까지 시장을 누르는 방향으로 나오고 있다면 이때는 시장이 버티기 어려운 구간일 가능성이 높습니다. 이런 상황에서는 무리한 진입보다는 관망이나 전략 수정이 더 중요해집니다. 결국 부동산 시장은 "조건"이 만들어지면 움직이고, 조건이 깨지면 멈춥니다. 그리고 그 조건을 만드는 것이 바로 지금까지 말씀드린 여섯 가지 데이터와 정책입니다. 여기서 많은 분들이 착각하는 부분이 있습니다. 이 모든 데이터를 완벽하게 분석해야만 투자할 수 있다고 생각한다는 점입니다. 하지만 실제로는 그렇지 않습니다. 모든 데이터를 다 맞추는 것이 중요한 것이 아니라, 큰 흐름이 어느 방향으로 모이고 있는지를 읽는 것이 더 중요합니다. 그래서 저는 항상 이렇게 말씀드립니다. "방향만 맞아도 절반은 성공입니다." 부동산은 주식처럼 하루하루 사고파는 시장이 아닙니다. 큰 흐름을 타는 시장입니다. 그래서 방향을 잘못 잡으면 몇 년을 고생하게 되고, 방향을 제대로 잡으면 시간이 해결해 주는 경우가 많습니다. 이제 정리해 보겠습니다. 공급은 미래의 부족과 과잉을 보여주고, 대출은 현재 시장에 들어오는 돈의 속도를 보여주며, 통화량은 앞으로 들어올 수 있는 돈의 크기를 보여줍니다. 선행지수는 앞으로의 경기 방향을 미리 알려주고, 물가는 금리의 움직임을 결정하며, 금리는 시장의 유동성과 심리를 직접적으로 움직입니다. 그리고 정책은 이 모든 흐름을 빠르게 만들기도 하고, 늦추기도 하며, 때로는 방향 자체를 바꾸기도 합니다. 이 일곱 가지를 함께 보게 되면 시장은 더 이상 복잡하게 느껴지지 않습니다. 오히려 단순하게 보이기 시작합니다. 지금이 상승을 준비하는 구간인지, 이미 과열된 구간인지, 아니면 기회를 주고 있는 조정 구간인지 구분이 되기 시작합니다. 그리고 그 순간부터는 더 이상 "지금 사도 될까?"라는 질문을 남에게 하지 않게 됩니다. 스스로 판단할 수 있는 기준이 생기기 때문입니다. 부동산 투자에서 가장 중요한 것은 정보가 아니라 해석입니다. 그리고 그 해석은 남의 말이 아니라 데이터에서 나와야 합니다. 데이터를 먼저 보고, 흐름을 읽고, 마지막으로 정책으로 확인하는 것. 이 순서를 지키는 것만으로도 시장에서 흔들릴 일은 크게 줄어듭니다. 결국 이 책에서 제가 말씀드리고 싶은 것은 단 하나입니다. 좋은 아파트를 찾는 것이 아니라, 좋은 타이밍을 찾으셔야 합니다. 같은 아파트라도 언제 사느냐에 따라 결과는 완전히 달라집니다. 그리고 그 타이밍은 감이 아니라, 지금까지 말씀드린 데이터 안에 이미 담겨 있습니다. 이제는 남의 해석을 따라가는 것이 아니라, 스스로 흐름을 읽으셔야 합니다. 그때부터 부동산은 더 이상 어려운 시장이 아니라, 기회가 보이는 시장으로 바뀌게 됩니다.

저의 어머니는 재건축,재개발 업체에서 일을 하셨습니다. 시장에서는 이분들을 'OS요원'이라고 부릅니다. 어머니는 그 일을 하시며 삼남매를 홀로 키우셨습니다. 지금 돌아보면, 여자의 가녀린 몸으로 참 억척같이 사셨던 것 같습니다. 하지만 어렸을 때의 저는 그런 어머니가 많이 미웠습니다. 부산, 대전, 대구 같은 지방으로 출장을 가시면 기본 열흘씩 집에 들어오지 않으셨고, 서울, 경기, 인천 같은 수도권에 현장이 잡히더라도 저녁 늦게까지 조합원들을 만나 설득하시느라 밤늦게 들어오는 날이 많았기 때문입니다. 집에 일찍 들어오신 날도 사실은 '일찍'이 아니었습니다. 조합원 한 명 한 명에게 전화를 걸어 왜 재건축, 재개발을 해야 하는지 설명하셨고, 그 내용을 노트에 빼곡히 정리하시느라 늘 바쁘셨습니다. 그렇게 어머니는 쉬는 날도 없이, 오로지 삼남매를 위해 일을 하셨습니다. 그런 어머니의 모습을 매일 보고 자라면서 저는 자연스럽게 부동산이라는 분야와 가까워지기 시작했습니다. 가끔은 어머니의 통화를 흉내 내보기도 했고, 어머니가 정확히 어떤 일을 하는지 궁금해서 쉬는 날이면 재건축과 재개발에 대해 묻기도 했습니다. 어떻게 보면 저는 '부동산 수저'를 물고 태어난 사람일지도 모릅니다. 가난했지만, 방향만 보면 언젠가는 성공할 수밖에 없는 환경이었기 때문입니다. 어머니는 늘 말씀하셨습니다. "돈 있으면 여기 사라, 저기 사라." 그때는 그 말의 의미를 몰랐습니다. 그저 지나가는 이야기처럼 들렸습니다. 하지만 지금 돌아보면, 그 한마디 한마디가 전부 기회였습니다. 반포 재개발, 은평 뉴타운, 장위 뉴타운, 광운역세권, 광명 뉴타운. 지금 시장에서 이름만 들어도 누구나 아는 곳들입니다. 그때 샀다면 어땠을까라는 생각을 안 해본 적이 없습니다. 저 역시 결국 '껄무새'였던 셈입니다. 어떻게 보면 인스타그램도 어머니의 영향으로 시작하게 된 것이나 마찬가지입니다. 처음 계정을 만들 때도 재건축, 재개발 아파트를 소개하는 계정으로 시작했기 때문입니다. 게시물 하나를 만들 때마다 어머니와 정비업체에서 실제로 일하고 계신 이모들에게 전화를 걸어 사업성이나 진행 속도 등을 물어보고, 괜찮다 싶으면 업로드했습니다. 하지만 결과는 기대와 달랐습니다. 젊은 층이 주로 이용하는 인스타그램에서는 생각만큼 반응이 나오지 않았습니다. 그래서 방향을 바꿨습니다. 청약과 분양권을 알려주는 계정을 새로 만들었고, 그 계정이 지금의 '베리스'입니다. 계정이 커지고, 상담을 신청하는 사람들이 많아질수록 문득 이런 생각이 들었습니다. 분야만 다를 뿐, 결국 제가 하고 있는 일이 어머니가 하시던 일과 크게 다르지 않다는 것이었습니다. 사람들에게 정보를 전달하고, 선택을 돕고, 때로는 설득하고, 그 선택이 누군가의 삶을 바꾸는 과정까지 이어지는 일. 저는 어느새, 어머니가 걸어간 그 길을 걸어가고 있습니다. 이 길, 생각보다 많이 보람찹니다. 누군가는 떴다방이라고 무시하고 욕하지만 나로 인해 누군가의 삶이 좋은 방향으로 바뀐다는 것. 그리고 그 변화 속에 있는 사람들이 감사하다는 말과 함께 선물이나 장문의 메시지를 보내올 때마다, 그 어떤 것보다 큰 힘을 받습니다. 물론 돈을 버는 즐거움도 있습니다. 하지만 그보다 더 크게 느껴지는 것은, 누군가의 삶을 바꿔주는 행위에서 오는 기쁨입니다. 아마 어머니도 분명 그러셨을 것입니다. 그래서 밤늦게까지 조합원들을 설득하고, 수없이 많은 전화를 하면서도 그 일을 놓지 않으셨던 것일지도 모릅니다. 이제는 조금 알 것 같습니다. 왜 그렇게까지 열심히 일을 하셨는지. 그래서 앞으로도 저는 이 일을 계속할 것입니다. 정보를 계속 공유하고, 어머니가 저의 부동산 수저였듯 저도 누군가에게 부동산 수저가 되어주고 싶습니다.

부동산 시장에 눈을 뜨게 해주시고, 지금의 저를 만들어주신, 세상에서 가장 사랑하는 어머니 전순희 여사께 이 책을 바칩니다.

294

나는 부동산에 가지 않고
SNS로 분양권을 산다

ⓒ 베리스(verris)

초판 1쇄 인쇄 | 2026년 4월 23일

지은이	베리스(verris)
기 획	조영훈
디자인	ziwan
마케팅	정호윤, 김민지, 김은주, 송유경, 최서환, 신비
펴낸곳	모티브
ISBN	979-11-24370-42-1(03320)
이메일	motive@billionairecorp.com